MAURITIUS

Zeit für das Beste

D1918693

HIGHLIGHTS | GEHEIMTIPPS | WOHLFÜHLADRESSEN

»Nach einer Reise von sechzig Tagen wartete ich
gespannt auf das Insichtkommen meines Zieles,
einer fruchtbaren und schönen Tropeninsel.
Enthusiastische Bewohner nennen sie
gerne die ›Perle des Ozeans‹.«

Joseph Conrad, Ein Lächeln des Glücks (1911)

BRUCKMANN

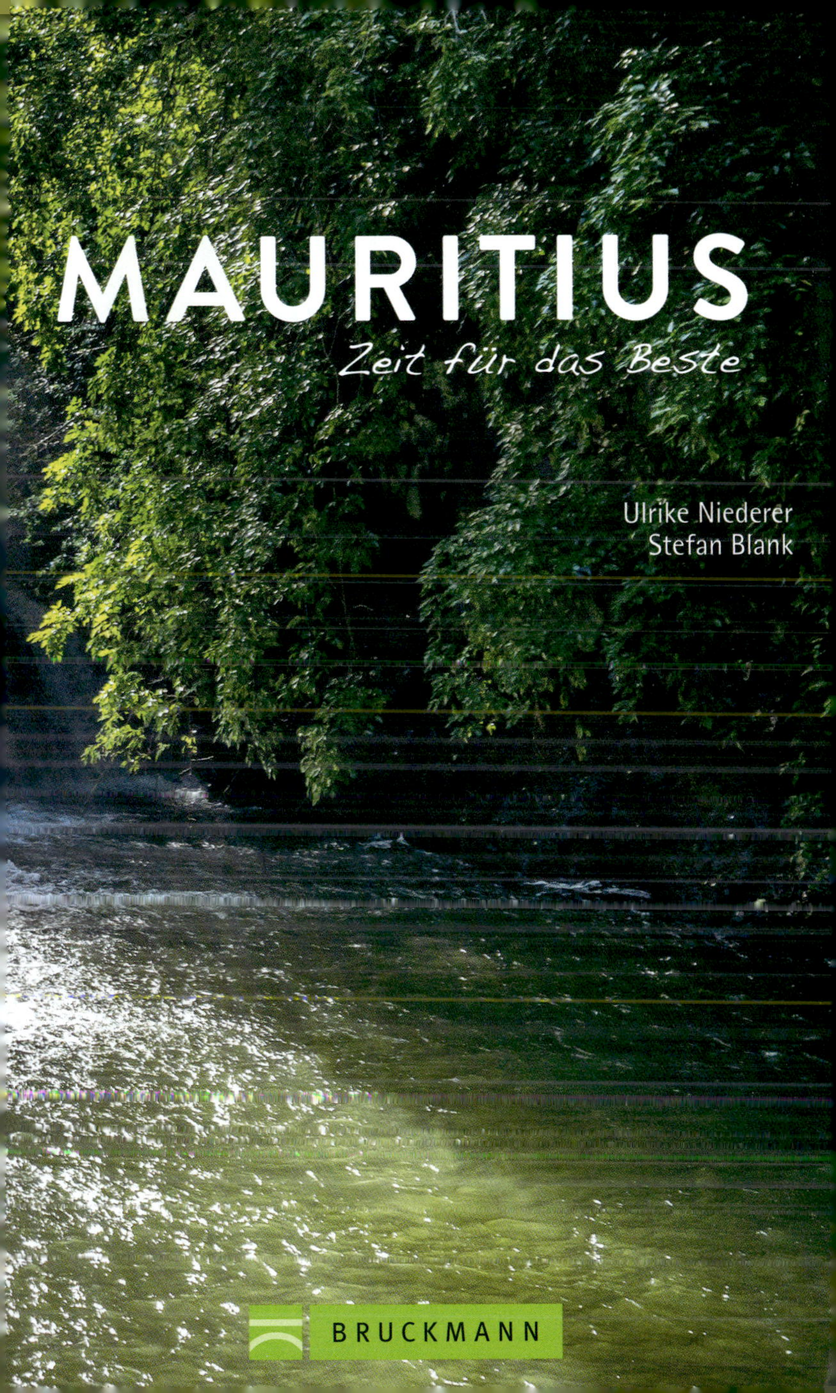

MAURITIUS

Zeit für das Beste

Ulrike Niederer
Stefan Blank

BRUCKMANN

INHALT

Vom historischen Fort Adelaide genießt man einen tollen Blick auf Port Louis.

Viele Hindus pilgern zum Grand Bassin, um dort eine stille Andacht zu halten.

DER OSTEN UND SÜDOSTEN

Seite 1: Die Strände von Mauritius: traumhaft
Seite 2/3: Auch von oben ist der Ausblick auf die Rochester Falls beeindruckend.

MEHR WISSEN

Am Strand von Péreybère werden etliche Wassersportmöglichkeiten angeboten.

MEHR ERLEBEN

DER SÜDEN UND SÜDWESTEN

Links unten: Im Caselapark leben auch »Unzertrennliche« – eine afrikanische Papageienart.
Unten: Auf Rodrigues kann man auf der Suspended Bridge Nervenkitzel erleben.

DAS SOLLTEN SIE SICH NICHT ENTGEHEN LASSEN

1 Port Louis (S. 34)
Port Louis an der Nordwestküste ist mit gut 150 000 Einwohnern die kosmopolitische Hauptstadt von Mauritius. 1735 wurde sie gegründet und ist bis heute das Verwaltungs- und Geschäftszentrum der Insel. Während des Tages ist es umtriebig in den engen Gassen und rund um den Central Market. Es wird gehandelt, gehupt und gerufen, gebetet, gezockt und geschmaust. Die Stadt kann man leicht zu Fuß erkunden, und das sollte man auf keinen Fall versäumen.

2 Tauchen und Schnorcheln (S. 116)
Da Mauritius weitestgehend von einem Korallenriff umgeben ist, kann man hier wunderbar tauchen und schnorcheln. Der Norden bietet die wohl besten Tauchspots für Anfänger und erfahrene Taucher. Wracks, bunte Korallengärten, reichlich Muränen und viel mehr warten darauf, entdeckt zu werden. Am Strand von Pointe aux Piments kann man mit Schildkröten schwimmen, in den Gewässern vor Trou aux Biches mit der ganzen Familie schnorcheln.

3 Der Botanische Garten von Pamplemousses (S. 122)
Der 33 Hektar große Sir Seewoosagur Ramgoolam Botanical Garden gilt als einer der schönsten Botanischen Gärten der Welt. Ab 1736 errichtete der französische Gouverneur Mahé de La Bourdonnais hier seinen Landsitz. Ab 1767 hegte und pflegte der Gartenbaufachmann Pierre Poivre im Garten des Landsitzes Gemüse, Früchte und Blumen aus der ganzen Welt. Sein Nachfolger Nicolas Céré gestaltete die Wegeführung, die Briten brachten die Palmen – und langsam entstand das heutige Gesamtkunstwerk.

4 L'Aventure du Sucre in Pamplemousses (S. 130)
Die Geschichte von Mauritius kann nicht geschildert werden, ohne auch vom Zucker und der Zuckerrohrindustrie zu erzählen. Die Holländer brachten 1639 das Zuckerrohr hierher und begründeten damit den lange anhaltenden Reichtum der Insel. Es ist ungemein spannend, sich in dem Museum in die Geschichte des weltweiten Zuckerhandels zu vertiefen.

5 Île aux Cerfs (S. 158)
Für manche gibt es auf dem Inselchen schlicht die schönsten Strände von Mauritius, andere schwärmen vom Golfplatz, der von der deutschen Golflegende Bernhard Langer in die Natur eingeschmiegt wurde. Sicher ist, dass die Île aux Cerfs ihren Ruf als Paradies durchaus verdient. Auch die Einheimischen kommen hierher, um einen Tag ohne Autos, Stress und Hektik zu verbringen.

Links: Der Lotosteich des Botanischen Gartens von Pamplemousses ist eine Augenweide.

Am Sublime Point im Ebony Forest Reserve genießt man fantastische Ausblicke.

6 La Vanille Nature Park (S. 192)
Der La Vanille Nature Park im Süden von Mauritius beherbergt die weltgrößte Aufzuchtstation von Aldabra-Schildkröten, mehr als 700 Schildkröten fühlen sich hier wie zu Hause. Daneben sind Schmetterlinge zu bestaunen, Krokodile werden gefüttert und Leguane gestreichelt. Das Insektarium beherbergt mit mehr als 26 000 Arten eine der weltweit größten Insektensammlungen.

7 Black River Gorges National Park (S. 204)
Der Nationalpark im Süden von Mauritius ist eine der »grünen« Attraktionen der Insel. Gut 675 bewaldete Hektar groß, bietet er unter anderem eine Heimat für nur hier vorkommende Pflanzen und Tiere. Allein 311 endemische – also einheimische – Pflanzen- und neun Vogelarten wurden gezählt. Im Park kann man auf Wanderwegen die Gegend erkunden, Wasserfälle bestaunen und jede Menge Ausblicke über diesen Teil der mauritischen Küste genießen.

8 Ebony Forest Reserve (S. 220)
»Zurück in den ursprünglichen Zustand«, das ist die Mission des 2017 eröffneten Naturparks Ebony Forest. Seit 2006 wurden 14 Hektar Wald weitestgehend in den Zustand versetzt, in dem sich Mauritius befand, bevor die ersten Siedler kamen. Heute kann man auf Stegen diesen ursprünglichen Wald erkunden, seltene Vögel wie die Rosataube erspähen und junge Ebenholzbäume umarmen.

9 Die Teeroute (S. 226)
Auf Mauritius wird auch Tee angebaut. Meist begegnet er einem beim ersten

Frühstück als nach Vanille duftender, sanfter Schwarztee. Wer die Kulturgeschichte des Tees kennenlernen will, begibt sich auf die »Teeroute«. Diese verbindet die Zuckerrohrplantage Domain St. Aubin im Süden der Insel – hier wird auch hervorragender Rum produziert – mit der Teeplantage von Bois Chéri und führt weiter zur Domaine des Aubineaux in Forest Side.

10 Casela World of Adventures (S. 228)
Der Abenteuerpark erstreckt sich über 250 Hektar und gehört zu einer der Topattraktionen. 1500 Vögel leben hier einträchtig neben Riesenschildkröten, Tigern, Affen, Zebras, Kamelen, Nashörnern und vielem mehr. Mutige können Löwen kraulen, nicht ganz so Mutige Giraffen füttern. Wer es nicht so mit Tieren hat, hängt sich an die Zipline und erkundet die Gegend aus den Lüften.

11 François Leguat Reserve (S. 240)
Wie Rodrigues vor 300 Jahren aussah und welche Flora und Fauna die ersten Seefahrer entdeckten, das erfährt man im François Leguat Reserve. Denn mit der Ankunft der Seefahrer verschwanden nach und nach große Teile der heimischen Tierwelt und fast der gesamte tropische Regenwald. Auf 20 Hektar wird hier der ursprüngliche Zustand wieder hergestellt: Schildkröten werden aufgezogen, Bäume und Sträucher gepflanzt und so die Natur auf beeindruckende Art und Weise instand gesetzt und für die Zukunft bewahrt.

Im François Leguat Reserve freuen sich Aldabra-Riesenschildkröten über Krauleinheiten.

WILLKOMMEN AUF Mauritius

»Zuerst wurde Mauritius geschaffen, dann das Paradies. Aber das Paradies war nur eine Kopie von Mauritius«, dies ist das wohl bekannteste Zitat zur Insel Mauritius, einem der Topziele mitten im Indischen Ozean. Man findet es in so gut wie jeder Werbebroschüre zur Insel – und der US-amerikanische Schriftsteller Mark Twain hat recht.

Das Zitat aus seiner Reiseerzählung »Folge dem Äquator« (1897) geht folgendermaßen weiter: »Ein anderer Bewohner wird Ihnen sagen, dass dies eine Übertreibung ist; dass die beiden Hauptdörfer, Port Louis und Curepipe, weit entfernt sind vom himmlischen Dasein; dass niemand in Port Louis lebt außer aus Zwang, und dass Curepipe der feuchteste und regnerischste Ort der Welt ist.« Auch hier hat Mark Twain ein bisschen recht, aber dazu ein wenig später.

Wahrscheinlich hat jede und jeder ein Bild von Mauritius im Kopf: kilometerlange Strände mit feinstem, weißem Sand und sanft geschwungene Buchten. Vor dem Strand liegt ein Korallenriff, das die Strömungen und andere ozeanische Störungen abhält. Man kann also in kris-

Mit ein bisschen Glück können Urlauber eine Segashow direkt am Strand erleben.

tallklarem Wasser tauchen, schnorcheln, baden, schwimmen, paddeln und kitesurfen. Das stimmt alles, ist aber nur die halbe Wahrheit. Denn Mauritius bietet so viel mehr, auch abseits der Strände: Da gibt es Wanderwege durch tropische Wälder oder auf Berggipfel mit grandioser Aussicht, eine bunte Vielfalt in Sachen Kultur und Gebräuchen, eine hervorragende Küche, ungemein freundliche und interessierte Menschen, fesselnde Freizeit- und Naturparks und den vielleicht schönsten Botanischen Garten der Welt. Ganz zu schweigen von hübsch renovierten Kolonialhäusern, kunterbunten indischen Tempeln und Rumsorten, die ihresgleichen suchen. Mitgemischt haben auf Mauritius über die Jahrhunderte Menschen aus Portugal, den Niederlanden, Frankreich, Afrika, Großbritannien, Indien und China. Und sie sind bis heute noch da. Sie leben miteinander, füreinander, in einer Eintracht, wie man sie sich in Europa nur wünschen kann. All das zu erleben, das macht den Zauber von Mauritius aus.

Papayabäume werden bis zu 10 Meter hoch.

Die Nachbarinsel Rodrigues, rund 600 Kilometer entfernt, ist anders: Sie ist zwar auch vulkanischen Ursprungs und umgeben von einer Lagune, aber wilder, spektakulärer, unmittelbarer. Die 42000 Einwohner sind zu mehr als 90 Prozent afrikanischen oder kreolischen Ursprungs und zu gut 95 Prozent katholisch. Es gibt keine Zuckerrohrindustrie, die bis heute das Bild der »großen Schwester« Mauritius nachhaltig prägt, dafür Hügel und Schluchten, raues Klima und unberührte, malerische Buchten. Regelmäßig findet sich hier die Weltelite der Kitesurfer ein, denn für Wind ist das ganze Jahr über gesorgt. Das Leben ist deutlich langsamer als auf Mauritius, die kreolische Küche gehört mit zum Besten, was man im Indischen Ozean finden kann, und die Menschen sind immer zu einer kleinen Plauderei bereit. Vielleicht könnte man Rodrigues ein »bisher unentdecktes Juwel« nennen. Und bei insgesamt 76000 Besuchern im Jahr 2018, davon lediglich

Im Freigelände des Frederik-Hendrik-Museums wird Kolonialgeschichte lebendig.

396 Deutsche, gibt es noch reichlich Platz nach oben.

Anders Mauritius: Seit Jahrzehnten können die Verantwortlichen stolz Steigerungen bei den Urlauber-Einreisezahlen verkünden. So besuchten 2018 nicht weniger als 1 399 408 Menschen die Insel. 4,3 Prozent mehr als 2017. Aus Deutschland kamen 132 780, 11,7 Prozent mehr als 2017. Für 2019 wird mit einer Zahl von 1,45 Millionen Besuchern gerechnet, 3,6 Prozent mehr als 2018. Und die Insel ist gut vorbereitet. Die Mauritierinnen und Mauritier freuen sich auf die Besucher aus der ganzen Welt, denn sie sind weltoffen und interessiert. Was sicher damit zusammenhängt, dass ihre Vorfahren auch nicht von der Insel stammen, sondern aus ganz anderen, weit entfernten Ländern.

Warum Mauritius so bunt ist

Auf Mauritius findet man Menschen mit unterschiedlichen Hautfarben und verschiedenen Religionen, die sich unterschiedlich kleiden. Aber alle leben ganz normal zusammen. Immerhin gab es auf Mauritius vor rund 500 Jahren nur Wald und Tiere. Wie also kommt es, dass sich in so kurzer Zeit so viel auf Mauritius verändert hat?

Mauritius ist eine vulkanische Insel, die vor rund 15 Millionen Jahren entstand. Im Jahr 975 n. Chr. wurde sie von den arabischen Seefahrern entdeckt und zum ersten Mal auf deren damaligen Seekarten festgehalten. Doch noch kam nicht wirklich jemand nach Mauritius. Erst im 15. Jahrhundert und nach Erschließung der Seeroute, die Europa und Asien durch den Indischen Ozean verband, begann man sich in den Ländern des Nordens für Mauritius zu interessieren. Im 16. Jahrhundert kamen die Portugiesen. Sie ließen sich nicht nieder, sondern hinterließen nur ein paar Spuren wie beispielsweise den Namen von Rodrigues, den der Maskarenen – also der Inseln Mauritius, Rodrigues und La Réunion –, aber vor allem Ratten und Ziegen. 1598 landeten die Niederländer und wurden die ersten Siedler. Sie ließen sich im Südosten der Insel in Vieux Grand Port mit bis zu 300 Personen nieder. Doch der Versuch scheiterte: Im Jahr 1710 verließen sie Mauritius wegen der vielen Ratten, die die Portugiesen hinterlassen hatten, wegen der Krankheiten und der schlimmen Zyklone. Immerhin hinterließen sie den Namen Mauritius, nach dem niederländischen Prinzen Moritz (Maurice) von Oranien.

Fünf Jahre war die Insel wieder unbewohnt und es kehrte natürliche Ruhe ein, bis 1715 die Franzosen, die sich auf La Réunion (damals Île Bourbon) breitgemacht hatten, Mauritius kolonisierten und wieder besiedelten. Auch sie begannen in Vieux Grand Port. In diese Phase der Besiedlung fiel der Beginn des kommerziellen Anbaus und des Handels mit Zuckerrohr. 1721 verlegten sie ihr Hauptquartier nach Port Louis. Der Grund hierfür war die natürliche Bucht, die ideal für die Anlage eines Hafen war. Die Winde waren günstig und hier, im Schatten der Berge, konnte ein besserer Schutz gewährleistet werden. 1735, unter Gouverneur Mahé de La Bourdonnais, begann die blühende Entwicklung von

Auch im Luxussegment bietet Mauritius einiges – neuester Trend: »floating lunch«.

Mauritius. Er hatte zwei Ziele: den Hafen auszubauen und Gebäude zu errichten, die für eine nachhaltige Entwicklung der Kolonie notwendig waren. Dazu gehörten ein Krankenhaus, Kirchen sowie Wohn- und Lagerhäuser. Auch ließ er den Hafen teilweise aufschütten, um Land für die notwendigen Gebäude des Hafens zu gewinnen. Aber Mahé de La Bourdonnais tat weit mehr, als es seine offiziellen Aufgaben waren: Er ließ die Stadt in mehrere Wohnviertel nach den Ethnien der ankommenden Migranten unterteilen. So entstand Mangalkhan für Menschen aus Südindien, das Camp der freien Sklaven für Schwarze aus Afrika und ein weißes Viertel.

Die Entwicklung ging bis 1810 weiter. Dann versuchte Großbritannien, die Insel über Vieux Grand Port zu erobern. Es gab eine große Seeschlacht, doch die Briten verloren. Noch im selben Jahr versuchten sie, Mauritius an mehreren anderen Orten zu erobern und waren im Norden erfolgreich, am Cap Malheureux. Diesmal gab es keine Schlacht, sondern es wurde ein Vertrag unterzeichnet, der »Act of Capitulation«. Er besagte, dass Großbritannien die Verwaltung der Insel übernimmt, während die Franzosen weiterhin Land und Sklaven sowie alles, was sie besaßen, behalten durften. Bis 1835 lief alles so weiter, doch dann schaffte Großbritannien die Sklaverei ab. Das Problem war nun, dass nicht mehr genügend Arbeitskräfte da waren, um die blühende Zuckerindustrie am Laufen zu halten.
Die Briten führten jetzt etwas ein, das als »The great Experiment« (das große Experiment) in die Geschichte einging: Sie bauten ein ausgeklügeltes System von

Auf der »wilderen« Schwesterinsel Rodrigues sieht man viele frei laufende Schafe.

Schuldknechtschaften für Leiharbeiter auf, die für fünf Jahre bei den Plantagenbesitzern unter Vertrag standen. Die meisten Arbeiter wurden in Indien »ausgeliehen«, aber auch aus anderen Teilen der Welt. In der Folgezeit kam eine halbe Million Arbeiter nach Mauritius. Eine gigantische Zahl, wenn man bedenkt, dass Mauritius heute rund 1,3 Millionen Einwohner hat. Somit stellt diese halbe Million Leiharbeiter rund 60 Prozent der Vorfahren der heutigen Bevölkerung. Zur Zeit der Ankunft dieser fast 500 000 Inderinnen und Inder, die bis 1910 anhielt, befanden sich rund 80 000 bis 90 000 Sklaven auf der Insel, dazu die Aristokraten, also die weiße Oberschicht. Das bedeutete, dass die Inder jetzt in der Mehrheit waren. Dadurch veränderte sich die Szenerie auf Mauritius grundlegend. Heute sind 48 Prozent der Bevölkerung Hindus, 32 Prozent mehrheitlich katholische Christen, 17 Prozent Muslime und drei Prozent Anhänger Bahais, Buddhisten oder Sikhs. Eine friedliebende Vielfalt, wie sie auf der Welt und auf so engem Raum kaum anzufinden ist und die Besucher aus nah und fern immer wieder aufs Neue beeindruckt.

Die Geschichte von Rodrigues

Rodrigues gehört zu Mauritius, ist aber deutlich anders, was sicherlich neben den Unterschieden in der Landschaft auch in der Geschichte der Insel begründet ist. Übrigens: Man kann den Namen wie »Rodrigue«, also ohne »s« aussprechen, was französisch klingt und damit

Statue von Mahé de La Bourdonnais

sicher richtig ist. Wer aber auf der Insel zuhört, wird miterleben, dass die Rodriguais, also die Einheimischen, ihre Insel »Rodrigs« nennen – mit einem charmanten, sanften »s« am Ende. Wer diese Aussprache als Urlauber auch versucht, wird schnell Freunde finden.

Rodrigues wurde wohl von einem portugiesischen Seemann namens Don Diego Rodriguez im Jahr 1528 entdeckt. Auch wenn auf historischen Karten, wie sie beispielsweise im Museum des François Leguat Reserve aushängen, die Insel »Diego Rays« genannt wird. Egal: Sicher ist, dass Rodrigues schon im 11. Jahrhundert einen Namen hatte: »Dina a Robi« hieß sie damals auf arabischen Seekarten des Indischen Ozeans. Auf die Weltkarte allerdings gelangte sie erst im 17. Jahrhundert.

1601 bemerkte eine niederländische Seeflotte unter Admiral Wolphart Harman

Eine neugierige Aldabra-Schildkröte nähert sich auf der Suche nach Leckerbissen.

die Insel und stoppte kurz. Die ersten Siedler allerdings kamen erst am 1. Mai 1691. Es handelte sich um französische Hugenotten unter der Führung von François Leguat. Sie suchten hier Zuflucht nach dem Widerruf des Edikts von Nantes im Jahr 1685. Dieses hatte ursprünglich den Hugenotten, die calvinistische Protestanten waren, religiöse Toleranz und volle Bürgerrechte im katholischen Frankreich zugesichert. Bis 1693 harrten die Hugenotten auf Rodrigues aus. Doch sie litten so stark darunter, keine Frauen dabeizuhaben, dass sie schließlich Richtung Mauritius davonsegelten.

François Leguat allerdings kam bald besondere Bedeutung zu: Seine Reiseerzählung »Voyages et Aventures de François Leguat en deux îles désertes des Indes Orientales« (Reisen und Abenteuer des François Leguat auf zwei einsamen Inseln Ostindiens) erschien im Jahr 1708 und enthielt genaue Beschreibungen der Flora und Fauna von Rodrigues – bevor die Insel durch die Kolonialmächte ihrer Bäume und des größten Teils der Tierwelt beraubt wurde. So beschrieb Leguat den Taubenvogel Solitär (*Pezophaps solitaria*) und verschiedene Arten von Landschildkröten. Auch, wenn ihm zahlreiche Wissenschaftler der damaligen Zeit keinen Glauben schenkten, ist seine Schrift bis heute ein wichtiges Zeitzeugnis. Nicht ohne Grund nennt sich der wichtigste Tier- und Naturpark auf Rodrigues François Leguat Reserve. Hier wird alles unternommen, um Rodrigues wieder in die Zeit zu versetzen, bevor die zerstörerischen Kräfte der Kolonialmächte ihre Spuren hinterließen.

Von 1710–1810 und während der Zeit der Herrschaft von Frankreich über die Maskarenen wurde auch Rodrigues besiedelt. Die Franzosen Philibert Marragon und Gabriel Bégué waren die Ersten, die kommerziellen Fischfang betrieben und eine Landwirtschaft aufzogen. 1761 schrieb die Insel kurz Geschichte, als eine Gruppe französischer Wissenschaftler unter der Führung von Pater Alexandre Pingré vorbeikam, um den Vorbeiflug des Planeten Venus zu beobachten. Bis heute heißt der damals gewählte Aussichtspunkt am Rand der Hauptstadt Port Mathurin »Point Venus«.

1809 übernahm Großbritannien die Insel. Zu dieser Zeit lebten hier ungefähr 100 Menschen. Die Briten nutzen jetzt Rodrigues als Brückenkopf für ihre Attacken auf Mauritius und förderten gleichzeitig die landwirtschaftliche Entwicklung der Insel. In der Folgezeit blieb Rodrigues unberührt von den großen Verschiebungen auf Mauritius und lief politisch mehr oder weniger einfach mit. Erst 1967 machten die Rodriguais auf sich aufmerksam, als sie lautstark auf die Unabhängigkeit von Mauritius und den anderen Inseln von der britischen Kolonialmacht drängten. Seitdem ist Rodrigues in der Nationalversammlung in Port Louis mit eigenem Stimmrecht vertreten. 2002 beschloss die Nationalversammlung einstimmig, Rodrigues eine Teilautonomie zuzugestehen, die »Rodrigues Regional Assembly« entstand bei den folgenden Wahlen. Das Parlament verfügt seitdem bei internen Angelegenheiten über dieselbe Macht wie eine Regionalregierung, geführt wird sie von einem Chief Commissioner. Dieser wiederum ist direkter Ansprechpartner für den Premierminister der Republik Mauritius.

Ein mutiger Fischer versucht sein Glück an den Klippen der Trou d'Argent.

Die Regionalregierung von Rodrigues nimmt ihre Aufgabe durchaus ernst: So werden bei der Ausreise aus Mauritius nach Rodrigues auf dem Flughafen die Pässe kontrolliert, genauso wie bei der Einreise nach Rodrigues. Formulare müssen ausgefüllt und eventuell Fragen beantwortet werden. Auch bezeichnet sich Rodrigues als »plastikfrei«, die Einfuhr von Plastiktüten jeglicher Art ist verboten. Von diesem Anspruch ist Mauritius weit entfernt.

Mit dem Ausbau des Flughafens, der 2022 abgeschlossen sein soll, erhoffen sich die Verantwortlichen auf Rodrigues auch einen Schub in Sachen Tourismus und vielleicht sogar internationale Ankünfte. Die Besucher sollen dann eine Insel erleben, die sich den Themen Natur, Ökologie und Nachhaltigkeit verschrieben hat. Die Insel hat zwar nur eine Handvoll Hotels, aber mehr als 180 Pensionen zu bieten und etwas Ursprüngliches an sich – vielleicht wie Mauritius vor 30 Jahren.

Das Post Office von Port Louis

Reiseregionen im Überblick

Zurück zu Mark Twain und seinen Zeilen: »Ein anderer Bewohner wird Ihnen sagen, dass dies eine Übertreibung ist; dass die beiden Hauptdörfer, Port Louis und Curepipe, weit entfernt sind vom himmlischen Dasein; dass niemand in Port Louis lebt außer aus Zwang, und dass Curepipe der feuchteste und regnerischste Ort der Welt ist.« Port Louis und Curepipe sind bis heute in der Tat die Hauptorte von Mauritius. Die Hauptstadt Port Louis (siehe S. 34) ist eine hektische, heiße, aufgeladene Großstadt, Rushhour ist »from 7 to 7«, wie Einheimische nicht ohne Stolz über ihre Stadt bemerken. In der Tat leben die Menschen hier meist nur, weil sie hier arbeiten. Sobald aber die offiziellen Arbeitsstunden vorbei sind, ist es angenehm ruhig, fast ein wenig verlassen kommt Port Louis daher. Vom Standpunkt eines Urlaubers aber – Marc Twain hin oder her – ist ein Besuch in Port Louis ein Muss: Nirgendwo sonst auf Mauritius wird Multikulti so intensiv und auf kleinem Raum gelebt wie hier.

Curepipe (siehe S. 88) ist ganz anders: In der höchstgelegenen Stadt der Insel (550 Meter über Meereshöhe) regnet es in der Tat gerne und häufig. Aber die Stadt mit ihren 80 000 Einwohnern ist sicher nicht der feuchteste und regnerischste Ort der Welt. Diese Ehre gebührt

In der Markthalle von Curepipe kann man buntes Markttreiben bestaunen.

Cherrapunji, einer kleinen Stadt im nordostindischen Bundesstaat Meghalaya. Sicher ist es in Curepipe deutlich kühler als in den Niederungen der Küsten oder von Port Louis. Daher haben sich in früheren Zeiten gerne die Kolonialherren hier angesiedelt – wie überhaupt im zentralen Bergland von Mauritius.

Das zentrale Bergland (siehe S. 68) ist vielleicht so etwas wie das Herzland von Mauritius. Hier ist es kühler als an der Küste, denn man befindet sich auf 400 bis 600 Metern Höhe. Ausgehend vom südlichen Ende von Port Louis und entlang der Autobahn M 2 leben hier gut 400 000 Menschen, also ein Drittel der Bevölkerung. Neben Curepipe mit seinen Kolonialbauten, dem Vulkankater Trou aux Cerfs und dem Botanischen Garten gibt es Zuckerfabriken, heilige Stätten und Seen sowie hohe Gipfel, die man erklimmen kann. Von dort hat man einen guten Ausblick über den Norden von Mauritius.

Nördlich von Port Louis, entlang der Westküste, ist Grand Baie (siehe S. 98) ein touristischer Anziehungspunkt. Hier findet man alles, was man mit dem Namen Mauritius verbindet: schöne Strände, bunt angemalte Imbissbuden, beschattet von Kasuarinen, enge Gassen mit Restaurants, Läden, Fischer, die den Fang des Tages anpreisen und Tourenanbieter. Sogar das Nachtleben verdient hier seinen Namen. Daneben kann man hier wunderbar tauchen und schnorcheln, unter Wasser wandern, im U-Boot fahren und Touren mit dem Katamaran unternehmen. Ganz im Norden, am Cap Malheureux, treffen sich die Kitesurfer und genießen die Ausblicke auf die nahen Inseln wie Coin de Mire oder Round

Auf der Freizeitinsel Île aux Cerfs kann man auch Parasailing ausprobieren.

und Serpent Island. Im Hinterland warten Attraktionen wie der Botanische Garten, Triolet mit dem größten Hindutempel der Insel sowie schön anzuschauende und renovierte Kolonialvillen auf ihre Besucher. Hier ist es heiß und trocken, vielleicht die wärmste Ecke von Mauritius. Im Osten und Südosten sieht das ein wenig anders aus.

Im Osten (siehe S. 156) ist es meist deutlich windiger als an der Westküste. Dafür gehört die Ostküste mit ihren zahlreichen Buchten und Lagunen, die wie an einer Perlenschnur aufgereiht folgen, zu den schönsten Küstenlinien von Mauritius. Dazu trägt sicher auch die Île aux Cerfs bei, die auch für Einheimische eine Art Naherholungsgebiet ist. Hier im Osten kann man mit dem Boot bis an einen Wasserfall schippern, die Tier- und Pflanzenwelt im Naturpark erwandern und auf den Spuren der ersten Siedler wandeln. Weiter im Süden folgt das Städtchen Mahébourg (siehe S. 174) mit seinem pittoresken Markt und einer Biskuitfabrik, wie man sie sicher noch nicht gesehen hat. Unterhalb des Flughafens beginnt der Süden von Mauritius.

Im Süden und Südwesten (siehe S. 186) findet man die wohl schönsten Landschaften auf Mauritius: Buchten mit feinem Sand, die von steil aufragenden, schwarzen Felsen überragt und von hereinstürmenden Wellen geschüttelt werden, und gleich daneben schier endlose Zuckerrohrfelder. Wasserfälle und verwunschene Pfade durch ein riesiges Naturschutzgebiet, eine Teeplantage, einen Freizeitpark, bei dem garantiert die ganze Familie auf ihre Kosten kommt, und Luxusresorts, in denen keine Wünsche unerfüllt bleiben. Hier, so sagt man, sei Mauritius noch am unberührtesten und ursprünglichsten. »Ursprünglich« ist ein Wort, das auch für Rodrigues ganz hervorragend passt.

Rodrigues (siehe S. 238), die »kleine Schwester« von Mauritius, ist lediglich 18 Kilometer lang und maximal acht Kilometer breit. Die Lagune, die die Insel umgibt, ist doppelt so groß. Nach Rodrigues zieht es in erster Linie Urlauber, die Lust auf ein wenig Abenteuer haben. Denn die touristische Infrastruktur kann bei Weitem nicht mit der auf Mauritius mithalten. Auch ist die Insel schlichtweg wilder. Dafür finden Taucher hier ein beinahe unberührtes Paradies, Naturfreunde menschenleere Strände und Buchten, die nur zu Fuß erobert werden können, Wassersportler hervorragende Bedingungen fürs Kitesurfen und Adrenalinjunkies Ziplines, an denen man die Insel und ihre wilde, farbenkräftige Natur von oben betrachten kann – bei rasender Geschwindigkeit.

Die ideale Reisezeit

Mauritius ist das ideale Reiseziel, denn die Insel kann das ganze Jahr über wegen des vergleichsweise milden Klimas besucht werden. Regnen kann es in jedem Monat und an jedem Tag, aber die Sonne wird sicher gleich wieder ihren Platz am Himmel erobern. Bei der Planung eines Aufenthalts sollte man beachten, dass sich Mauritius in der südlichen Hemisphäre befindet. Sommer und Winter treten gegenüber Mitteleuropa also entgegengesetzt auf.

Generell gilt für die Temperaturen: Im zentralen Hochland, zwischen 400 und 600 Metern Höhe, liegt die Durch-

Die unberührten Strände und Buchten von Rodrigues laden zu Wanderungen ein.

Mauritius ist für Taucher und Schnorchler gleichermaßen ein lohnendes Ziel.

schnittstemperatur bei 20 Grad im August und 26 Grad im Februar. An der Küste liegen die Temperaturen meist drei bis vier Grad darüber. Besonders heiß und dafür trocken kann es an der Nordwest- und an der Südwestküste werden. Der Osten und Süden bekommen mehr Regen ab – im Sommer ebenso wie im Winter. Auf Rodrigues ist es das ganze Jahr über ein paar Grad kälter als auf Mauritius, und mit Regen muss man immer rechnen. Hier kommen erschwerend die Zyklone hinzu: Wirbelstürme, die die Insel in den Monaten Februar bis April kräftig durchpusten können.

Der mauritische Sommer beginnt im November und hält bis in den April an. Es ist heiß und feucht, Dezember bis Februar gelten als die heißesten Monate. Regen fällt reichlich, besonders im Hochland und im Februar und März. Im Sommer kann man hervorragend tauchen – die Sicht ist normalerweise erstklassig – und hochseefischen.

Mai bis Oktober ist die Zeit des mauritischen Winters. Es ist kühler als im Sommer, häufig blasen heftige Winde aus Osten über die Insel. Im August können die Temperaturen an der Küste bis auf 20 Grad fallen. Der Winter gilt als die beste Zeit für Kitesurfer.

Wer seinen Urlaub außerhalb der mitteleuropäischen Ferien planen kann, denn jetzt kommt auch der Großteil der französischen Touristen, sollte Mauritius und Rodrigues in der Zeit von April bis Juni oder von September bis Dezember besuchen. Die Hotels sind nicht ausgebucht, das Wetter ist normalerweise angenehm mit heißen Tagen und kühleren Nächten sowie überschaubaren Regengüssen.

Steckbrief Mauritius und Rodrigues

Lage: Die Republik Mauritius besteht aus Inseln und Korallenriffen im Indischen Ozean und gehört zur Inselgruppe der Maskarenen. Die Hauptinsel Mauritius befindet sich auf 20° südlicher und 57,5° östlicher Breite, die zweitgrößte Insel Rodrigues liegt gut 600 km nordöstlich entfernt. Zu Mauritius gehören auch der Archipel der Cargados-Carajos-, die Agalega- und die Chagos-Inseln.

Fläche: Mauritius: 1865 km^2, Rodrigues: 104 km^2

Flagge: Die mauritische Flagge besteht aus vier Querstreifen in den Farben Rot, Dunkelblau, Gelb und Grün.

Einwohner: ca. 1,27 Millionen, davon 42 000 auf Rodrigues

Hauptstädte: Port Louis (Mauritius) und Port Mathurin (Rodrigues)

Gliederung: Mauritius ist in neun Distrikte und fünf Stadtbezirke aufgegliedert (Distrikte: Black River, Flacq, Grand Port, Moka, Pamplemousses, Plaines Wilhelms, Port Louis, Rivière du Rempart und Savanne; Stadtbezirke: Beau Bassin-Rose Hill, Curepipe, Port Louis, Quatre-Bornes und Vacoas-Phoenix). Dazu kommen die Insel Rodrigues (mit Sonderstatus) sowie die Dependenzen Agalega und St. Brandon.

Sprache: Englisch gilt als »offizielle Sprache«, wird allerdings nur von ca. 0,3 Prozent der Bevölkerung als Erstsprache gesprochen. Dem Französischen kommt weit größere Bedeutung zu. Beide Sprachen sind Unterrichtssprachen an den Schulen. Kreolisch wird von nahezu allen Bevölkerungsgruppen gesprochen und verstanden. Auch Chinesisch wird gesprochen, genauso wie Bhojpuri, Hindi, Marathi, Tamil, Telugu und Urdu.

Währung: Mauritius-Rupie (MUR)

Zeitzone: Während der europäischen Sommerzeit sind Mauritius und Rodrigues zwei Stunden vor der Zeit in Mitteleuropa. In der Winterzeit liegen Mauritius und Rodrigues drei Stunden voraus.

Religion: 48 Prozent der Bevölkerung sind Hindus, 32 Prozent mehrheitlich katholische Christen, 17 Prozent Muslime (hauptsächlich Sunniten) und drei Prozent Anhänger Bahais, Buddhisten oder Sikhs. Die Einwohner von Rodrigues sind zu über 90 Prozent katholisch.

Tourismus: 2018 kamen 1 399 408 Touristen nach Mauritius, davon 132 780 aus Deutschland. Die Einnahmen aus dem Tourismus betragen gut 60,3 Milliarden MUR (ca. 1,5 Milliarden Euro). Damit erbringt er direkt und indirekt acht Prozent der Bruttowertschöpfung. Rodrigues wurde 2018 von 396 Urlaubern aus Deutschland besucht.

Geschichte im Überblick

1507 Die unbesiedelte Insel Mauritius wird von portugiesischen Seefahrern entdeckt.

1598 Niederländische Schiffe erreichen Mauritius. Die Niederlande beanspruchen die Insel und benennen sie nach Moritz (Maurice) von Nassau-Oranien.

1715 Nachdem der erste Versuch einer niederländischen Besiedlung gescheitert ist, übernimmt die Französisch-Ostindische Gesellschaft die Inseln. Port Nord-Ouest wird gegründet, das spätere Port Louis.

1721 Mauritius wird als »Île de France« französische Kolonie.

1767 Die Französisch-Ostindische Gesellschaft verkauft die Kolonie an den Staat Frankreich.

1810 Nachdem die britischen Truppen die französischen in Port Napoléon (heute Port Louis) besiegt haben, wird Mauritius britische Kolonie – dies wird durch den Vertrag von Paris im Jahr 1814 besiegelt.

1834 Die Sklaverei wird abgeschafft, das »große Experiment« beginnt: Leiharbeiter aus Indien werden nach Mauritius geholt. Bis zum Abschluss der Verschiffung im Jahr 1920 kommen rund 500 000 Menschen aus Indien, um hier in den Plantagen zu arbeiten.

1876 Die indische Rupie wird die offizielle Währung.

1885 Das Council of Government mit zehn gewählten Mitgliedern wird zur ersten Regierungsform.

1901 Mahatma Gandhi besucht die Insel.

1926 Zum ersten Mal in der Geschichte werden Indo-Mauritier in den Council of Government gewählt.

1936 Die erste Partei wird gegründet, die Mauritian Labour Party bzw. Parti Travailliste (PTr).

1948 Das allgemeine Wahlrecht wird eingeführt.

1959 Bei der ersten Parlamentswahl am 9. März erringt die PTr unter Seewoosagur Ramgoolam (1900–1985) 24 von 40 Sitzen.

1965 Großbritannien trennt die Chagos-Inseln administrativ von Mauritius. Die gut 2000 Inselbewohner (Îlois) werden bis 1973 nach Mauritius deportiert. Die Kolonialmacht schließt einen Pachtvertrag mit den Vereinigten Staaten von Amerika und gestattet ihnen, die Insel Diego Garcia als Militärbasis zu nutzen.

1968 Am 12. März wird Mauritius als parlamentarische Monarchie im Commonwealth unabhängig. Erster Premierminister ist Seewoosagur Ramgoolam. Am 24. April wird Mauritius Mitglied der Vereinten Nationen (UN).

1976 Am 20. Dezember finden die ersten Parlamentswahlen nach der Unabhängigkeit statt: Ein von Ramgoolam (PTr) geführtes Parteienbündnis gewinnt 36, die Mouvement Militant Mauricien (MMM) von Paul Bérenger 34 von 70 Sitzen. Ramgoolam bildet die Regierung.

1982 Parlamentswahl am 11. Juni: Die Allianz um die Parteien MMM und Parti Socialiste Mauricien (PSM) gewinnt 60 von 66 Sitzen. Anerood Jugnauth (*1930) wird am 16. Juni Premierminister.

1989 Am 14. Oktober besucht Papst Johannes-Paul II. Mauritius mit einer Messfeier in Port Louis. Am 15. Oktober folgt die heilige Messe im Stadion von La Ferme auf Rodrigues.

1992 Am 12. März wird die Republik ausgerufen. Erster Staatspräsident wird Sir Veerasamy Ringadoo (1920–2000).

21. Februar 1999 Der Tod des kreolischen Sängers Kaya in Polizeigewahrsam löst Ausschreitungen mit mehreren Toten aus.

2002 Ein Autonomiegesetz für Rodrigues tritt am 12. Oktober in Kraft. Rodrigues erhält eigene Befugnisse und ein Regional-Parlament.

2003 Paul Raymond Bérenger wird am 30. September als erster Nicht-Hindu Premierminister und am 7. Oktober Ex-Premier Sir Anerood Jugnauth Staatspräsident.

2008 Am 22. Oktober verweigert das Britische House of Lords den zwangsumgesiedelten früheren Einwohnern der Chagos-Inseln die Rückkehr auf ihren Archipel. Mauritius aber hält an dem völkerrechtlichen Anspruch auf die Inseln fest.

2012 Der Europäische Gerichtshof für Menschenrechte urteilt am 20. Dezember diesbezüglich, dass aufgrund einer 1982 erfolgten Einigung zur Wiedergutmachung mit der britischen Regierung der Opferstatus der Îlois entfällt.

2015 Am 5. Juni wird Ameenah Gurib-Fakim zur ersten Staatspräsidentin des Landes gewählt.

2017 Im Januar tritt Premierminister Anerood Jugnauth aus Altersgründen zurück. Sein Nachfolger wird am 24. Januar sein Sohn, der bisherige Finanzminister Pravind Jugnauth (MSM). Im Juni beschließt die UN-Vollversammlung in der Chagos-Frage mehrheitlich die Anrufung des Internationalen Gerichtshofs (IGH).

2018 Am 17. März tritt die Staatspräsidentin Ameenah Gurib-Fakim wegen Korruptionsvorwürfen zurück. Vizepräsident Paramasivum Pillay Vyapoory (MSM) übernimmt am 23. März amtierend das Präsidentenamt. Am 3. September beginnt am IGH ein Hearing zum Streit um den Chagos-Archipel.

2019 Vom 4.–10. September unternimmt Papst Franziskus eine Apostolische Reise nach Mosambik, Madagaskar und Mauritius. Am 9. September hält er auf Mauritius eine Predigt.

EINE WOCHE AUF MAURITIUS

Mauritius als Urlaubsziel hält, was es verspricht: Es gibt wunderbare Strände, die ganz nebenbei mit zu den schönsten der Welt gehören, blaue Lagunen, grüne Wälder, reichlich Geschichte, buntes religiöses Leben und sehr viel Abwechslung – bis hin zu Freizeitparks und Ziplines. Langweilig wird es hier mit Sicherheit niemandem.

Wer einen Strandurlaub plant, sollte seine Unterkunft an der Küste suchen. Vielleicht im Nordwesten, wo mit Grand Baie der touristische Hauptort der Insel liegt. Alternativ im Nordosten, wo es deutlich ruhiger ist und die Strände kilometerlang und blütenweiß, oder im Süden, wo die Landschaft ursprünglicher scheint und sich nicht nur die Einheimischen sicher sind, dass hier das originale Mauritius zu finden sei. Wer Lust auf Wanderungen und wilde Natur hat, der könnte das Bergdorf Chamarel wählen. Von allen Orten sind die folgenden Ziele normalerweise per Tagestrip erreichbar.

TAG 1:
ANKOMMEN UND UMSCHAUEN

Ein Glück, dass die Zeitverschiebung zwischen Mitteleuropa und Mauritius nur zwei bis drei Stunden beträgt. Nach einer hoffentlich ruhigen Nacht im Flugzeug kommt man zur gefühlt richtigen Tageszeit an und sollte sich erst einmal umschauen. Vorher steht natürlich der Transport vom internationalen Flughafen zum Bestimmungsort an. Wer die Ecke um Mahébourg ausgesucht hat, verbringt lediglich zehn bis 15 Minuten im Taxi oder dem Minibus. In den Süden geht es in 30–45 Minuten, in den Nordwesten und Nordosten in rund einer Stunde. Die Zeit sollte man nutzen, um einfach aus dem Fenster zu schauen und vielleicht ein wenig mit dem Fahrer zu plaudern. Normalerweise sind die Fahrer sehr gesprächsfreudig und stolz auf ihre Heimat. Auch kennen sie alle Attraktionen und haben sicher den einen oder anderen Tipp auf Lager. Wer weiß, vielleicht findet man hier schon den Fahrer seines Vertrauens, der einen die nächsten Tage über die Insel kutschieren wird.

Angekommen in der Unterkunft, heißt es Zimmer beziehen, Koffer auspacken, sich frisch machen

und eine Runde ums Haus drehen. Sicher gibt es einen Strand in der Nähe und nach hinten raus vielleicht ein Dorf mit ein paar Läden, einer Imbissbude und einer Bushaltestelle. Das erste Dinner, hoffentlich im kreolischen Stil, macht neugierig auf die Küche der Inseln. Nachtleben ist weniger angesagt auf Mauritius, da muss wahrscheinlich die Bar im Hotel herhalten.

TAG 2:
KUNST, KULTUR UND GESCHICHTE

Gut ausgeschlafen steht jetzt eine kleine Tour zu Geschichte, Gebräuchen und der Kultur der Insel an. Die Hauptstadt Port Louis ist das Ziel, Mutige fahren mit dem Bus. Mit dem ausladenden Central Market, dem eindrucksvollen Museum im Aapravasi Ghat, einer bildschönen Moschee, dem quirligen Chinatown, dem Postmuseum und dem Blue Penny Museum gibt es reichlich Attraktionen für mindestens einen halben Tag – und alle liegen in Fußentfernung voneinander. Wer zwischen April und November und an einem Samstag hier ist, sollte sich die Pferderennen auf dem Champ du Mars nicht entgehen lassen.

TAG 3:
MAURITIUS ERKUNDEN – VIELFALT ERLEBEN

Nachdem man den gestrigen Tag in der »Großstadt« verbracht hat, geht es heute hinaus aufs Land. Oder vielmehr übers Land. Der Ausflug führt nach Curepipe, der höchstgelegenen Stadt auf Mauritius mit ihren kolonialen Arkaden und dem Vulkantrichter Trou aux Cerf. Anschließend geht es über das Grand Bassin, einen für die Hindus heiligen See, in den Nationalpark Black River Gorges. Die Ausblicke hier sind sagenhaft, und man kann förmlich im Grün des Waldes schwelgen. Mit Sicherheit plätschert der eine oder andere Wasserfall in der Nähe.

Wer noch Zeit hat, nimmt den kurzen Umweg über die Teeplantage von Bois Chéri mit, ansonsten geht es hinunter nach Chamarel. Hier warten zwei der bekanntesten Sehenswürdigkeiten von Mauritius: der Wasserfall von Chamarel und die Siebenfarbige

Erde. Aber auch für einen Besuch im Ebony Forest sollte man sich ein wenig Zeit nehmen. Von Chamarel geht es, besonders schön, an der Küste entlang oder auf direktem Wege zurück zum Hotel.

TAG 4:
EIN TAG IM GRÜNEN

Heute wird es ein wenig ruhiger. Denn der Ort, der als Ziel auf dem Plan steht, ist ein ganz besonderer, in dem es wirklich ruhig und entspannt zugeht: Der Sir Seewoosagur Ramgoolam Botanical Garden hat zwar einen schwer auszusprechenden Namen, gilt aber als einer der schönsten Botanischen Gärten der Welt. Man sollte sich einen Führer nehmen und sich behutsam in die schier unglaubliche Vielfalt dieses 37 Hektar großen, verzauberten Geländes einführen lassen. Ist Wochenende, sind auch viele Einheimische da, um mit einem Picknick für die ganze Familie den Park zu genießen.
Übrigens, nur ein paar Meter weiter befindet sich das sehenswerte Zuckermuseum L'Aventure du Sucre: Die Kulturgeschichte des Zuckers auf Mauritius wird hier lebendig. Genauso wie im Château de Labourdonnais, wo man erleben kann, wie die Kolonialherren ihre Tage und Nächte verbrachten.

TAG 5:
AUF INS WASSER

Nach den Landausflügen ist es jetzt höchste Zeit für einen Sprung ins Wasser. Wie wäre es mit einem Schnorchelgang an der nahen Lagune? Oder mit Tauchen vor Grand Baie? Wie wäre es, mit dem U-Boot auf 35 Meter Tiefe zu gehen und ein Wrack zu besichtigen? Wollen Sie einen Ausflug auf die wunderbare Île aux Cerf unternehmen oder vor Cap Malheureux kitesurfen? Oder möchten Sie lieber mit dem Katamaran die nahen Inseln erkunden? Alles ist möglich.

TAG 6:
EIN TAG FÜR LEIB UND SEELE

Wer die kreolische Küche jetzt schon ein wenig besser kennengelernt hat, sollte heute noch tiefer eintauchen: Ein Kochkurs steht an. Entweder bietet

das Hotel selbst die Möglichkeit, oder man fragt die Mutter des Hauses. Meist ist sie gerne bereit, Urlauber in die Töpfe schauen zu lassen. Vielleicht kann man auch gleich morgens auf den nahen Markt mitgehen, um einzukaufen. Natürlich wird das gemeinsam Gekochte dann auch mit Genuss verspeist. Nach einer kurzen Mittagsruhe folgt am frühen Nachmittag ein Besuch im Spa. Denn das Thema Wellness wird auf Mauritius ganz großgeschrieben. Wer anstatt Ruhe Action braucht, besucht einen der Freizeitparks, beispielsweise La Vanille oder Casela World of Adventures.

TAG 7:

STRAND SATT

Langsam heißt es Abschied nehmen. Doch bevor man in die Ferne schweift, sollte man das nahe Gute genießen: den Strand vor dem Hotel oder den nächsten Public Beach. Handtuch ausbreiten und chillen. Sicher ist ein Imbissstand in der Nähe, auch frisch gepresster Saft wird normalerweise angeboten. Hier kann man noch einmal die Batterien aufladen und den Mauritius-Urlaub Revue passieren lassen, bevor es zurückgeht in die Heimat.

PORT LOUIS UND UMGEBUNG

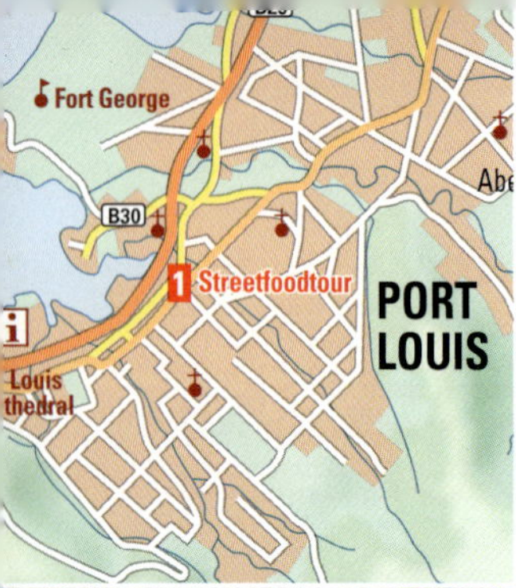

S. 32/33: Der Central Market von Port Louis
Mitte: Obst und Gemüse gibt es auf Märkten auch schon fertig geputzt und geschnitten.
Unten: Wer genau hinschaut, kann das Wappen an den Toren des Central Market entdecken.

1 Streetfoodtour in Port Louis

Die Hauptstadt kulinarisch entdecken

Die landestypische Küche in fernen Ländern zu erkunden ist immer spannend. In Port Louis kann man dies auf eine besonders interessante, leckere und informative Weise tun: auf einer Streetfoodtour. Die »kulturelle Streetfoodtour« öffnet einem auch Türen von Einheimischen. So erschließt man Mauritius nicht nur kulinarisch, sondern lernt auch seine Menschen und ihre Kultur kennen.

Treffpunkt ist gegenüber dem Postmuseum an der bekannten Caudan Waterfront in Port Louis. Man wird herzlich vom Guide empfangen, die Formalitäten schnell erledigt und eventuelle Allergien abgefragt. Dann geht es auch schon los. Die kurze Einführung in die Geschichte und Besiedelung von Mauritius ist höchst informativ und interessant. Dieses Wissen ermöglicht es einem, die kulturellen und kulinarischen Zusammenhänge auf der Tour

GUT ZU WISSEN

DAS WAPPEN AM TOR DES CENTRAL MARKET

Auf dem Wappen, das die Tore des Central Market ziert, steht »VR«, also lateinisch Victoria Regina (Königin Viktoria) und der Spruch »Honi soit qui mal y pense«. Das bedeutet so viel wie »ein Schelm, wer Böses dabei denkt«. Das soll König Edward III. (1312–1377) gesagt haben, als seine Geliebte beim gemeinsamen Tanz ihr Strumpfband verlor, er es aufhob und sich ums Bein band. Dies war der Ursprung des Hosenbandordens.

besser zu verstehen. Nun geht es direkt hinein in die quirligen Straßen der Hauptstadt. Dort wird gehupt, lautstark gehandelt, Mopeds knattern aus allen Richtungen an einem vorbei und Menschen aller Hautfarben in den unterschiedlichsten, meist bunten Kleidern wuseln durch die engen Gassen.

Der Central Market

Der Guide leitet einen zielsicher zum ersten Stopp der Tour. Vor dem Central Market stehend gibt es eine kurze Erklärung zur Historie des Marktes. Hinein geht es nicht, die Besichtigung steht sowieso auf dem Programm eines jeden Urlaubers und ist gut auf eigene Faust möglich. Auf dem weiteren Weg durch die Straßen erfährt man im Gespräch mit dem Guide auch viel über das tägliche Leben der Einheimischen. Die große Bedeutung der Familie, wie hektisch das Leben geworden ist und wie teuer, dass Kultur und alte Kochkünste langsam verloren gehen und dass man dringend etwas dagegen tun muss. Die Krankenversorgung könnte besser sein, und die Einführung einer staatlichen Unterstützung bei Arbeitslosigkeit wäre dringend nötig. Doch alles in allem sind die Menschen froh, hier leben zu dürfen und stolz auf ihr friedliches Miteinander der Kulturen.

Der Gemischtwarenladen

Stopp zwei: Der Gemischtwarenladen macht seinem Namen alle Ehre. Hier gibt es von Seife und Hundefutter über getrocknete Sardinen von den Philippinen und Nüssen aus Indien bis gesalzenen Fisch aus Schottland. Der Raum ist so voll mit Waren aus aller Welt, dass gerade eine Person durch den schmalen Gang passt. Rechts und links auf dem Boden und in den Regalen stapeln sich teils unbekannte, aber auch bekannte Waren wie Reis,

Nicht verpassen

DHAL PURI PROBIEREN

So etwas wie die Nationalspeise von Mauritius ist Dhal Puri. Die gelblichen Fladen bestehen aus gelben Spalterbsen, Mehl, Salz, Kurkumapulver, Kreuzkümmelpulver sowie Öl und werden auf einer heißen Platte ausgebacken. Mit flinken Händen füllt der Händler die schon fertigen weichen Fladen – meistens zwei auf einmal, weil sie so dünn sind – mit den vom Kunden aus der Vitrine gewählten Soßen und Gemüsesorten. Noch ein wenig Chili dazu? Und ehe man sich's versieht, hat er alles hübsch gewickelt, verpackt und die kleine gerollte Köstlichkeit liegt lecker in der Hand. Dhal Puri schmeckt wunderbar und macht für wenig Geld richtig satt. Tipp: am besten das Einwickelpapier unten umschlagen und dann das Ganze von oben wie einen Wrap essen, so kleckert man nicht. Ein ganz beliebter Stand für Dhal Puri befindet sich direkt in der Mitte des großen nördlichen Busbahnhofs in einer Art grauen Blechhütte.

Geheimtipp

CAFÉ LUX MIT HIER GERÖSTETEM KAFFEE
Die Franchise-Coffeeshops der edlen Hotelmarke LUX gibt es bisher viermal auf der Insel. Die Idee dahinter ist, auf Mauritius frisch gerösteten, nach ethischen Grundsätzen erzeugten Kaffee anzubieten – zubereitet von ausgebildeten Baristas. Bisher beschränkte sich Kaffeegenuss auf Mauritius meist auf Instantpulver. Doch dank der vielen Touristen, die frischen Kaffee schätzen, ändert sich dies langsam. Das stylische Café LUX ist der ideale Ort, um sich für die anstrengende Shoppingtour zu stärken oder danach zu entspannen. Serviert werden vom einfachen Espresso über Kreationen mit Kokos bis zum kalten Aufguss 13 verschiedene Zubereitungen. Reingehen, den Duft von frisch gerösteten Kaffeebohnen schnuppern, auswählen und dann einfach nur genießen. WLAN ist kostenlos.

Café LUX. Tgl. 7.30–20 Uhr, Caudan, Port Louis, Tel. 02 14/10 25, www.cafelux.mu

Bohnen, gespaltene Kichererbsen, schwarze Linsen oder getrockneter Tintenfisch aus Rodrigues. Genauso wie indisches Poha (getrocknete, flach gewalzte Reisflocken), Sipec (Chips aus Tapioka, Kartoffeln oder Shrimps, die frittiert zum Snack werden). Dodo, der Besitzer in dritter Generation, erklärt den Besuchern freundlich seine Handelsgüter und plaudert gerne über sein Geschäft.

Weitere Ziele warten, wie ein altes Lagerhaus aus dem Jahr 1850. Es ist weitestgehend original erhalten und noch immer in Betrieb. Ladenbesitzer von der ganzen Insel decken sich hier mit Waren ein. Riesige Säcke mit Mehl, Salz, Milchpulver und feinem mauritischen Zucker werden von Trägern hinein- und herausgeschleppt. Der Großhändler steht im blütenweißen Hemd an seinem Schreibtisch und beobachtet zufrieden das geschäftige Treiben, das seine Kasse klingeln lässt.

Jummah-Moschee

Weiter geht es zur Jummah-Moschee, die mit ihren Verzierungen und Schnörkeln eher wie ein indischer Palast aus Tausendundeiner Nacht aussieht. Es wird erklärt, dass dies daher kommt, dass damals auf Mauritius nur die indischstämmigen Tamilen wussten, wie man Tempel baut. Auch dass direkt an der Moschee Läden und kleine Imbissläden zu finden sind, ist ungewöhnlich und den Bedürfnissen der gläubigen Händler ringsum angepasst. Diese »L'Hotel de Thé« genannten Shops sind eine Art Café, es gibt sie auf ganz Mauritius, meist sind sie 24 Stunden geöffnet. Hier darf man nun ein mauritisches Frühstück, bestehend aus feinem mauritischen Tee mit viel Milch und Zucker und einige verschiedene Snacks genießen. Je nach Angebot gibt es etwa Samosas (frittierte Teigtaschen mit verschiedenen Füllungen), *gâteau*

pomme de terre (Kartoffelscheiben in Teig getaucht und frittiert) oder den berühmten *gâteau piment* (ein pikant gewürzter Brei aus gelben Erbsen, als Bällchen knusprig in Öl ausgebacken).

Chinatown

So gestärkt, führt die Tour weiter, nur um eine Straßenecke, aber die Szenerie ändert sich schlagartig. Nach dem indischen Viertel befindet man sich jetzt in Chinatown. Fast scheint es, als wäre man in einer anderen Stadt. Durch einen eher unscheinbaren Gang betritt man die Räume des »Chinesischen Zentrums«, einer Begegnungsstätte der chinesischstämmigen Mauritier mit Küche, Bibliothek, Fitnessgeräten, Versammlungsräumen und Tempelchen inklusive kleinem Shop für den Tempelbedarf. Hier kann man Leute treffen, lesen, sich in Kalligrafie üben, zusammen Karaoke singen oder einfach nur beten.

Auch die nächste, ungewöhnliche Station befindet sich im chinesischen Stadtteil von Port Louis. Versteckt in einer kleinen Seitengasse liegt eine winzige chinesische Bäckerei. Mal ehrlich, wer bringt denn China mit Gebäck in Verbindung? Mit Reis

Oben: Mitten in der Altstadt liegt die ungewöhnlich gestaltete Jummah-Moschee.
Mitte: Kleine Läden bieten Gemischtwaren aus aller Welt an.
Unten: Das Stadtviertel Chinatown kann man auch durch dieses auffällige Tor betreten.

Oben: Geröstete und gefärbte Erdnüsse werden als Snack von Hand abgepackt.
Mitte: Der Arbeitsplatz der Rotibäckerin Amina ist winzig.
Unten: Mit freundlichen Ladenbesitzern wie Dodo kommen Besucher schnell ins Gespräch.

und Nudel ja, aber Gebäck? Dennoch war der Großvater der heutigen Besitzerin Bäcker in China und wanderte nach Mauritius aus. Die normalerweise in chinesischem Gebäck viel verwendete süße Paste aus roten Bohnen gab es auf Mauritius nicht. Daher hat er kurzerhand die leicht verfügbaren schwarzen Linsen genommen, daraus eine süße Paste hergestellt und diese benutzt. So kam ein Touch Mauritius in den chinesischen Kuchen. Natürlich werden Gebäckstücke wie die niedlichen Ohrenkuchen und der berühmteste chinesische Kuchen aus Reismehl, Zucker und Orangensaft auch verkostet.

La Gare du Nord

Der letzte Punkt auf dem Rundgang ist ein kunterbunt zusammengewürfelter Markt am nördlichen Ende des Nord-Busbahnhofs. Die Stände waren früher über die ganze Stadt verteilt, was der Stadtverwaltung ein Dorn im Auge war. Daher hat sie dieses Gelände zur Verfügung gestellt. Unter den Planen und provisorischen Wellblechdächern gibt es von Kleidern bis Obst, von Gemüse bis Snacks und Souvenirs nahezu alles für den täglichen Bedarf. Nebenan wird kräftig gebaut, denn der Markt soll nach Meinung der Stadt aufgeräumter und schöner werden. Amina backt an ihren Stand frische Roti (indisches Fladenbrot), füllt sie mit verschiedenen Currys und serviert sie noch heiß den Teilnehmern. Zum Nachtisch wird man noch mit frischer Ananas verwöhnt. All das frische Gemüse wie Ladyfingers, Bittergurken, Kürbisse oder chinesische Kartoffeln wird auch schon fertig geschnitten und in Portionen abgepackt angeboten. Pink gefärbte, geröstete Erdnüsse und bunte Früchte aller Art laden zum Einkaufen ein. Selbst einen kleinen Stand mit Artikeln aus Rodrigues gibt es hier – aber Rodrigues ist nicht nur als Insel, sondern auch kulinarisch ein ganz anderes Thema.

Stadtrundgang

A Food Court. Dieser Teil der Caudan Waterfront wurde im Jahr 2019 als neuer Food Court eröffnet, er befindet sich am östlichen Ende der Caudan Waterfront.

B Statue von Mahé de La Bourdonnais. Der ehemalige Gouverneur hat Port Louis und Mauritius stark geprägt.

C Government House. Am Ende der Place de Bissoondoyal steht das 2012 renovierte Regierungsgebäude. Erbaut wurde es ab 1736 und kann heute nicht mehr besichtigt werden.

D Stadttheater. Das 1820–1822 erbaute Stadttheater am Gillet Square ist eines der ersten Theater der südlichen Hemisphäre.

E Kathedrale St. Louis. Die mächtige Kathedrale wurde 1752–1756 erbaut, allerdings mehrmals von Zyklonen zerstört. Die heutige Form stammt aus dem Jahr 1819.

F Pferderennbahn Champ de Mars (siehe S. 60).

G Central Market (siehe S. 46).

H Jummah-Moschee. Die schöne und reich verzierte Jummah-Moschee wurde zwischen 1850 und 1885 erbaut. Die Baumeister waren dieselben, die den größten Hindutempel von Mauritius in Triolet (siehe S. 148) erbaut haben.

I Aapravasi Ghat (siehe S. 54).

J Postmuseum. Im Postmuseum können Briefmarkenfreunde schöne Exemplare kaufen und ein wenig Postgeschichte kennenlernen. Noch mehr Geschichte gibt es im Blue Penny Museum (siehe S. 52) an der Caudan Waterfront.

K Caudan Waterfront (siehe S. 50). Die Caudan Waterfront bietet reichlich Möglichkeiten, den Tag angenehm ausklingen zu lassen.

Infos und Adressen

Eine Vielfalt an Reissorten wird verkauft.

SEHENSWÜRDIGKEITEN

Chinatown. Natürlich kann man sich auch ohne Führung auf eine Entdeckungstour durch Port Louis machen. Fast die gesamte Stadt kann gut zu Fuß erkundet werden und die Gefahr, sich zu verlaufen, ist gering. Ein Highlight bei einem Besichtigungsprogramm ist das historische Chinatown mit seinen winzigen Läden, Straßenhändlern, Imbissständen, Verkehrslärm und Hektik.

Die beschriebene Tour ist unbedingt empfehlenswert und heißt »A taste of history – Historical & Street Food tour of Port-Louis«. Angeboten wird sie von **My Moris**. My Moris (»mein Mauritius«) veranstaltet mit einem jungen und aufgeschlossenen Team auch andere Führungen, die Orte und Gegebenheiten auf ganz Mauritius zum Ziel und zum Thema haben. Madame Azor Street, Saint Antoine, Goodlands, Tel. 05723/1755, www.mymoris.mu/en

Photography Museum. Tristan Breville sammelt seit seinem elften Lebensjahr Kameras und alles zum Thema Fotografie, was ihm in die Finger kommt. Im kleinen Museum ist sein Lebenswerk ausgestellt. Der Inhaber ist meist vor Ort und kann viele Geschichten erzählen. Mo–Fr 10–15 Uhr, Rue du Vieux Conseil, Port Louis, Tel. 05970/1440

ESSEN UND TRINKEN

Lambic. Der Ursprung der »Flying Dodo«-Mikrobrauerei. Eine charmante Mischung aus Pub und Restaurant in einem schön renovierten, alten Kolonialhaus. Der Service ist toll und das Essen zu fairen Preisen sehr lecker. Viele Gerichte werden mit verschiedenen Bieren zubereitet, was bei der riesigen Auswahl an Biersorten nicht verwundert. Unbedingt auch das hauseigene, auf Mauritius gebraute Bier probieren! Mo–Fr 8–22, Sa 12–22 Uhr, 4 Georges Street, Port Louis, Tel. 0212/6011, www.lambic.mu

Le Ravinale Restaurant. Regelmäßig um die Mittagszeit bildet sich vor dem Restaurant eine Menschenschlange. Das zeigt, wie beliebt das Haus und seine asiatische Fusionsküche ist. Mo–Sa 11–15 Uhr, 11 Bourbon Street, Tel. 0208/4251

ÜBERNACHTEN

In Port Louis übernachten kaum Touristen, sondern fast ausschließlich Geschäftsleute. Diese kommen beispielsweise hier unter:

Le Saint Georges Hotel. Das Drei-Sterne-Haus nennt sich »privileged business hotel« und strahlt genau diesen Anspruch aus. Dafür liegt es mitten in der Stadt und die Wege sind so denkbar kurz. 9 Rue St. Georges, Port Louis, Tel. 0211/2581, www.saintgeorgeshotel-mu.com

Da Port Louis aber aus allen Ecken von Mauritius schnell und einfach erreicht werden kann, gibt es eigentlich keinen Grund, hier zu übernachten. Dafür sind die sonnigen Strände der Westküste oder die grünen Hügel des Hinterlands einfach zu nah.

In Richtung Norden und Grand Baie, rund zehn Kilometer ab Port Louis, beginnen die Strandabschnitte mit guten und sehr guten Resorts.

Angsana Balaclava. Ein ganz besonderes Fünf-Sterne-Boutiquehotel, denn hier kann man auch im zweiten Stockwerk in den »private pool« springen und von dort über das Meer schauen. Die Restaurants sind hervorragend, der Service ungemein freundlich, und das hauseigene Spa begeistert mit einem eigenen Ayurveda-Doktor, der für alle körperlichen Probleme die passende Kur weiß. Ein Schmankerl ist der Pool, der in eine Strandlandschaft eingebettet und der einzige Salzwasserpool auf Mauritius ist. Turtle Bay, Balaclava, Tel. 02 04/18 88, www.angsana.com/de/mauritius/balaclava-mauritius

VERANSTALTUNGEN

Chinatown-Festival. Über 100 000 Einheimische und Touristen besuchen jedes Jahr das China Town Food & Cultural Festival Ende April/Anfang Mai. Am Samstag und Sonntag treten Künstler auf, auch auf den Straßen und in den Gassen wird getanzt und musiziert. Außerdem werden Streetfood und Getränke für alle Geschmacksrichtungen zu günstigen Preisen gereicht.

INFORMATION

Mauritius Tourism Promotion Authority (MTPA). Hier gibt es reichlich Kartenmaterial und sicher den einen oder anderen guten Tipp. Mo–Fr 8.45–16 Uhr, 4-5th Floor, Victoria House, Louis Street, Port Louis, Tel. 02 03/19 00, www.tourism-mauritius.mu

Ein Informationsschalter der MTPA befindet sich am Internationalen Flughafen im Untergeschoss im Arrival Terminal. Normalerweise ist der Schalter zu den Ankünften der großen Urlauberflugzeuge besetzt. Tel. 06 37/36 35

Mitten im Angsana Balaclava liegt der einzige Salzwasserpool auf Mauritius.

KREOLISCHE KÜCHE – Multikulti im Kochtopf

Auf dem »Roche cari«, dem Curry-Stein, wird traditionell Currypaste zubereitet.

Genauso bunt wie die Bevölkerung von Mauritius ist seine Küche. Durch die Besiedelung der Insel mit verschiedensten Kulturen ist die kreolische Küche hier besonders vielfältig und abwechslungsreich. Franzosen, Engländer, Afrikaner, Inder und Chinesen – alle haben auch kulinarisch ihre Spuren auf Mauritius hinterlassen. Ein echter Gaumenschmaus und gleichzeitig eine kleine geschmackliche Reise um die Welt.

Auf Mauritius ist es ganz einfach, sich ein Dreigangmenü mit Gerichten aus verschiedenen Ländern zusammenzustellen. Etwa als Vorspeise eine Fischsuppe, die auf die Franzosen zurückgeht, als Hauptgang ein aromatisches Hühnchen-Biryani mit indischen Wurzeln und als Nachtisch leckeren chinesischen Kuchen. Besonders in Port Louis, wo die unterschiedlich kulturell geprägten Stadtviertel eng beieinanderliegen, ist oft nur ein Wechsel auf die andere Straßenseite nötig – und schon ist man kulinarisch in einem anderen Land. Die Menschen, die nach Mauritius kamen, egal, ob freiwillig oder nicht, haben natürlich alle ihre heimische Küche mitgebracht. Und doch hat ein ursprünglich indisches Fischcurry oder ein eigentlich chinesisches Gebäck hier einen anderen, für Mauritius typischen und besonderen Geschmack. Das liegt zum einen sicherlich an der gegenseitigen Anpassung und teilweisen Vermischung der Kulturen. Zum anderen aber auch daran, dass nicht immer alle originalen Zutaten auf Mauritius verfügbar waren. Doch die Hausfrauen, Köche und Bäcker waren findig und haben das fehlende Element einfach durch ein möglichst ähnliches, verfügbares ersetzt. Und voilà, schon war die mauritisch kreolische Küche mit ihrem ganz speziellen Touch geboren. Auch andere Gegebenheiten der Insel haben die Esskultur beeinflusst. So gibt es auf Mauritius deutlich mehr Fischgerichte als zum Beispiel auf La Réunion. Dem liegt zugrunde, dass es viel einfacher ist, in der Lagune von Mauritius zu fischen als in den rauen Gewässern vor La Réunion.

Internationale Köstlichkeiten

Egal, wonach einem der Sinn steht – Fisch, Huhn, Fleisch, Meeresfrüchte oder Vegetarisches –, in der Küche von Mauritius wird alles verwendet, mit dem Schwerpunkt auf Fisch und Meeresfrüchten sowie Huhn. Immer schmeckt es wunderbar würzig – aber mal auf indische, auf chinesische, mal französische, auf afrikanische oder auf kreolische Art, also der Mischung aus allem, zubereitet. Als Beilagen werden Reis, Farata (auch Roti genannt, aus Mehl, Wasser, Salz und teilweise Öl), Naan (indisches Fladenbrot aus Mehl, Milch, Wasser, Ei und Salz) und/oder Gemüse gereicht. Gewürzt wird hauptsächlich mit den typischen Kreolgewürzen wie Chili, Zwiebel, Knoblauch, Ingwer, Kumin, Muskat, Zimt und Kardamom. Aber eher gemäßigt, nicht zu scharf.

Essen to go

Streetfood ist ein großes Thema auf Mauritius. Besonders zur Mittagszeit sieht man lange Schlangen vor den allgegenwärtigen Imbissständen. Abends wird mit der Familie groß gekocht, doch mittags, während des Arbeitstages, ist dafür auch auf Mauritius keine Zeit mehr. Glücklicherweise müssen die Mauritier dennoch nicht auf ein gutes Mittagessen verzichten. Die vielen Imbissstände bieten verschiedenste leckere Gerichte – schnell und günstig auf die Hand. Da werden frisch gebackene Rotifladen nach Wunsch gefüllt, und meist stehen Chilisoße, Kichererbsenmus, Linsencurry und Tomatensoße zur Auswahl. Doch typisch Mauritius: Die Mischung aus allem schmeckt eigentlich am besten. Nebenan werden knusprig frittierte Bällchen, *gâteau* genannt, aus unterschiedlichen Teigsorten und mit diversen Füllungen ausgebacken, in Papiertütchen

Ein Guavenhändler verkauft direkt ab Moped.

verpackt und den hungrigen Abnehmern in die Hand gedrückt. Wieder einen Stand weiter gibt es köstlich duftende Samosas, also frittierte und gefüllte Teigtaschen, die direkt aus dem siedenden Öl in Wachspapier gewickelt über die Theke gereicht werden.

Ein kulinarischer Abstecher nach China

Aus der chinesisch-asiatischen Ecke stammen Gerichte wie gebratene Nudeln (Mine frite) oder gebratener Reis (Riz frit) entweder mit Fleisch, Shrimps, Ei oder vegetarisch, die genauso als Streetfood angeboten werden und einfach nur lecker sind. Die vielen unterschiedlichen Sorten Klöße, die entweder in einer Brühe oder auf einem Salat serviert werden, haben ihren Ursprung in China. Auch sie gibt es vegetarisch, aus Fisch, Fleisch oder Shrimps. Zu erkennen sind die Suppenverkäufer an den zwei großen, blechernen Töpfen mit spitz zulaufenden Deckeln. Großer Beliebtheit erfreut sich neuerdings auch Kebab aus Hühnchenfleisch.

Exotisches Obst

Als Nachtisch finden die unzähligen bunten, zuckersüßen Kuchenstücke, Gebäcke und Törtchen, aufgetürmt in Glasvitrinen, guten Absatz. Und natürlich nicht zu vergessen: aromatisches Obst, meist schon in mundgerechten Stückchen, oft ab Moped, direkt vom Erzeuger. Unbedingt probieren sollte man die saftig-gelben Ananasstückchen in der

Auch auf Mauritius gibt es längst internationales Fast Food wie Kebab.

mauritischen Variante und Chilisalz darüberstreuen lassen. Das klingt vielleicht komisch, schmeckt aber unvergleichlich gut. Zum Kauf angeboten wird alles, was gerade Saison hat: unglaublich aromatische Papayas, Mangos, Guaven, Litschis, Jackfruit und natürlich Bananen. Ihr Aroma ist viel intensiver als das von Bananen, die man in Europa bekommt.

Die kleine Schwester von Mauritius

Die Küche von Rodrigues ist ursprünglicher und rauer, wie die Insel selbst, aber mindestens so lecker wie auf Mauritius. Eine für Rodrigues typische Mahlzeit besteht aus gegrilltem Fisch, roten gekochten Bohnen und einer Art Brei aus Mais und Reis. Zum Aufpeppen, je nach Geschmack, werden immer unterschiedliche Chutneys (salzig, sauer angemachtes, rohes Gemüse oder Obst) und Lemon-Chili (zerkleinerte, eingelegte grüne Zitronen mit Chili) gereicht. Wer keinen Fisch mag, sollte stattdessen unbedingt die feinen handgemachten, luftgetrockneten Schweinswürste probieren, die scharf angebraten serviert werden.

Als Snack gibt es frischesten, knusprig frittierten Tintenfisch oder kleine Kroketten aus Kartoffeln. Nicht zu vergessen, den berühmten Salat aus Cono-Cono, eine Spezialität aus Rodrigues, die aus dem Fleisch einer speziellen Meeresschnecke gemacht wird. Auch die Desserts sind nicht zu verachten, etwa leckerer Maiskuchen, frisches Obst oder frittierte Bananen. Einfach köstlich!

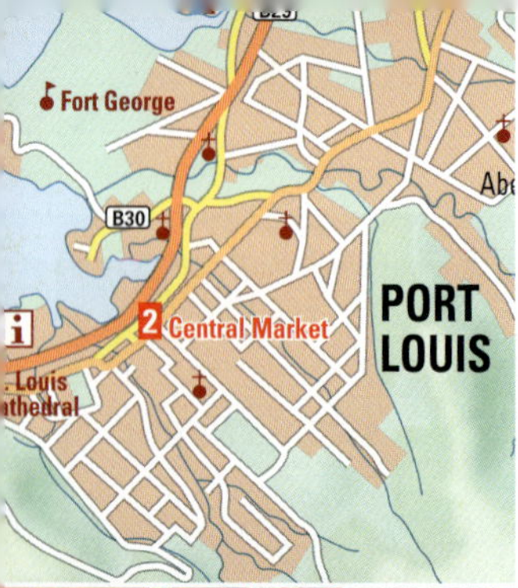

Mitte: Rund um den Central Market bieten Händler die Dinge des täglichen Lebens an.
Unten: In den Gassen von Port Louis geht es zu Marktzeiten ziemlich lebhaft zu.

2 Der Central Market
Historische Markthallen

Ab 1735 und unter der Führung des Gouverneurs Mahé de La Bourdonnais wurde Port Louis als Stadt entwickelt. Ein wichtiger Teil einer funktionierenden Gemeinde ist ein Markt für Fisch, Fleisch, Obst, Gemüse und andere Dinge des Alltags. Diesen Markt gibt es als Central Market bis heute. 40 000 Besucher kommen täglich hierher, da kann es schon mal eng werden.

Um 1774 wurde der Markt von Port Louis eröffnet, er ist der älteste Markt von Mauritius. Zuerst waren es nur ein paar Buden, in denen die Fischer, Bauern und Händler aus dem Umland ihre Produkte anboten. Diese hatten vor dem Regierungsgebäude ein Plätzchen gefunden. Doch 1816 ließ Gouverneur Sir Robert Townsend Farquhar (1776 bis 1830) den Markt in die Jardins de la Compagnie verlegen. Vielleicht ging es ihm doch zu bunt zu, ganz in der Nähe der Amtsstuben. Doch auch in dem Park hielt es der Markt nicht lange aus. Um 1838 zog er auf das heutige Gelände um. Die verschiedenen Gebäude sowie die schmiedeeisernen

GUT ZU WISSEN

VORSICHT TASCHENDIEBE!
Der Central Market gehört bekanntlich zu den touristischen Hauptattraktionen auf Mauritius. Das wissen natürlich auch die Taschendiebe und haben sich auf Urlauber mit Rucksäcken auf dem Rücken oder offenen Umhängetaschen spezialisiert. Wer jeglichen Problemen aus dem Weg gehen will, schnallt sich den Rucksack während des Marktbesuchs über die Brust und achtet darauf, dass die Tasche fest verschlossen ist.

Tore, die man heute noch bestaunen kann, stammen aus dem Jahr 1844. 1981 gab es einen schweren Brand, doch die Schäden waren schnell behoben. Eine oder zwei Renovierungen folgten, die letzte war 2004.

Was das Herz begehrt

Heute ist der Central Market ein geschäftiger Ort mitten in der Hauptstadt, wo es fast alles zu kaufen gibt. Es ist laut und hektisch, es riecht nach Fisch und Fleisch, aber auch nach Gewürznelken und frischem Obst. In den engen Gängen gibt es alles, was eine mauritische Familie zum Leben braucht. Dazu gehören beispielsweise Fleisch, Fisch, Gebäck, Kräutertees und eine Vielzahl von exotischen Früchten und Gemüsesorten wie Mangos, Papayas, Ananas, Kokosnüsse, Sternfrüchte, Chilis und Koriander. Weiter geht es mit allen möglichen Arten von Hülsenfrüchten, Reis, getrockneten Meeresfrüchten, Heilkräutern und lebendigen Vögeln, meist Tauben. Das Sortiment wird normalerweise an den Ständen schön ordentlich und farblich sortiert präsentiert. Das Ergebnis sind knallige Farben und unverwechselbare Gerüche, ein einzigartiges Erlebnis. Bei den Händlern sind alle ethnischen Gruppen vertreten, die auf Mauritius leben: Muslime, Inder, Chinesen und Kreolen machen lautstark auf sich und ihre Produkte aufmerksam, um möglichst viel an den Mann oder die Frau zu bringen. Auch die Verkäufer von Turnschuhen, Geldbörsen, Taschen, Hemden, Kleidern und Betttüchern buhlen um die Gunst des Publikums.

Glück und Gesundheit

Auffällig sind die zahlreichen Losverkäufer. Und wer – auch als Urlauber – mit einem der Einheimischen ins Gespräch kommt, wird erfahren, dass

Nicht verpassen

DIE OBERE ETAGE BESICHTIGEN

Bei den vielen Reizen in und rund um das Erdgeschoss des Marktes geht schnell unter, dass es auch einen ersten Stock gibt. Diesen erreicht man über unscheinbare Treppen oder, neben dem Hintereingang des Marktes, auch über eine Rolltreppe. Hier geht es deutlich ruhiger zu, und Souvenirjäger kommen auf ihre Kosten. Von buntem Tuch über handgemalte Postkarten bis hin zum originalgetreuen Modellschiff bekommt man hier alles, was sich lohnt, mit nach Hause genommen zu werden. Da sich erstaunlich wenige Urlauber in den ersten Stock verirren, lässt es sich hier in Ruhe shoppen. Da die meisten Händler ein ähnliches Angebot in ihren kleinen Läden führen, lohnt sich ein kleiner Rundgang samt Preisvergleich. Auch Fotografen sind hier richtig: Der Blick aus dem ersten Stock hinunter auf das bunte Markttreiben eröffnet im wahrsten Sinne des Wortes neue Perspektiven.

Oben: Im Central Market werden den ganzen Tag über frische Waren angeliefert.
Mitte: Die besonders schöne Präsentation der Waren soll die der Konkurrenz übertrumpfen.
Unten: Die Fleischabteilung ist nichts für empfindliche Gemüter.

es eine gute alte Tradition ist, auf dem Markt ein Los für wenig Geld zu kaufen. Interessanterweise werden auch die Marktstände über ein Lossystem verteilt, das sich die Stadtverwaltung ausgedacht hat. So können die Standbetreiber glücklich sein, wenn sie im ältesten Markt von Mauritius einen Stand zugeteilt bekommen. Und ganz nebenbei ist der Markt ein idealer Ort für Freunde und Familie, um den neuesten Klatsch auszutauschen, über die Politiker herzuziehen oder sich einfach bei einem Essen oder einem erfrischenden Getränk zu treffen und zu plaudern.

Immer zum Plaudern aufgelegt sind die indischen Verkäufer an den Ständen mit den Heilkräutern. Hier kann man sich aufklären lassen über die Vielzahl der Kräuter, die Leiden lindern, wenn nicht sogar heilen können. Was alles geheilt werden kann, liest man auf großen Tafeln: Dazu gehören Leistenbruch, Durchfall, Verstopfung, mangelnde sexuelle Leistungsfähigkeit oder Blähungen.

Fisch und Fleisch

Ein Mittel gegen schlechte Gerüche könnte man brauchen, wenn man das Hauptgebäude mit dem Obst- und Gemüsemarkt verlässt, die Farquhar Street kreuzt und die Fischhändler besucht. Hier erwartet einen die geruchsintensive Welt der Tintenfische, der Haie, Hummer, Marlins und anderer Meereslebewesen. Nebenan sind die Fleischhändler mit ihren Waren wie Hähnchenschenkeln, Innereien, Hammelteilen, Schweinebauch und vielem mehr untergebracht. Diese beiden Bereiche sollte man nicht aufsuchen, wenn man einen empfindlichen Magen hat. Obwohl die Auslagen mit Eis gekühlt werden, entwickeln sie doch im Laufe des Tages ein ganz spezielles Aroma – sicher einer der Gründe, warum Gouverneur Farquhar den Markt 1816 aus seiner Sicht- und Riechweite verbannte.

Infos und Adressen

SEHENSWÜRDIGKEITEN

Central Market. Mo–Sa 5–17.30, So 5–11.30 Uhr. Farquhar Street, Port Louis

ESSEN UND TRINKEN

Obwohl er recht überschaubar ist, bietet der »Food Court« in der Markthalle eine große Auswahl an kreolischen und mauritischen Snacks und Mahlzeiten zu überschaubaren Preisen. Es gibt Krapfen, Roti, Samosas, Sandwiches, Currys, Nudeln und vieles mehr. Dazu wird ein erfrischender Alouda, der mauritische Milkshake, am liebsten in Grün, Rosa oder Vanillegelb, eiskalt serviert. Danach kann die Besichtigungstour weitergehen.

First Restaurant. Brauchbares chinesisches Restaurant ganz in der Nähe des Marktes. Den Namen »first«, als »erstes« Restaurant, führt es wohl zu Recht: Es war das erste Restaurant, das von chinesischen Einwanderern in Port Louis eröffnet wurde. Di–So 11.30–14.30 und 18–21.30 Uhr, Ecke Royale Road und Corderie Street, Port Louis, Tel. 0211/9898

EINKAUFEN

Einkaufen auf dem Markt kann wegen der Lautstärke und dem Gewimmel recht anstrengend sein. Trotzdem lohnt es sich, Preise zu vergleichen und durchaus auch zu handeln – das wird sogar erwartet. Bis zu 30 Prozent Preisminderung können dabei herauskommen. Einfach mal probieren!

INFORMATION

Die beste Tageszeit für einen Besuch des Markts ist der frühe Vormittag, bevor die sengende Sonne über der Hauptstadt steht. Der Vormittag ist auch die perfekte Zeit, um frisches Gemüse zu bekommen. Dieses wurde gerade erst angeliefert. Sonntage sollte man vermeiden, da das Leben in Port Louis um die Mittagszeit zum Stillstand kommt. Der Sommer ist die ideale Jahreszeit für Obst wie saftige Mangos oder Victoria-Ananas.

Die historischen Lagerhäuser der Altstadt werden immer noch als solche genutzt.

3 Die Caudan Waterfront

Einkaufsmeile am Hafen

Wer auf Mauritius einen Hauch großstädtischen Flairs finden will, der sollte ein paar Stunden in der Caudan Waterfront verbringen. Hier, am historischen Hafen von Port Louis, kann man einen Drink zu sich nehmen, einen Spaziergang machen, einkaufen und Künstlern bei der Arbeit zuschauen.

Der Name »Le Caudan Waterfront« leitet sich von Jean Dominique Michel de Caudan ab, der aus dem Languedoc in Südfrankreich auf die damalige Île de France gekommen war. Er gründete 1726 eine Saline in der Nähe einer kleinen Bucht im Südwesten von Port Louis. Dieses Gebiet, das heute als Robert Edward Hart Garden bekannt und beliebt ist, befindet sich an der Zufahrtsstraße zur Uferpromenade von Le Caudan.

Ein Ausflug in die Geschichte

Die Halbinsel Le Caudan wurde Ende des 18. Jahrhunderts um eine Koralleninsel herum angelegt und aufgeschüttet. Hier gab es ein Pulvermagazin,

Mitte: An der Promenade der Caudan Waterfront laden Bänke zum Verweilen ein.
Unten: Die bunten Regenschirme, die die Mall überdachen, sind ein beliebtes Fotomotiv.

GUT ZU WISSEN

SCHAUZEITEN DER BRIEFMARKEN
Die berühmtesten Briefmarken der Welt sind nur zu jeder halben Stunde während der Öffnungszeit und nur für zehn Minuten sichtbar. So sollen die philatelistischen Schmuckstücke vor zu viel Lichteinstrahlung geschützt werden, die das Material in Mitleidenschaft ziehen könnte. Man sollte daher rechtzeitig da sein, um einen Blick auf die Schmuckstücke zu erhaschen. Fotografieren ist im ganzen Museum nicht erlaubt.

ein astronomisches und meteorologisches Observatorium – das erste im Indischen Ozean –, Kais, Lagerhäuser und verschiedene kleine Unternehmen. Die boomende Zuckerindustrie gab im wahrsten Sinne des Wortes den Takt im Hafen vor. Zeitzeugen der Millionen von Zuckersäcken, die mit Booten, Zügen oder Lastwagen befördert und von Hunderten von Händen getragen wurden, gibt es nur noch in Form von Mauerüberresten und Bezeichnungen aus der damaligen Zeit. Das meteorologische Observatorium beherbergt heute den Food Court und das Restaurant Namasté. Das Blue Penny Museum war das ehemalige Büro der Docks.

Anhand der Bezeichnungen der verschiedenen Flügel des Caudan-Waterfront-Komplexes werden Episoden aus der reichen Geschichte des Landes wieder lebendig: Das Hauptgebäude, die Barkly Wharf, wurde nach Sir Henry Barkly (1815–1898) benannt. Er war Mitglied des Parlaments der britischen Regierung und von 1863–1870 Gouverneur von Mauritius. Eine alte Karte von Port Louis zeigt die Pavillon Street genau dort, wo sich jetzt die Fußgängerzone von Le Caudan befindet. Heute heißt der Teil des Komplexes »Le Pavillon«. »Dias Pier« ist der jüngste Flügel der Uferpromenade und eine Hommage an Diogo Dias, den Bruder des berühmten Seefahrers Bartolomeu Dias. Historiker nehmen an, dass Diogo Dias nach den arabischen Seefahrern der Erste war, der im 15. Jahrhundert die Maskareneninseln in eine Navigationskarte einzeichnete.

Kulinarik und Kultur

Mit der Erweiterung und Eröffnung des neuen Caudan Waterfront Food Court im Mai 2019 ist Le Caudan noch näher an die Innenstadt herangerückt und bietet jetzt ein wenig großstädtisches

Nicht verpassen

FRISCHEN ZUCKERROHRSAFT PROBIEREN

Wer bisher noch nicht die Möglichkeit hatte, frisch gepressten Zuckerrohrsaft zu probieren, ist beim kleinen Kiosk Du Soleil aux Sucre vor dem Blue Penny Museum richtig. Man kann einem Profi dabei zuschauen, wie frisches Zuckerrohr geschält, geschnitten und dann gepresst wird. Vielleicht darf man es auf Nachfrage sogar selbst einmal probieren. Das Ergebnis ist ein herrlicher Saft, den man anschließend pur oder in allen möglichen Mischgetränken probieren kann. Eine ungemein erfrischende Angelegenheit und ideal für eine kleine Verschnaufpause, bevor die Besichtigungstour weitergeht.

Du Soleil aux Sucre. Mo–Sa 10–17 Uhr, Caudan Waterfront, Port Louis, Tel. 054 49/81 81

Oben: Das Casino in der Caudan Waterfront lädt zum Spielen ein. **Mitte:** Vom Du Soleil aux Sucre hat man einen schönen Blick auf das Blue Penny Museum. **Unten:** Die wohl berühmtesten Briefmarken der Welt: die Blaue und die Rote Mauritius.

Flair. Man kommt aus den engen und stickigen Gassen der Altstadt und Chinatown an die Waterfront und in ein recht neu und aufgeräumt wirkendes touristisches Viertel mit Restaurants, Cafés, einer recht lebendigen Kneipenszene, einem Kino, Läden, einem Casino und Banken. Den Anspruch der Hauptstadt Port Louis, auch die kulturelle Hauptstadt der Insel zu sein, untermauert seit Ende 2018 das neu eröffnete Caudan Arts Centre.

Blue Penny Museum

Das Blue Penny Museum wurde 2001 eröffnet, und das Highlight eines Museumsbesuchs ist natürlich ein Blick auf die vielleicht berühmtesten Briefmarken der Welt: die Rote und die Blaue Mauritius aus dem Jahr 1847. Von den je 500 hergestellten Marken gibt es auf der ganzen Welt von der Blauen Mauritius nur noch zwölf und von der Roten Mauritius nur noch 15 Exemplare. Die berühmtesten Exemplare sind hier in Port Louis zu sehen.

Doch das Blue Penny Museum hat noch mehr zu bieten. Man kann nicht nur alte Seekarten anschauen, sondern auch Gemälde, Skulpturen, Stiche und alte Dokumente, die den Reichtum der mauritischen Geschichte und Kultur dokumentieren. Dabei kehrt man zurück in die Zeit der Entdeckungen im Indischen Ozean. Anschließend kann man sich einen Überblick über die drei Kolonialperioden in der Geschichte von Mauritius verschaffen. Die Reise in die Vergangenheit geht weiter mit einem Streifzug durch das Port Louis des 18. und 19. Jahrhunderts. Den Abschluss bilden die Geschichte der mauritischen Post und die der allerersten Briefmarken, die auf Mauritius herausgegeben wurden. Der Rundgang endet mit der schönen, aber tragischen Geschichte von Paul und Virginie, wie sie der Schriftsteller Bernardin de Saint-Pierre beschrieben hat.

Infos und Adressen

SEHENSWÜRDIGKEITEN

Blue Penny Museum. Mo–Sa 10–17 Uhr, letzter Einlass 16.30 Uhr, Caudan Waterfront, Port Louis, Tel. 0210/9204, www.bluepennymuseum.com

Caudan Waterfront. Mo–Sa 9.30–17.30, So 9–13 Uhr, Marina Quay, Caudan, Port Louis, Tel. 0211/9500, www.caudan.com

ESSEN UND TRINKEN

Namasté Restaurant. Hier kann man »Fine Dining« im indischen Stil kennenlernen – umgeben von Mauern, die aus den 1830er-Jahren stammen und mit zu den ältesten Bauwerken von Port Louis gehören. Zur damaligen Zeit befand sich hier das Observatorium. Tgl. 10–21 Uhr, Caudan Waterfront, Port Louis, Tel. 0211/5977, www.namaste.mu

ÜBERNACHTEN

Hotel Labourdonnais Waterfront. Der Fünf-Sterne-Platzhirsch an der Waterfront. Ein Highlight ist der Ausblick aus den oberen Zimmern: über die Hauptstadt und die Berge dahinter oder über den Hafen mit dem Ozean. Caudan Waterfront, Port Louis, Tel. 0202/4000, www.indigohotels.com/labourdonnais-waterfront-hotel-port-louis-mauritius.html

AUSGEHEN

Keg and Marlin. Ist schon lange da und so etwas wie eine Konstante im recht bescheidenen Nachtleben vor Port Louis. Immer gut für ein Bier und einen Burger. So–Do 11–22, Fr, Sa 11–23 Uhr, Le Caudan Waterfront, Port Louis, Tel. 0210/2050

EINKAUFEN

Im Shoppingcenter befinden sich etliche Läden wie beispielsweise Parfümerien, Schuh-, Mode- und Souvenirgeschäfte, ein Buchladen, eine Apotheke und einige mehr.

INFORMATION

Die Waterfront bietet gute Gelegenheit, wenn man auf der Suche nach einer öffentlichen Toilette ist.

Der Blick in die Lobby des Hotels Labourdonnais Waterfront ist beeindruckend.

Mitte: Die Überreste des Aapravasi Ghat kann man heute bei einem Rundgang besichtigen. **Unten:** Im Museum werden Gegenstände des täglichen Lebens der Einwanderer ausgestellt.

4 Aapravasi Ghat

Einstiges Lager für indische Arbeitseinwanderer

Das Aapravasi Ghat in Port Louis gehört seit 2006 zum Weltkulturerbe der UNESCO. Die historische Stätte diente ab 1849 als Einwanderungslager der britischen Kolonialregierung für Arbeiter in Vertragsknechtschaft. Damit gehört das Aapravasi Ghat zu einer der ersten Stätten für das, was eine der größten Migrationsbewegungen in der Geschichte auslösen und schließlich unser heutiges globales Wirtschaftssystem antreiben sollte.

Im Aapravasi Ghat wurde das Modell der Vertragsknechtschaft (engl. »indenture«) auf Mauritius erstmalig eingeführt, erprobt und anschließend flächendeckend umgesetzt. Nach der Abschaffung der Sklaverei in den britischen Kolonien im Jahr 1835 fehlten plötzlich die Arbeitskräfte, die vorher in Form der Sklaven vorhanden waren. Mauritius, die Zuckerinsel, aber brauchte dringend Arbeitskräfte. Die Zuckerproduktion hatte nach 1825

GUT ZU WISSEN

RUSHHOUR VERMEIDEN

In Port Louis befinden sich die meisten Büros und Ämter der Regierung und Verwaltung. Entsprechend viele Pendler gibt es. Fragt man einen Mauritier nach der Rushhour in Port Louis, kommt prompt die Antwort: »From 7 to 7«. Ganz so schlimm ist es zum Glück doch nicht. Tatsächlich sollte man aber Fahrten in die und aus der Stadt zwischen 7 und ca. 10 Uhr morgens vermeiden. Gleiches gilt für die Nachmittage zwischen 16 und ca. 17.30 Uhr, da fahren alle wieder nach Hause.

Kids Corner: auch für Erwachsene interessant

dramatisch zugenommen, da eine Zollreform dazu geführt hatte, dass mauritischer Zucker konkurrenzfähig wurde gegenüber dem von den Westindischen Inseln.

Vor 1830 unternahmen die Briten in Trinidad, in der Karibik, auf der Insel St. Helena im Südatlantik, auf La Réunion und auch auf Mauritius erste Versuche, Chinesen und Inder in die Vertragsknechtschaft zu zwingen und ihre Arbeitskraft zu nutzen. Doch diese Versuche scheiterten an den armseligen Arbeits- und Lebensbedingungen, mit denen die Arbeiter kaum angelockt werden konnten. Doch die Briten gaben nicht auf: Anfang der 1830er-Jahre wurden die ersten Menschen aus Indien angeworben, um auf Mauritius zu arbeiten. Der Ankunft der ersten 75 Arbeiter aus Kalkutta und Bombay am 2. November 1834 gedenkt Mauritius heute mit einem Nationalfeiertag. Bis 1838 kamen mehr als 24 000 Inder nach Mauritius.

Das große Experiment

Die britische Kolonialmacht löste den Arbeitskräftemangel also durch die Einführung der Vertragsknechtschaft und wählte Mauritius als ersten Ort aus für das, was als »Great Experiment« (großes

Nicht verpassen

KIDS CORNER – NICHT NUR FÜR KINDER

Die Ausstellung im erst 2014 eröffneten Beekrumsing Ramlallah Interpretation Centre (BRIC) ist sehr modern und didaktisch gut durchdacht. Auch an die Kleinen wurde gedacht: Für sie wurden eigene Angebote in Form der sogenannten »Kids Corners« geschaffen. An diesen Terminals mit Bildschirmen und Touchscreens wird die Geschichte von Mauritius und damit die der indischen Einwanderer in einer eigenen Bilderwelt und gut verständlich dargestellt. Es gibt Spiele, Fragebögen, mehrere Quizze und etliche Angebote mehr. Da der Umgang mit der doch schwierigen Thematik auf diese Weise spielerisch gelöst wurde, sind die »Kids Corners« auch für neugierige Erwachsene durchaus eine Bereicherung. Einfach mal ausprobieren!

Oben: Mit solchen Wagen wurde früher das Zuckerrohr zu den Zuckermühlen transportiert.
Mitte: Einige Gebäudeteile sind besser erhalten als andere und können betreten werden.
Unten: Die Einwanderer mussten in einfachsten Hütten hausen.

Experiment) in die Geschichte eingehen sollte. Dabei handelte es sich um nicht weniger als die Nutzung der Arbeitskraft von Menschen aus anderen Ländern – und die weltweite Migrationsbewegung mit Lohnarbeitern in Vertragsknechtschaft, der Handel mit der Ware »Arbeitskraft« hatte begonnen.

Diese Vertragsverhältnisse, die wohl die meisten indischen Arbeiter in völliger Unkenntnis von dem, was sie erwarten sollte, eingingen, hatten es in sich: Der schriftliche Vertrag bestimmt, dass der Mann oder die Frau für einen Arbeitgeber arbeiten muss. Hier ist auch der Zeitraum des Vertragsverhältnisses geregelt, ein bis fünf Jahre. In den Verträgen sind auch die Arbeitsbedingungen festgelegt. Dazu gehören Löhne, Arbeitszeiten, Verpflegung, Wohnen und medizinische Versorgung. Die Männer und Frauen, die diese Verträge unterschrieben, waren frei, ihr eigenes Leben nach Gutdünken zu leben. Allerdings enthielten die Arbeitsverträge knallharte Bestimmungen. Auf Mauritius beispielsweise wurde verordnet, dass die Arbeiter hart bestraft oder sogar vorübergehend inhaftiert werden würden, wenn sie die Arbeit verweigerten. Oder wenn sie Befehle nicht befolgten, ohne Erlaubnis fehlten oder ihre Beschäftigung vor Vertragsablauf kündigten. Auch konnten die Vertragsbedingungen von den Arbeitern nach Unterschrift nicht mehr geändert werden. Gleichzeitig verrechneten viele Plantagenbesitzer die Unterkunft und die Verpflegung ihrer Arbeiter mit dem Lohn. Das hatte zur Folge, dass diese in den ersten Monaten oder sogar Jahren keinen Lohn in Form von Bargeld erhielten. Sie waren vollkommen abhängig von ihren Arbeitgebern.

Zwischen 1834 und 1920 erreichten rund 500 000 Arbeiter das Aapravasi Ghat. Von ihnen kamen mehr als 97 Prozent aus Indien. Doch auch aus Ostafrika, von Madagaskar, aus China und Südostasien trafen Menschen ein. Ihre Bestimmung war es, hier auf den Zuckerrohrplantagen zu arbeiten oder in andere Teile der Welt wie La Réunion, das südliche und östliche Afrika oder die Karibik »verfrachtet« zu werden. Die, die auf Mauritius blieben, machten jetzt die Insel zum wichtigsten Zuckerlieferanten im britischen Empire. 1855 produzierte Mauritius fast sieben Prozent des weltweit benötigten Zuckers. Der Erfolg des »Great Experiment« führte dazu, das auch andere Kolonialmächte das Vertragsknechtschaftsystem ab 1838 einführten. So waren insgesamt gut 2,2 Millionen dieser Lohnarbeiter in den 1830er- bis 1920er-Jahren weltweit unterwegs. Das größte Kontingent ging allerdings nach Mauritius und musste das Aapravasi Ghat passieren.

UNESCO-Welterbe

Während der ersten 15 Jahre nach der Einführung der Vertragsknechtschaft gab es keine geeigneten Einrichtungen zur Aufnahme und Unterbringung der Arbeiter. Dort, wo die Arbeiter hausten, herrschten unhygienische und damit ungesunde Bedingungen. Die Briten erkannten, dass die Verhältnisse verbessert werden mussten. Also wurde 1849 in Trou Fanfaron, am Hafen von Port Louis, eine Art Depot gebaut. Dessen Zweck war es, hier die eintreffenden Arbeiter besser verwalten und beaufsichtigen zu können. »Coolie Ghat« wurde der Ort damals genannt, nach der wenig freundlichen Bezeichnung »Kulis« für ungelernte Leiharbeiter. Als das Depot im Jahr 1987 in die Liste der Nationaldenkmäler von Mauritius aufgenommen wurde, benannte man es um in »Aapravasi Ghat«, was auf Hindi so viel bedeutet wie »Landeplatz der Einwanderer«.

Die Einwanderer blieben nach der Einreise ungefähr zwei Tage im Aapravasi Ghat, um etliche Ver-

Geheimtipp

DAS INDIAN FOLK MUSEUM IN MOKA

Dieses Volksmuseum zeigt im Detail das tägliche Leben der indischen Arbeiter im 19. Jahrhundert. Es erinnert mit sehr persönlichen Dokumenten und anderen Ausstellungsstücken wie Schmuck oder Bekleidung an den Zustrom der Kulis, die nach der Abschaffung der Sklaverei auf Mauritius im Jahr 1835 ihr Leben als Vertragsarbeiter hier verbrachten. Sie arbeiteten für einen kleinen Betrag, lebten in ärmlichen Verhältnissen und gaben dabei einer nicht mehr wettbewerbsfähigen Zuckerindustrie neue Impulse. Doch nach Ablauf ihrer Verträge kehrten die meisten nicht in ihre Heimat zurück, sondern blieben auf Mauritius. Heute machen ihre Nachkommen zwei Drittel der mauritischen Bevölkerung aus.

Indian Folk Museum. Mo–Fr 9.30–12 und 13–15.45 Uhr, Mahatma Gandhi Institute, Avenue Mahatma Gandhi, Moka, Tel. 0433/1278, Eintritt frei

Oben: Der Hafen für die Einwanderer wurde in einem Modell detailgetreu nachgebaut.
Unten: Je nach Herkunftsregion trugen die Menschen aus Indien unterschiedliche Gewänder.

waltungs- und Zulassungsverfahren und Gesundheitschecks zu durchlaufen. Anschließend kamen sie auf die Zuckerplantagen, um hier ein bis fünf Jahre zu arbeiten. Das Aapravasi Ghat diente aber nicht nur dazu, die Menschen aus Indien aufzunehmen. Hier befand sich auch das Büro, in dem die Arbeiter Gebühren und Steuern bezahlen mussten oder offizielle Ausweispapiere beantragen und Geld an ihre Familien im Ausland überweisen konnten. 2006 wurde das Aapravasi Ghat als erste Stätte der Welt zum Thema Vertragsknechtschaft in die Liste des UNESCO-Weltkulturerbes aufgenommen. Das Aapravasi Ghat ist ein Mahnmal für die Entwicklung eines ausbeuterischen Vertragsarbeitssystems. Es bewahrt die Erinnerungen, Traditionen und Werte, die diese Männer, Frauen und Kinder mitbrachten, als sie ihre Herkunftsländer verließen, um in fremden Ländern zu arbeiten. Es sind jedoch nur noch Teilreste des gesamten Komplexes in Form von drei Steingebäuden erhalten.

Die Geschichte der Schicksale der indischen Arbeiter kann man im Beekrumsing Ramlallah Interpretation Centre (BRIC) weiter erkunden. Es wurde am 2. November 2014 eröffnet und befindet sich in der Wharf Street, wo die Arbeiter zum ersten Mal das Schiff verließen. Zu sehen sind Artefakte wie beispielsweise Pfeifen, Phiolen und Medikamentenflaschen, die aus dem Krankenhaus auf dem Gelände stammen, sowie weitere Überreste, die bei archäologischen Ausgrabungen gefunden wurden. Man kann auch die Nachbildung eines Schiffes begehen, wie sie damals eingesetzt wurden und auf denen die Vertragsarbeiter die rund sechs Wochen dauernde Überfahrt aushalten mussten. Dazu gibt es reichlich Zeitzeugnisse, Film- und Tonbandaufnahmen, Fotos und Dokumente sowie den originalgetreuen Nachbau einer Hütte, in der die Vertragsarbeiter auf den Plantagen ihr kümmerliches Dasein fristen mussten.

Infos und Adressen

SEHENSWÜRDIGKEITEN

Aapravasi Ghat und Beekrumsing Ramlallah Interpretation Centre (BRIC). Mo–Fr 9–16, Sa 9–12 Uhr, Quay Street, Port Louis, Tel. 0217/7770, www.aapravasighat.org, Eintritt frei

ESSEN UND TRINKEN

Mystic Masala Snack Bar. Diese Snackbar befindet sich im neuen Food Court an der Caudan Waterfront und glänzt mit guter indischer Küche sowie einer großen Auswahl an vegetarischen Köstlichkeiten. Tgl. 11–22 Uhr, Tel. 0210/2442

The Deck. Wie der Name schon sagt, schwimmt das Restaurant auf einem Ponton im Hafengewässer. Die Mahlzeiten sind nicht ganz günstig, man sitzt aber sehr schön und weit weg vom Großstadtgetümmel. Mo–Sa 11.30–16.30 Uhr, Trou Fanfaron Harbour, Port Louis, Tel. 05928/1111

ÜBERNACHTEN

In unmittelbarer Umgebung des Aapravasi Ghat gibt es keine Unterkünfte. Wer in der Gegend bleiben will, muss auf die Angebote an der Caudan Waterfront ausweichen (siehe S. 50).

AKTIVITÄTEN

Heritage Trails. Bei diesen geführten Wanderungen ist man auf den Spuren der Geschichte in Port Louis unterwegs und entdeckt Nationaldenkmäler sowie historische Gebäude in der Umgebung des Aapravasi Ghat. Infos und Buchung unter Tel. 0217/7770.

INFORMATION

Das Aapravasi Ghat liegt gleich neben dem nördlichen Busbahnhof, man muss lediglich die gut befahrene Hauptstraße überqueren. Es ist also kein Problem, einen Besuch mit dem öffentlichen Nahverkehr zu organisieren.

Das Modell eines Sklavenschiffs lässt erahnen, wie das Leben an Bord war.

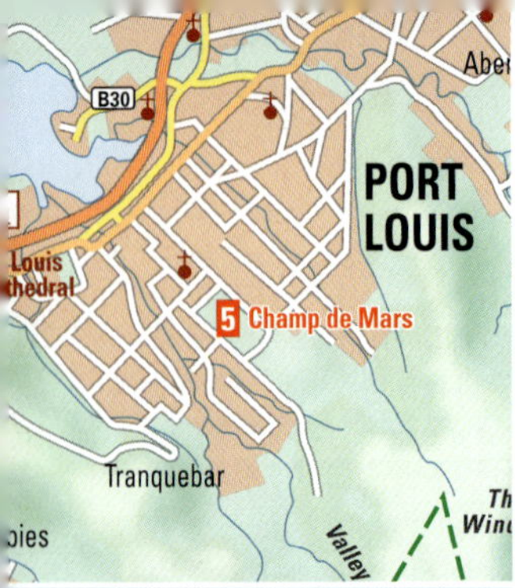

Auf großen Leinwänden können Wettbegeisterte den Zieleinlauf gut verfolgen.

5 Champ de Mars

Wetten auf der Pferderennbahn

Der Champ de Mars befindet sich auf der letzten ebenen Fläche vor den Berghängen und war in früheren Zeiten ein Exerzierplatz der Franzosen. Besondere Bedeutung erlangte er, als am 12. März 1968 hier die mauritische Unabhängigkeitsfeier stattfand. Aber eigentlich ist der Champ de Mars eine Pferderennbahn: Seit dem Jahr 1812 wird hier geritten. Damit ist sie eine der ältesten Rennbahnen der Welt.

Die Geschichte des Pferderennsports auf Mauritius begann am 25. Juni 1812. An diesem Tag fanden die ersten Pferderennen auf dem Champ de Mars statt. Bis heute kämpfen die verschiedenen Rennställe hier um Ruhm und Ehre. Doch um Ruhm und Ehre ging es den Gründern der Rennstrecke und des Mauritius-Turf-Clubs (MTC) weniger. Ihr Ziel war es, die französischen Siedler mit der britischen Regierung zu versöhnen. Denn die Briten hatten Mauritius im Dezember 1810 erobert, und beide Seiten taten sich noch schwer, miteinander auszukommen. Die Gründer des Mauritius-Turf-Clubs waren davon überzeugt, dass die gesellige Atmosphäre eines Pferderennens die Einheit zwischen den beiden Gemeinschaften fördern könnte. Was auch notwendig war – nach Jahren der Kämpfe.

Von den Anfängen bis heute

Sir Robert Townsend Farquhar hatte gerade sein Amt als britischer Gouverneur angetreten und seine Frau, Maria Latour, war französischer Herkunft. Da lag es auf der Hand, dass beide die Idee des Pferderennsports aktiv unterstützten. So lobte

Topplätze auf der Promi-Tribüne

Maria Latour den ersten Goldpokal in der Vereinsgeschichte aus. Die Idee nahm auch ein anderer Brite auf, ein »Sportsman« im wahrsten Sinne des Wortes: Edward Alured Draper (1776–1841) kam 1812 als Colonel nach Mauritius und nahm bis in die 1830er-Jahre selbst an den Rennen teil, wobei er seine eigenen Vollblüter ritt. Dank seiner Begeisterung wurde er bald »Vater« des Mauritius-Turf-Clubs genannt.

Im 19. Jahrhundert waren die wenigen, fest installierten und Schatten spendenden Unterstände auf dem Champ de Mars dem Gouverneur, dem Bürgermeister und den Offiziellen des Mauritius-Turf-Club Beamten vorbehalten. An den Renntagen wurden provisorische Holzbuden aufgebaut, die dann an die Zuschauer vermietet wurden. Doch im Laufe der Zeit verschwanden diese und ab 1954 gab es eine Tribüne. Bis heute kommen hier die Reichen und Schönen von Port Louis zusammen, um einen »Tag beim Pferderennen« zu genießen. Zu den Reichen gehörten auch Raoul Gufflet, George Rougier Lagane und Willy Dawson, die 1904 den Mauritius Jockey Club (MJC) gründeten. Der Club organisierte von 1906–1943 Rennen in Mangalkhan, Floréal. Doch bei Ausbruch des Zweiten Weltkriegs beschlagnahmten die Be-

Geheimtipp

URLAUBER AUF DER PROMI-TRIBÜNE

Auch Urlauber können die Rennen von der Promi-Tribüne aus anschauen. Wenn man den Dresscode »Smart Casual« beachtet, dann steht dem »privilegierten« Vergnügen nichts mehr im Wege: Man überquert die Rennbahn an der Schranke während einer Rennpause und muss einen überschaubaren Eintritt entrichten. Allerdings zahlt nur der Mann, die weibliche Begleitung darf kostenlos mitkommen. Wer es noch feiner mag, der kann sich auch über einen Tourenveranstalter in eine VIP-Lodge einbuchen lassen. In dem Fall weilt man in einer eigenen Lodge mit eigenem Balkon, von dem aus man die Rennen überblicken kann. Eine Betreuung ist immer vor Ort und kümmert sich um Snacks, Getränke und gute Gespräche. Ein anerkannter, guter Anbieter ist:

Crown Lodge. Champ de Mars, Port Louis, Tel. 057 29/96 21, www.crown-lodge.net

hörden die Rennbahn und der Mauritius Jockey Club musste jetzt seine Sitzungen am Champ de Mars abhalten. 1958 fusionierten die beiden Vereine, der Name Mauritius Turf Club wurde jedoch beibehalten. Gleichzeitig nahm die Zahl der Rennen zu, die Saison wurde verlängert. Heute beginnen die Pferderennen Ende März und enden mit dem »International Jockeys' Week End« Anfang Dezember. Zu diesem Event kommen Jockeys aus der ganzen Welt, um ihr Können zu beweisen.

Rennbahn und Pferde

Die Rennbahn selbst hat eine ovale Form, eine Länge von 1298 Metern und eine Breite von 12–14 Metern. Abweichend von Rennen in Mitteleuropa wird im Uhrzeigersinn geritten. Vor der Tribüne verläuft die Start- und Zielgerade auf 250 Metern Länge und steigt leicht an. Die Rennen selbst gehen über eine Distanz von 990 bis 2400 Metern. Es ist ein beeindruckendes Erlebnis, den Zuschauern während der Rennen zuzuschauen. Im La Plaine, also dem inneren Teil der Rennbahn, halten sich keine Promis und andere finanzkräftige Menschen auf. Nein, die sind auf der Tribüne zu finden. Die meisten Besucher, zum Großteil männlichen Geschlechts, haben auf ein oder mehrere der Pferde gesetzt. Damit auch wirklich jeder die Rennen verfolgen kann, wurden gewaltige Bildschirme aufgestellt, die den Wettlauf live übertragen.

Die Reitpferde werden übrigens seit 1836 aus dem Ausland eingeführt. Die ersten kamen aus Großbritannien und Südafrika, später auch aus Frankreich und Australien. Ab 1960 wurde Südafrika jedoch der Hauptanbieter. Heute kommen jährlich ungefähr 125 Pferde nach Mauritius, die mittlerweile aber von den Reitställen und den Besitzern selbst ausgesucht werden – meist in Südafrika.

Oben: Die Wetten sind gesetzt, das Rennen kann beginnen.
Mitte: Am Zieleinlauf sind die Zuschauerplätze natürlich besonders begehrt.
Unten: Sogar die Kleinsten dürfen mit – noch ist allerdings der Snackstand interessanter.

Infos und Adressen

SEHENSWÜRDIGKEITEN

Champ de Mars. 9 Dauphine Street, Port Louis, Tel. 0212/2212

Nam Shun Fooy Koon Pagodas. Gleich neben dem Champ de Mars befindet sich ein sehenswerter chinesischer Tempel, der aus der Reihe der anderen Häuser am Straßenrand heraussticht. Es handelt sich um die **Tin Hao Pagoda**, die zu den Nam Shun Fooy Koon Pagodas gehört. Die zweite Pagode, die **Kwan Tee Pagoda**, befindet sich im Ortsteil Les Salines. Man kann einfach vorbeischauen – mit ein bisschen Glück sind die Tore geöffnet – oder einen Termin für eine Besichtigung ausmachen. Dr. Eugène Laurent Street, Port Louis, Tel. 0217/0230, www.namshunfooykoon.com

ESSEN UND TRINKEN

An den Renntagen öffnen die Imbissbuden in La Plaine, also dem inneren Teil der Rennbahn. Hier gibt es mauritische Snacks, kalte und heiße Getränke sowie reichlich Süßigkeiten für die wettenden und damit gestressten Zuschauer der Rennen. Besonders beliebte Nervennahrung sind *Pistaches bouies* oder *Pistaches grillés* (gekochte bzw. geröstete Pistazien).

ÜBERNACHTEN

Hotel Champ de Mars. Das einfache Hotel liegt direkt an der Rennbahn und bietet aus den oberen Stockwerken Ausblicke über den Champ de Mars und Port Louis sowie die Berge. 22 Frère Felix De Valois Street, Port Louis, Tel. 0212/7373

AKTIVITÄTEN

Es gibt rund um die Insel einige Anbieter, die Reiten im Programm haben. Hier kann man – allein oder in der Gruppe, Anfänger oder Fortgeschrittener – meist an einem schönen Strand entlangreiten mit einem qualifizierten Führer an der Seite. Zwei gute Adressen:

Centre Equestre De Riambel. Riambel, Tel. 5729/4572, www.centreequestrederiambel.com

Haras du Morne. Route Royale, Le Morne Peninsula, Tel. 0570/51644, www.harasdumorne.com

INFORMATION

Die Rennen finden von Ende März–Anfang Dezember statt. Renntag ist der Samstag. Los geht es um 13 Uhr, um 17 Uhr ist der Renntag vorbei. Der Eintritt ist frei. Weitere Infos gibt es online unter www.mauritiusturfclub.com.

Man kann sicher sein, dass der Champ de Mars an den Renntagen gut besucht ist.

6 Le Pouce

Auf den Spuren von Charles Darwin

»Am nächsten Tag bestieg ich den Le Pouce. Ein Berg, der wegen seines daumenartigen Aussehens so genannt wird und gleich hinter der Stadt bis zu einer Höhe von 2600 Fuß aufragt«, schrieb der Naturforscher Charles Darwin in seinem Tagebuch zu seiner »Reise um die Welt« über einen Spaziergang am 2. Mai 1836. Wer auf seinen Spuren wandeln will, kann die kleine Wanderung in Port Louis oder in Moka beginnen.

Die Wanderung wird sich lohnen, allein schon wegen des Ausblicks aus 812 Metern Höhe, wie der wohl bedeutendste Naturwissenschaftler der Zeitgeschichte mit naturwissenschaftlich geschultem Auge notiert: »Das Zentrum der Insel besteht aus einer großen Plattform, die von alten und gebrochenen Basaltbergen umgeben ist und deren Schichten in Richtung Meer abfallen. Die zentrale Plattform, die sich aus verhältnismäßig jungen Lavaströmen zusammensetzt, hat eine ovale Form und einen geografischen Querschnitt von 13 Meilen entlang der kürzeren Achse.« In Port Louis war er für diesen Ausblick aufgebrochen. Wer gut zu Fuß ist, kann es ihm nachtun: Das erste Ziel ist der Teilort Tranquebar am Fuße der Moka Range, hinter Port Louis. Um dorthin zu kommen, durchquert man in rund einer Stunde die Hauptstadt von Westen Richtung Osten, vorbei an dem Champ de Mars. In Tranquebar folgt man der Chateau d'Eau Street bis zu ihrem Ende am gleichnamigen Châteu und biegt dann nach rechts auf einen beschilderten Waldweg ab. Der Aufstieg bietet etliche schöne Ausblicke auf Port Louis und erreicht bald

Mitte: Gut gerüstet beginnt die kleine Truppe ihren Aufstieg zum Gipfel des Le Pouce.
Unten: Von Weitem grüßt der markante Berg, der Port Louis überragt.

einen Bergrücken. Diesem folgt man auf dem Trampelpfad Richtung Gipfel. Mindestens drei bis vier Stunden dauert die Wanderung bis nach oben, 6,5 Kilometer legt man zurück und überwindet dabei 776 Höhenmeter ab Port Louis. Aber der Ausblick ist es definitiv wert, da hat Darwin bis heute recht.

Aufstieg ab St. Pierre

Wer es sich ein wenig einfacher machen will – mit nur gut zwei Stunden Aufstiegszeit –, der startet seine Wanderung im kleinen Örtchen St. Pierre bei Moka. Hier steht am Beginn des Wanderweges ein kleiner Parkplatz zur Verfügung, wo man das Fahrzeug abstellen kann. Um dorthin zu kommen, nutzt man am besten die Autobahn M 1 und verlässt diese bei der Abzweigung nach Moka. Vorbei geht es am sehenswerten »Eureka – La Maison creole« auf der Mount Ory Road. Dann die nächste links und weiter der braunweißen Beschilderung nach Le Pouce folgen. Nach rund vier Kilometern macht die Straße eine scharfe Rechtskurve, dort muss man links abbiegen und der schmaler werdenden Straße weitere 500 Meter durch Zuckerrohrfelder folgen, bis sie endet. Hier kann man parken. Der Aufstieg zum Le Pouce ist durch einige blaue Markierungen auf dem Boden und an seitlichen Steinen gekennzeichnet. Der steinige Wanderweg führt schnell bergauf, durch Wiesen und kleine Plantagen, schattige Waldstücke folgen. Bald wird der Weg zu einem schmalen Pfad, der weiter nach oben führt. Zur Belohnung kann man jetzt die Hochebene von Mauritius wunderbar überblicken. Später führt der Pfad um einen Bergrücken herum und Port Louis kommt in Sicht. Noch ein wenig Kletterei – und der Gipfel mit seinem grandiosen Ausblick auf Port Louis im Vorder- und auf den Indischen Ozean im Hintergrund ist erreicht.

Infos und

ESSEN UND TRIN

Escale Creole. Wer schon immer wissen wollte, wie Sausage Rougaille oder Oktopuscurry schmeckt, der ist in dieser authentisch-kreolischen Gaststätte richtig. Reservierung empfohlen. Mo–Fr 12–14.45 Uhr, Bois Cheri Road, Moka, Tel. 04 22/23 32, www.escalecreole.net

ÜBERNACHTEN

Joubarbe Residence. Familiäre und freundliche Unterkunft mit nur zehn Apartments, die recht geräumig sind. Norbert Barbe Avenue, Mont Ory, Moka, Tel. 057 35/40 66

INFORMATION

Egal, für welchen Aufstieg man sich entscheidet, für die Wanderung empfiehlt sich festes Schuhwerk. Denn es kann auch ohne Regen, besonders am frühen Morgen durchaus feucht sein auf dem Wanderweg und damit rutschig. Auch sollte man, wenn möglich, das Wochenende für eine Wanderung meiden. Denn dann sind zahlreiche Einheimische mit Kind und Kegel unterwegs, und am Schlussaufstieg zum Gipfel kann es eng werden oder sogar zu Staus kommen.

Braunweiße Schilder weisen den Weg zu Sehenswürdigkeiten.

7 Sainte-Croix

Die Grabstätte von Père Laval

Das Heiligtum des französischen katholischen Priesters und Missionars Père Jacques-Désiré Laval in Sainte-Croix, einem Stadtteil von Port Louis, ist so etwas wie ein Lourdes des Indischen Ozeans. Denn Père Laval werden viele Wunder zugeschrieben, er wird bis heute verehrt. 67 000 Seelen soll er auf Mauritius errettet haben – als »Apostel der Schwarzen«.

Mitte: Stille Andacht am Sarkophag des von allen Religionen verehrten Priesters
Unten: Die L'Eglise Père Laval bietet reichlich Platz für alle Pilger und Gläubigen.

Wer das religiöse und traditionelle Leben der mauritischen Bevölkerung besser kennenlernen und den tiefen und aufrichtigen Glauben besser verstehen möchte, kommt um einen Besuch des Schreins von Père Laval nicht herum. Das Heiligtum zieht bis heute Tausende von Pilgern an, die nicht nur aus Mauritius, sondern auch aus Großbritannien, Frankreich und Südafrika kommen. Sie sind überzeugt, dass in dem Heiligtum mit den Gebeinen von Père Laval wundersame Kräfte wirken, die ihr Leben zum Guten verändern können.

Das Leben von Père Laval

Jacques-Désiré Laval (1803–1864) war römisch-katholisch, wuchs in Frankreich auf und ließ sich zum Arzt ausbilden. Ein Unfall ließ seinen Glauben zu Gott erstarken. Von da an sah er seine Bestimmung darin, der Kirche zu dienen. 1841 wurde er von der Kirche als Missionar nach Mauritius geschickt. Während dieser Zeit war das Leben auf der Insel sehr rau. Laval kam als Arzt und Missionar, um nach »schwarzen Seelen zu fischen«. Als er jedoch die Lebensbedingungen der befreiten Sklaven kennenlernte, war er entsetzt und schlug sich schnell auf die Seite der unterdrückten, armen und kranken Menschen der Insel, die eben schwarz waren. Um sie besser zu verstehen und ihnen helfen zu können, lernte er ihre Sprache, Kreolisch. Gleichzeitig entschied er sich für eine ärmliche Lebensweise, um ihnen so nahe wie möglich sein zu können. Ab 1842 setzte er sich für ihre Rechte ein, legte sich mit der Kirche an und wurde schließlich zum »Apostel der Schwarzen«. Sein medizinisches Wissen half ihm dabei, Menschen zu behandeln und zu heilen. Er unterstützte sie darin, ein besseres Leben zu führen. Es wird vermutet, dass er während seines Aufenthalts auf Mauritius mehr als 67 000 Menschen vom katholischen Glauben überzeugen konnte – weil er sein Leben Gott und den Armen gewidmet hatte. Als er am 9. September 1864 starb, begleiteten mehr als 30 000 Menschen seine Grablegung. Beigesetzt wurde er auf dem Friedhof der alten Kirche. 1979 wurde Père Laval von Papst Johannes Paul II. selig gesprochen – er war der Erste von mehr als 1200 Menschen, die Johannes Paul II. in seiner Lebenszeit selig sprach.

Grabstätte und Museum

Heute befindet sich auf dem Gelände der historischen l'Eglise Père Laval eine eigene Grabstätte für den »Apostel der Schwarzen«. Im Inneren steht ein gläserner Sarkophag, in dem eine lebensgroße Nachbildung von Père Laval liegt. Diese soll seine Gebeine beinhalten. Tag für Tag finden sich hier Hunderte Christen, Moslems, Hindus sowie Buddhisten ein, um zu ihm zu beten und ihn um Hilfe zu bitten.

Darüber hinaus gibt es auf dem Gelände eine Kirche mit beeindruckenden Glasmalereien und Mosaiken sowie ein kleines Museum mit einer Dauerausstellung von Objekten aus Père Lavals Leben. Zu sehen sind beispielsweise seine Robe, Briefe und Fotografien.

Infos und Adressen

SEHENSWÜRDIGKEITEN

Grabstätte von Père Laval. Mo–Sa 8–12 und 13–16 Uhr

VERANSTALTUNGEN

Jedes Jahr am 9. September, des Priesters Sterbetag, wandern oder fahren Mauritier aller Glaubensrichtungen und aus allen Himmelsrichtungen nach Sainte-Croix, um am Grab von Jacques Désiré Laval zu beten, seiner zu gedenken und an einer heiligen Messe teilzunehmen.

INFORMATION

Am besten nimmt man nach Sainte-Croix die A1 Richtung Norden. Im Stadtteil Abercrombie gelangt man zu einem Kreisverkehr, an dem rechts eine Polizeistation liegt. Die erste Ausfahrt nehmen, dann zwei Tankstellen auf der rechten Seite passieren, bevor es rechts in die Allee Père Laval geht. Dieser folgen bis zur Kirche und Grabstätte, Parkplätze sind vorhanden. Wer der Suche aus dem Weg gehen will, lässt sich am besten fahren. Jeder Fahrer kennt die Kirche und wird selbst die Chance für ein kurzes Gebet am Schrein nutzen.

Die Kirche beeindruckt auch mit Glasmalereien und Mosaiken.

ZENTRALES BERGLAND

Seite 68/69: Paul und Virginie sind mit Sicherheit das berühmteste Liebespaar von Mauritius. **Mitte:** Das Maison Creol gehört zu den schönsten erhaltenen Kolonialhäusern der Insel. **Unten:** Das ehemalige Speisezimmer wurde restauriert.

8 Eureka

Historische Villa in Moka

Eureka – La Maison Creole liegt am Fluss Moka und ist ein einzigartiges kreolisches Haus aus dem Jahr 1830 – eine elegante Residenz, die ursprünglich im 19. Jahrhundert britischen und französischen Aristokraten gehörte. Die Villa gilt mit ihren 109 Türen und Fenstern als ein Besichtigungshighlight, nicht nur für Liebhaber kolonialer Architektur. Auch der Garten und das Restaurant sind immer einen Besuch wert.

Schon bei der Anfahrt und konkret beim Einbiegen in den großen Parkplatz empfängt die Besucher eine tropisch grüne Welt, in der die Villa Eureka schön eingebettet ist. Und wer im kleinen Shop, in dem auch die Eintrittskarten verkauft werden, ein wenig den Blick schweifen lässt, wird ausgewählte Bücher von Jean-Marie Le Clézio entdecken. Den französischen Literatur-Nobelpreisträger von 2008 verbindet viel mit dem Haus, und eine nette Anekdote gibt es gratis dazu: Das von einem Briten namens Mr. Carr 1830 errichtete und später vom Ehepaar Robinson gekaufte Haus wurde 1856 bei einer Auktion versteigert. Glücklicher Gewinner war Eugène Le Clézio, der Urgroßvater des Literaten. Er war eine schillernde Gestalt auf Mauritius: Er war Besitzer einer Zuckerfabrik, aber verdiente nicht nur mit dem Anbau von Zuckerrohr sein Geld. Gleichzeitig war er Gründer und Herausgeber der Zeitung *Le Mauricien* und spielte eine wichtige politische Rolle, als es darum ging, den Aufbau einer zweiten Bank für Geschäftsleute auf Mauritius zu verhindern – was gelang. Sicher auch zum Dank für sein Engagement wurde er bald Direktor der Mauritius Commercial Bank und am 6. November 1871 deren Präsident.

Die Küche befindet sich im Nebengebäude.

Die Ära Le Clézio

Als Le Clézio bei der Auktion um die Villa den Zuschlag für die Villa erhielt, soll er »Heureka« gerufen haben – altgriechisch für »Ich habe es gefunden«. Das würde erklären, wie die Villa zu ihrem Namen kam. Sicher ist, dass der Literatur-Nobelpreisträger Jean-Marie Le Clézio in einigen seiner Bücher Eureka ein Denkmal setzt. In dem poetischen Roman »Voyage à Rodrigues« (deutsch: »Ein Ort fernab der Welt«), der gleichzeitig Familiensaga und Abenteuergeschichte ist, widmet er dem Kolonialhaus ein eigenes Kapitel. »Es ist der Verlust dieses Hauses«, erzählt der Schriftsteller in einem Interview zu seinem Buch, »mit dem, wie ich glaube, die ganze Geschichte beginnt. Denn damit endet eine andere Geschichte, die meine französischen Vorfahren zu den Zeiten der Französischen Revolution von Lorient bis auf die Île de France geführt hatte.«

Eureka – La Maison Creole blieb bis 1985 im Besitz der Familie Le Clézio. Die letzte Besitzerin, Tante Simone Le Clézio – sie hatte Eureka und das Vermögen der Familie Le Clézio geerbt –, starb 1980. Zu dieser Zeit gab es 104 Neffen und Nichten, von

Einfach gut!

SPEISEN IM RESTAURANT MIT OFFENER KÜCHE

Auch die Küche von Eureka wirkt wie aus der Zeit gefallen. Ganz in der Tradition von kreolischen Küchen ist sie in einem kleinen Nebengebäude untergebracht, und dieses befindet sich noch im ursprünglichen Zustand wie zu Zeiten der Le Clézios. Damals wurden die Küchen, soweit möglich, außerhalb des Wohnhauses gebaut. Damit konnte man verhindern, dass die Küchengerüche durch die Wohnräume zogen, und im Fall eines Feuers konnte dieses nicht sofort auf das Haupthaus übergreifen. Heute kann man in Eureka den Köchinnen und Köchen durch eine große Durchreiche hindurch bei der Arbeit zuschauen. Sie kochen, wie es sich für ein »Maison Creole« gehört, zum Mittagessen und auf Vorbestellung feinste mauritisch-kreolische Gerichte – wie in den guten alten Zeiten.

denen einige bereits Großeltern waren. Eureka wurde an Fernand Le Clézio übergeben und das Vermögen unter den übrigen Neffen und Nichten aufgeteilt. Fernand verkaufte das Anwesen 1985 an den heutigen Besitzer, Jacques de Maroussem. 1986 wurde die Villa renoviert und für die Öffentlichkeit geöffnet.

Nicht nur für den Literaten wird im Eureka – La Maison Creole Geschichte lebendig: Das Haus wurde komplett aus einheimischen Hölzern erbaut, es gibt 109 Türen und Fenster sowie hohe, luftige Zimmer und eine das Haus umlaufende Veranda. Vor dem Zeitalter der Klimaanlagen war dies sicher eine schlaue Lösung, um immer für eine leichte Brise zu sorgen. In den Räumen stehen immer noch die antiken Möbel aus der Kolonialzeit, an den Wänden hängen Fotografien. Daneben kann man Musikinstrumente, Kunst, antike Landkarten, chinesische und indische Haushaltswaren sowie skurrile Kunstgegenstände entdecken. Dazu gehört auch eine Dusche aus der Kolonialzeit. Im Obergeschoss befindet sich heute eine Dauerausstellung mit Karten und Modellen von traditionellen mauritischen Häusern. In den Cottages rund um das Haupthaus lebten früher die Angestellten. Heute kann man hier übernachten.

Die Eureka Falls

Der Spaziergang zu den Eureka Falls – rauschenden Wasserfällen in einer pittoresken Schlucht – gehört mit zum Besichtigungsprogramm und sollte auf keinen Fall vergessen werden: In der Schlucht hinter dem Haus, die das Gelände begrenzt, fließt ein Bach. Vier kleine Wasserfälle gehören zum Grundstück, im Wasser gibt es reichlich Fische und Kleingetier. Hier, umgeben von dichtem Grün, wachsen endemische Pflanzen, und man fühlt sich an einem Ort fernab der Welt.

Oben: Über verwunschene Pfade gelangt man in eine Schlucht und zum Fluss.
Unten: Auch einen kleinen und munteren Wasserfall gibt es auf dem Gelände.

Infos und Adressen

SEHENSWÜRDIGKEITEN

Eureka – La Maison Creole. Mo–Sa 9–17.30, So 9–15 Uhr, Eureka Lane, Montagne Ory, Moka, Tel. 0433/8477

ESSEN UND TRINKEN

Sitar Indian Restaurant. Hier wird exzellente indische Küche kredenzt, und der Service ist freundlich. Tgl. 11–16 und 17.30–22.30 Uhr, Mall of Mauritius, Bagatelle, Tel. 0468/8188, www.facebook.com/sitarmauritius

ÜBERNACHTEN

Auf dem Gelände der Villa Eureka gibt es drei Selbstversorger-Gästehäuser in einer ruhigen Ecke des weitläufigen Gartens. Die Gästehäuser verfügen über eine Küchenzeile, Bad und WC. Das Frühstück ist im Preis inbegriffen. Mittag- und Abendessen können separat bestellt oder in den Restaurants der Umgebung eingenommen werden. Die Zimmer werden vermietet von Lolotte Rental and Tours, Avenue Sodnac 14, Quatre Bornes, Tel. 05772/9303, www.eureka-house.com

AUSGEHEN

Cine Star – Bagatelle. Das Kino befindet sich, wie der Name schon sagt, in der Mauritius Mall in Bagatelle. Seit seiner Eröffnung im Jahr 2011 zieht der Kinosaal Filmliebhaber aus ganz Mauritius an. Mo–Do 9.30–20.30, Fr, Sa 9.30–22, So 9.30–15 Uhr, Tel. 0468/8126, www.aucinemastar.com

EINKAUFEN

Die Mauritius Mall in Bagatelle bietet alles, was des Urlaubers Herz begehren könnte. Mo–Do 9.30–20.30, Fr, Sa 9.30–22, So 9.30–15 Uhr, Tel. 0468/8555, www.mallofmauritius.com

AKTIVITÄTEN

Moka ist eine gute Basis für Wanderungen auf den Berg Le Pouce (siehe S. 64). Auch nach La Laura, den Einstiegspunkt für eine Besteigung des Pieter Both, ist es nicht weit (siehe S. 74).

Vom ehemaligen Schlafzimmer aus hat man einen wunderbaren Blick in den Garten.

Mitte: Der auffällige Fels auf dem Gipfel diente früher Schiffen als Orientierungspunkt.
Unten: Im Weiler La Laura beginnt der Wanderweg auf den 820 Meter hohen Berg.

9 Pieter Both

Spannende Besteigung ab La Laura

Der markante »Hausberg« von Port Louis ist der Pieter Both. Mit 820 Metern Höhe ist er der zweithöchste Berg von Mauritius, nur der Piton de la Petite Rivière Noire ist acht Meter höher. Der Pieter Both gehört zur sogenannten »Moka Range« und überragt Port Louis. Seine einzigartige Gipfelform zieht zahlreiche Wanderer an, aber der Aufstieg ist nicht von schlechten Eltern.

Egal, aus welcher Himmelsrichtung man kommt, immer sieht man den Gipfel des Pieter Both, wenn er nicht gerade in den Wolken verborgen ist. Die einzigartige Form des Gipfelfelsens regt seit Generationen die Fantasie der Menschen an. So sagt man, dass es Mauritius so lange gut gehe, wie der Fels auf der Spitze des Berges liege. Oder dass es sich bei dem markanten Stein um den Kopf eines Hirtenjungen handle. Dieser hatte den auf den Bergen hausenden Feen nicht gehorcht und versucht, ein entlaufenes Schaf in der Bergwelt einzufangen. Dieses Eindringen in ihr Reich bestraften die Feen damit, dass sie den Kopf des armen Schäferjungen versteinerten. Sicher ist, dass der Name des Berges vom ersten Generalgouverneur von Niederländisch-Ostindien stammt. Dieser starb am 6. März 1615 beim Untergang seinen Schiffs vor der Westküste von Mauritius. Der Berg mit seinem Namen diente in den folgenden Jahrhunderten der Navigation in den Hafen von Port Louis.

Auf den Berg!

Wer den Berg besteigen will, sollte nicht nur trittsicher sein, sondern auch ein wenig Berg- oder zumindest Klettersteigerfahrung mitbringen. Außerdem sollte man das Wetter beachten. Einige haben den Aufstieg bei Sonnenschein gewagt, um dann im strömendem Regen und wenig Sicht die Expedition abbrechen zu müssen. Am besten schließt man sich einer geführten Tour mit einem oder mehreren Führern an, die sich wirklich auskennen.

Los geht es im Örtchen La Laura. Bei der Anfahrt passiert man den auffälligen Bogen mit der Aufschrift »La Laura«, den die Gemeinde als Wahrzeichen und als Begrüßungsschild an den Straßenrand gestellt hat. Der Straße muss man weiter folgen, über die Brücke und an der folgenden Weggabelung im Teilort Malenga geradeaus weiterfahren. Diese Straße heißt Pieter Both Road, ein Straßenschild gibt es leider nicht (mehr). Der Straße folgt man bis zu einer Rechtskurve, hier kann man auf der linken Straßenseite parken. Der Weg führt geradeaus durch Plantagen – vorbei an Papayabäumen, kläffenden Hunden und dem einen oder anderen Kleinbauern, der am Fuß des Berges seinen Acker bestellt. Der Pfad wird schnell schmaler und bald auch deutlich steiler. Nach dem Aufstieg durch eine steil aufsteigende Schlucht ist bald eine Felswand erreicht und der Pfad verliert sich. Besonders ab hier empfiehlt es sich, einen Ortskundigen dabeizuhaben. Es muss noch mal steil hinaufgestiegen werden, bis der Bergrücken erreicht ist. Nun kann man die Aussicht genießen und ein wenig ausruhen, denn der Gipfel ist zwar in Sicht, aber noch nicht erreicht: Über glitschige Felsen geht es weiter bergauf, man muss klettern und in den Fels eingelassene Griffe und Trittbügel nutzen. Nach gut zweieinhalb Kilometern Weg, 400 Metern Höhenunterschied und rund vier Stunden Aufstieg ist der Gipfel erreicht. Zurück geht es auf demselben Weg. Wer ein eigenes Seil dabeihat, kann sich beim Abstieg auch auf steilen Teilstrecken abseilen.

Infos und Ad.

ESSEN UND TRINKEN

Arvin Snack. Wer nach dem Abstieg eine Stärkung braucht, ist in diesem kleinen Imbiss nahe der Pieter Both Road richtig. Di–So 14–20 Uhr, Riverside Road, St. Pierre, Tel. 057 94/27 49

ÜBERNACHTEN

In La Laura und der näheren Umgebung gibt es keine touristische Infrastruktur oder Unterkünfte. Allerdings sind die Strände der West- und Nordküste mit ihren Pensionen, Hotels und Resorts nicht weit weg.

INFORMATION

Der Aufstieg auf den Pieter Both will gut geplant werden: Das Wetter spielt eine Rolle, die Ausrüstung muss stimmen und genug Wasser sollte im Rucksack sein – genauso wie ein gehöriges Maß an Schwindelfreiheit. Am besten geht man mit Profis, beispielsweise **Motrek Adventures**, 8 Malherbes Street, Curepipe, Tel. 059 13/55 12, www.wildtrekkingadventuresinmauritius.wordpress.com

Der erst einfache Pfad wird gegen Ende zu einem anspruchsvollen Klettersteig.

10 Grand Bassin

Der Hindu-Wallfahrtsort Ganga Talao

Der Ganga Talao ist ein See im bergigen Südwesten von Mauritius und liegt etwa 550 Meter über dem Meeresspiegel. Am Seeufer befinden sich Tempel und zahlreiche Schreine, die Lord Shiva und anderen Hindugöttern gewidmet sind. Viele Menschen, nicht nur Hindus, besuchen den Ort, um zu beten, zu meditieren oder einfach nur am See entlangzuspazieren und die herrliche Aussicht auf die Umgebung zu genießen.

Mitte: Der Blick auf das Grand Bassin zeigt, wie viele heilige Stätten es dort gibt.
Unten: Hier sind die Statuen und Schreine typisch hinduistisch bunt und farbenfroh.

Der See von Ganga Talao soll eine Tiefe von 18 Metern haben und voller Fische sein. Das liegt sicher daran, dass sie von den hinduistischen Pilgern gefüttert werden. Früher, zu Zeiten der ersten Siedler, befand sich hier ein beliebtes Jagdrevier, in dem sicher auch geangelt wurde. Heute aber ist es strengstens verboten, hier, im heiligen Gewässer, zu fischen. Heilig ist das Wasser im See des Vulkankraters Grand Bassin seit 1887.

»See des Ganges«

Die Geschichte des Grand Bassin hängt eng mit dem Tempel Maheswarnath Mandir in Triolet zusammen, hier ist die Ursache für die jährlichen Wallfahrten zum Grand Bassin zu finden. Es wird erzählt, dass zwei Pujaris (Hindupriester) im Jahr 1887 in Triolet einen Traum hatten: Sie träumten, dass das Wasser des Grand Bassin aus dem Fluss Jahnavi entspringt – Jahnavi ist ein anderer Name für die Göttin Ganga. Da die Priester noch nie am Grand Bassin gewesen waren, musste der Traum eine Bedeutung haben.

Die Nachricht von diesem Traum verbreitete sich rasend schnell auf der ganzen Insel und erregte großes Aufsehen in der hinduistischen Gemeinde. Die Nachricht wirkte beruhigend auf die indischen Hindus auf Mauritius und erfüllte sie mit religiösem Optimismus. Das heilige Wasser des Ganges hatte zu ihnen gefunden – und es gab nun keinen Grund mehr, nach Indien zurückzukehren. Denn das war der ursprüngliche Plan der Briten, die die gut 500 000 Inderinnen und Inder während des »Großen Experiments« ins Land geholt hatten: Die Inder sollten nach ein paar Jahren wieder in ihre Heimat zurückkehren. Hergelockt worden waren sie mit meist leeren Versprechungen für ein besseres Leben auf Mauritius.

Doch das Leben, das sie erwartete, war weit davon entfernt, gut oder gar besser als in der Heimat zu sein. An Bord der Schiffe, die den Indischen Ozean überquerten, traten zahlreiche Krankheiten wie Cholera, Pocken, Malaria und Gelbfieber auf. Tote mussten schon auf den Schiffen beklagt werden. Auch bei der Einreise nach Mauritius, im berüchtigten Aapravasi Ghat und der dortigen Internierung, wurden Menschen ausgesondert oder starben. Diejenigen, die überlebten, arbeiteten unter schwierigen Bedingungen auf den Zuckerrohrfeldern. Es war zwar keine Sklaverei, aber es war weit entfernt von dem, was man heute als normales und gesundes Arbeitsumfeld bezeichnen würde. Somit blieb den Indern als eine ihrer treibenden Kräfte nur ihr Glaube und ihre Religion.

1898 wanderte Pandit Sanjibunlall zusammen mit neun anderen Gläubigen von Triolet bis zum Großen Becken, um Wasser aus dem heiligen See zu holen. Zurück in Triolet, bot er dem Gott Shiva zum Fest Maha-Shivaratree dieses Wasser an. Shiva zeigte sich zugeneigt. Seitdem pilgern

Geheimtipp

AUSFLUG ZUM KANAKA-KRATER

Der Trou aux Cerfs in Curepipe (S. 88) ist sicherlich der bekannteste Krater eines erloschenen Vulkans auf Mauritius und ein beliebtes Ausflugsziel. Wer aber einen Vulkankrater einfach mal für sich haben und die Natur genießen möchte, der sollte den Kanaka-Krater anpeilen. Den Zufahrtsweg »Kanaka Access Road« findet man auf halber Strecke zwischen dem Ganga Talao und Bois Chéri, der Bois Cheri Road folgend. In einer scharfen Rechtskurve geht es links in eine schmale Piste hinein, quer durch die Teeplantage, dann die nächste rechts und wieder links. Jetzt immer dem Weg folgen bis zum Krater. Ähnlich wie beim Trou aux Cerfs ist der Kraterboden zugewachsen mit heimischem Wald und Unterholz und bietet zahlreichen Vögeln ein Zuhause. Im Gegensatz zum Trou aux Cerfs allerdings gibt es nur einen Aussichtspunkt, von dem man in den Krater hineinschauen kann.

Oben: Die riesige Statue der Gottheit Shiva begrüßt die Pilger schon am Parkplatz.
Mitte: Dem Läuten einer Glocke kommt auch im hinduistischen Glauben Bedeutung zu.
Unten: Das Darbringen der Opfer findet im Kreis der Familie statt.

Menschen aus verschiedenen Teilen von Mauritius zum Ganga Talao, um das heilige Wasser zu sammeln. 1972 wurde Wasser aus dem Heiligen Ganges zeremoniell in das Grand Bassin geschüttet, seitdem ist der Ort bekannt als »Ganga Talao« (»See des Ganges«). 1998, 100 Jahre nach der ersten Pilgerreise zum Grand Bassin, wurde der See zum »Heiligen See« erhoben.

Maha-Shivaratree

Bei einem Besuch der heiligen Stätte wird man unweigerlich beeindruckt sein von der gigantischen Statue von Lord Shiva, dem Zerstörer. Doch am Grand Bassin zerstört er nicht, er ist ein lächelnder und freundlicher Gott. Die mächtige Statue ist 33 Meter hoch und damit die höchste Statue auf Mauritius. Das »Sthapan« (Einweihungsritual) fand während des Maha-Shivaratree-Festivals von 2008 statt. Auf der anderen Straßenseite steht eine ebenfalls 33 Meter hohe Statue von Maa Bhavani.

Apropos Maha-Shivaratree: Wer es einrichten kann, Mauritius im März zu besuchen, sollte sich das Festival im Kalender markieren: Es ist das wichtigste Hindufestival auf Mauritius, so gut wie alle Hindus pilgern zum Ganga Talao. Wer das miterlebt, dem wird klar, warum es so gewaltige Parkplatzflächen um das Heiligtum herum gibt. An Maha-Shivaratree wird der Gott Shiva gefeiert. Er ist eine der drei Hauptgottheiten des Hinduismus. Pilger tragen handgefertigte »Kandars« – Schreine, die Shiva, gewidmet sind – von allen Orten der Insel zum Ganga Talao und begeben sich dann ans heilige Wasser. Hier führen sie ihre eigenen privaten Gebetszeremonien durch. Dann sammeln sie heiliges Wasser in Behälter und nehmen es mit in ihren Heimatort. Mit dem Wasser wird dort zeremoniell der heilige Stein »Shiva Lingam« übergossen und damit für ein weiteres Jahr gereinigt.

Infos und Adressen

SEHENSWÜRDIGKEITEN

Grand Bassin. Tgl. geöffnet.

Maha-Shivaratree-Festival. Nächste Termine: 21. Feb. 2020, 11. März 2021

ESSEN UND TRINKEN

Am Grand Bassin selbst gibt es keine Restaurants. Gelegentlich, meist an Sonn- und Feiertagen, parkt ein Foodtruck auf einem der Parkplätze an der Zufahrt zum Ganga Talao. Wer sich hier also länger aufhalten will, sollte sich im Hotel ein Pausenbrot schmieren (lassen) oder unterwegs Proviant einkaufen.

ÜBERNACHTEN

In der näheren Umgebung des Grand Bassin stehen keine brauchbaren Unterkünfte zur Verfügung. Wer im Bergland bleiben will, muss sich entweder nach Chamarel mit seinen zahlreichen Unterkünften begeben oder aber die Bubble Lodge auf dem Gelände der Teeplantage Bois Chéri buchen.

Bubble Lodge. Domaine de Bois Chéri, Bois Chéri, Tel. 0268/1346, www.bubble-lodge.com

INFORMATION

Das Grand Bassin kann man das ganze Jahr über problemlos besuchen. Es gibt ausreichend Parkplätze und Toiletten. Der Eintritt zum Gelände ist frei. Spenden für die Instandhaltung und Wartung der Tempel sind jedoch jederzeit willkommen. Man sollte daran denken, vor dem Betreten eines Tempels die Schuhe auszuziehen.

Wer Maha-Shivaratree miterleben möchte, sollte dies am besten mit einer organisierten Tour machen. Denn die Chance, im Getümmel von mehreren Hunderttausend gläubigen Hindus verloren zu gehen, ist recht groß. Außerdem kann man sich dann die Geschehnisse erklären lassen.

In der ausgefallenen Bubble Lodge kann man inmitten der Teeplantage Bois Chéri nächtigen.

RELIGIONEN –
Hindus, Christen, Muslime & Co.

Typisch bunte Ornamente und Verzierungen an einem Hindutempel bei La Flora

Mauritius und Rodrigues gelten als friedliche Inseln und sichere Reiseländer. Das liegt sicher auch daran, dass die unterschiedlichen Gesellschaftsschichten in einem toleranten Miteinander leben, was auch auf den zweiten Blick ganz gut zu funktionieren scheint. Immerhin leben hier Hindus, Christen, Moslems und Buddhisten auf kleinstem Raum friedlich zusammen. Nur Rodrigues ist ein bisschen anders.

Bei einer Tour über Mauritius und einem offenen Blick in die Dörfer und Städte wird einem schnell klar, wie groß die Vielfalt der Insel ist. Das bezieht sich nicht nur auf die Natur und die Landschaften, sondern auch und vor allem auf die Menschen: Hier leben ethnische Gruppierungen neben- und miteinander, ohne sich den Platz streitig zu machen. Die auffälligste und meist farbenprächtige Hauptgruppe wird von 68 Prozent der Gesamtbevölkerung gebildet. Es sind sogenannte Indo-Mauritier, die indischer Abstammung und Hindus oder Moslems sind – je nach Herkunftsstaat in Indien. 27 Prozent sind Kreolen, also madagassischer oder afrikanischer Herkunft, meist Christen und zwei Prozent Franko-Mauritier, die überwiegend europäischer und vor allem französischer Abstammung sind. Diese sind ebenfalls zum großen Teil Christen. Außerdem gibt es noch rund zwei Prozent Sino-Mauritier, also Menschen chinesischer Abstammung. Diese bezeichnen sich als Buddhisten oder sind zum Christentum konvertiert.

Wenn man genauer auf die Religionszugehörigkeit schaut, deren Verteilung in eine Mehr- und eine Minderheit in anderen Ländern der Welt durchaus zu Problemen führt, so sehen die Zahlen so aus: 48 Prozent der Bevölkerung sind Hindus, 32 Prozent Christen, davon mehrheitlich Katholiken, 17 Prozent Muslime, hauptsächlich Sunniten, und drei Prozent haben einen anderen Glauben, beispielsweise die Buddhisten oder die Sikhs. Auch wenn Indo-Mauritier in Handel, Wirtschaft, Politik und Kultur meist die wichtigste Rolle spielen, kann man generell von einem toleranten Miteinander der unterschiedlichen Gesellschaftsschichten sprechen.

Keine Ureinwohner

Das hiesige Prinzip »leben und leben lassen« mag durchaus seine Wurzeln darin finden, dass es auf Mauritius keine Bevölkerungsgruppe gibt, die sich Ureinwohner nennen kann. Somit kann keiner ältere Rechte oder eine göttliche Herkunft für sich beanspruchen, wie beispielsweise die Singhalesen auf Sri Lanka. Vielmehr ist jede heute anzutreffende Bevölkerungsgruppe irgendwann »eingereist«, unfreiwillig oder freiwillig – sei es als Sklave, als Lohnarbeiter oder durch freiwillige Zuwanderung aus wirtschaftlichen Gründen. Damit wäre die Herkunft der vier Hauptbevölkerungsgruppen bereits skizziert: Die Sklaven wurden seit dem 17. Jahrhundert von den verschiedenen Kolonialmächten als Arbeitskräfte für die Plantagen aus Madagaskar und Afrika hergebracht. Die herrschende Schicht waren weiße Plantagenbesitzer, meist französischer Herkunft. Diese durften teilweise auch nach der Machtübernahme durch die Briten im Jahr 1814 in Amt und Würde weiter ihr Geschäft betreiben.

Als die britische Kolonialmacht die Sklaverei 1835 abschaffte und die Schwarzen sich anschließend größtenteils weigerten, als Lohnarbeiter weiter auf den Plantagen zu arbeiten, holten die Briten kurzerhand Arbeiter aus Indien. Rund 500 000 sollten es bis zum Beginn des 20. Jahrhunderts werden, die mit gut klingenden Verträgen und meist falschen Versprechungen aus Indien hergelockt wurden. Sie waren und sind Hindus und Moslems und kamen, um zu bleiben. Auf die indischen Einwohner folgten die Chinesen und brachten den Buddhismus mit – wobei viele Chinesen zum Christentum konvertierten.

So gibt es bis heute eine Gemengelage von Herkunft und Religion, wie sie vielfältiger anderswo auf der Erde wohl kaum zu finden ist. Im gesellschaftlichen Leben allerdings sind die ethnisch-religiösen Zuordnungen nicht immer zwingend. Dank Mischehen und Verbindungen zwischen den unterschiedlichen Gruppen sind die Grenzen oft fließend.

Ein Laienprediger auf Rodrigues

Glaube an Gott

Aber egal, welcher Herkunft die Mauritierin oder der Mauritier ist, sie oder er wird mit Sicherheit tiefreligiös sein und den persönlichen Gott oder die persönlichen Götter verehren. Auch Urlauber merken bei ihrem verhältnismäßig kurzen Aufenthalt schnell, dass dieser Glaube echt und wahr ist, aber Gesellschaftsgruppen übergreifend, nicht fanatisch. So treffen sich an der Grabstätte des Pfarrers Père Laval (S. 66) täglich Menschen aller Hautfarben und aller Religionen, um am Schrein ihres Nationalheiligen zu beten. In den Dörfern und Städten findet man, ohne groß suchen zu müssen, schlichte Moscheen neben farbig-opulenten Hindutempeln, steil aufragende Kirchenportale neben eher unscheinbaren chinesischen Pagoden. Links und rechts der Straßen stehen kleine Altare, die von der jeweiligen Dorfgemeinschaft gehegt und gepflegt werden, riesige Standbilder wie am Grand Bassin (S. 76) oder flatternde Fahnen an Hauswänden – und es gibt reichlich und über die Insel verstreut heilige Seen und Orte mit religiöser Bedeutung. Sie zu entdecken und mitzuerleben, wie hier gefeiert wird, ist immer ein besonderes Erlebnis. Und das nicht nur beim gigantischen Hindufest Maha-Shivaratree, die Nacht des Shiva, bei dem alle Hindus von Mau-

Der Innenhof der Jummah-Moschee in Port Louis ist prächtig ausgestaltet.

ritius am Grand Bassin zusammenkommen. Da reicht auch die kleine Prozession am Straßenrand, zu Ehren eines Verstorbenen. Es kann auch der katholische Gottesdienst sein, bei dem sich die Gemeinde schick herausgeputzt hat und nach der Predigt noch ein Schwätzchen hält. Als Urlauber ist es übrigens normalerweise kein Problem, an religiösen Festen und Zeremonien aller Religionen teilzunehmen: Wenn man die Regeln einhält, ist man immer willkommen.

Ein Blick auf Rodrigues

Die »kleine Schwester« von Mauritius hat sich über die Jahrhunderte der Kolonisierung anders entwickelt als die große Schwester. Da es hier keine Zuckerrohrfelder gab und gibt, blieben die Lohnarbeiter aus Indien aus. Vielmehr bilden die »Schwarzen«, auch »Montagnards« genannt, mit gut 85 Prozent die größte Bevölkerungsgruppe. Diese stammen von den früheren Sklaven ab. Inder und Chinesen können vernachlässigt werden. Somit ist Rodrigues zu weit über 90 Prozent katholisch, tiefreligiös und sehr abergläubisch. Im Landesinnern befindet sich die wohl größte katholische Kirche des Indischen Ozeans: St. Gabriel. 750 Gläubige finden hier Platz, jeden Sonntag werden drei Gottesdienste gefeiert. So gut wie alle Insulaner waren am Bau der Kirche beteiligt. Für die Rodriguais war es das Größte, als Papst Johannes Paul II. 1989 die Insel besuchte. Der Zulauf war so groß, dass er seine Audienz in ein Fußballstadion verlegen musste. Apropos Papst: Das Highlight für alle Katholiken beider Inseln im Jahreskalender 2019 war die Apostolische Reise von Papst Franziskus, auf der er Mosambik, Madagaskar und Mauritius besuchte. Auch auf Mauritius zeigten sich Angehörige aller Religionsgruppen begeistert.

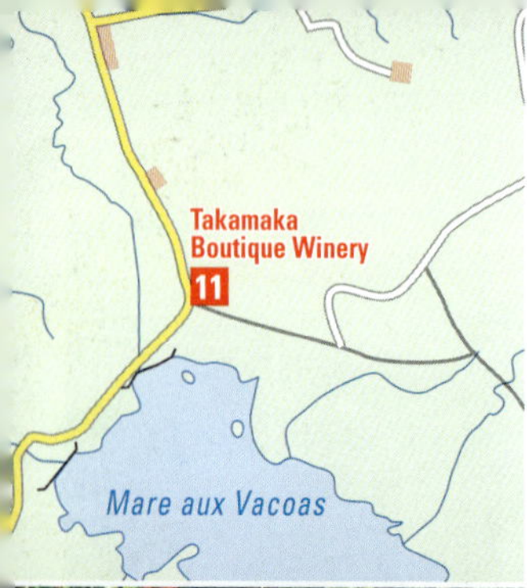

Mitte: Der Winzer Alexander Oxenham überprüft den Zuckergehalt der reifen Litschis.
Unten: In der Winery werden die fünf Weinsorten dekorativ zum Kauf angeboten.

11 Takamaka Boutique Winery

Wein aus Mare aux Vacoas

Mauritischen Wein, gibt es das? Einen klassischen Wein aus Trauben nicht, aber dafür feinen Wein aus Litschis. »Aus Litschis?«, fragt man sich da doch gleich. »Geht das, schmeckt das?« Es geht! Mit viel Können und Herzblut keltert Alexander Oxenham, Winzer und Gründer der Takamaka Boutique Winery, mittlerweile fünf verschiedene Litschi-Weine. Der studierte Önologe weiß, was er tut, und das Ergebnis ist verblüffend gut.

Weinstöcke gedeihen nicht auf Mauritius, denn nur zwischen dem 40. und dem 50. nördlichen Breitengrad und dem 30. und dem 40. südlichen Breitengrad ist das Klima entsprechend gemäßigt und für den Weinanbau geeignet. Mauritius liegt auf dem 20. südlichen Breitengrad, ist daher zu heiß und hat zu wenig hohe Berge, wo es kühler wäre. Dies kann Alexander Oxenham aber nicht abschrecken. Er ist mauritischer Winzer in der dritten Generation und will alles anders machen als seine Vorfahren.

Zwar begann der Großvater schon im Jahr 1932 damit, aus getrockneten, importierten Trauben, Wasser, Zucker und Hefe Wein herzustellen. Doch da er keinerlei Ausbildung in der Weinherstellung hatte, war es immer eine Sache des Glücks, ob es funktionierte oder nicht. Die zweite Generation, Alexanders Vater, studierte als erster Mauritier Önologie und stellte auf importierten Traubensaft als Basis um. Außerdem führte er Stahltanks mit Temperaturkontrolle für die Gärung ein. Das Ergebnis war ein schon deutlich besserer Wein.

Thirsty Fox gibt es auch im handlichen Sixpack.

Doch Sohn Alexander verfolgte einen ganz anderen Ansatz: Warum gegen die Natur ankämpfen und unbedingt Wein aus Trauben herstellen, wenn Mauritius einfach zu heiß für Weinreben ist? Lieber etwas verwenden, was sowieso auf Mauritius wächst. Da kam für ihn nur eine lokale Frucht infrage, seine mauritische »Traube«, die Litschi. Sie schmeckt ganz ähnlich wie eine Muskattraube und hat genauso Säure. Also tüftelte, probierte und plante er nach seinem Studium der Weinherstellung in Dijon 16 Jahre lang, bis er dann im November 2017 mit seiner »Takamaka Boutique Winery« an den Start ging. »Takamaka« nannte er das Weingut, weil einer dieser – für die Maskarenen typischen – Bäume auf dem Gelände des neuen Weinguts stand. »Boutique«, weil bei dem gesamten Konzept seines Weinguts die Menschen im Mittelpunkt stehen – sowohl bei der komplett händischen Herstellung als auch bei der Führung durch das Weingut.

Die Litschis wachsen in den Ebenen des Nordens von Mauritius, dort herrscht ideales Klima. Die Bäume müssen ein bestimmtes Alter haben, damit die Früchte ein intensives Aroma entwickeln können. Der Zuckergehalt bestimmt über den Zeit-

Einfach gut!

THIRSTY FOX IN PHOENIX

Ein Zweig der Familie Oxenham ist seit 1932 beim Traubenwein geblieben. Unter dem Namen E. C. Oxenham & Cy Ltd. vertreibt er erfolgreich internationale Weine sowie andere Spirituosen auf Mauritius. Die Oxenham Distillery produziert Wodka, Gin, Rum und anderen Alkohol für hauseigene Kreationen. Auch den wachsenden Markt der »Craft-Biere« wollte sich die geschäftstüchtige Familie nicht entgehen lassen. 2018 gründeten sie die »Oxenham Craft Brewery«, die nun zweite Craft-Bier-Brauerei nach der »Flying Dodo Brewing Company« auf Mauritius. Ihre Biermarke »The Thirsty Fox« gibt es in vier verschiedenen Sorten: Weiß, Amber Ale, Pale Ale und Lager.

E. C. Oxenham & Cy Ltd.
Saint-Jean Motorway, Phoenix,
Tel. 06 96/79 50,
www.oxenham.mu/local-manufacture/craft-brewery.html

Oben: Bei einer vergnüglichen Verkostung mit dem Winzer selbst kann man einiges lernen.
Mitte: Zwei der fünf Weinsorten werden klassisch in Fässern gelagert und ausgebaut.
Unten: Die Ernte der Litschis erfolgt von Hand.

punkt der Ernte. Ist er richtig, wird von Hand gepflückt. Die Litschis werden dann gewaschen, von Hand verlesen, geschält und entsteint. Die Temperatur von circa 18,2 bis 18,3 Grad in den zwei Stahltanks während der zehn- bis 15-tägigen Fermentation bestimmt das Aroma. Während der anschließenden, ungefähr einmonatigen Klarifikation und Stabilisation in kleineren Tanks, wird wöchentlich verkostet. Ist Alexander mit dem Geschmack zufrieden, wird der Wein gefiltert und von Hand auf Flaschen gezogen. Für die anderen Weinsorten wird die Maische nach der Fermentation erst für mehrere Monate in Holzfässern gelagert und gealtert, dann filtriert und abgefüllt.

Die gesamte Produktion ist möglichst ressourcenschonend angelegt: Regenwasser wird auf den Dächern der Winzerei gesammelt und zum Reinigen der Gärtanks verwendet. Dieses mit Hefe angereicherte, nährstoffhaltige Wasser wird nochmals in großen Behältern unter dem Boden aufgefangen und als Dünger auf den Litschiplantagen verwendet. Nach seinen Weinen gefragt, kommt Alexander so richtig ins Schwärmen: »Bisher gab es vier Sorten, seit Mai 2019 gibt es eine fünfte. Die Weine sollen einfach Spaß machen«, sagt er, »nichts Schwieriges sein. Sie enthalten zwischen 12,1 und 12,5 Prozent Alkohol, und allen ist gemein, dass man sie unbedingt kühl genießen sollte.« Die zwei halbtrockenen Sorten harmonieren wunderbar mit aromatischen Speisen, wie zum Beispiel indischem oder chinesischem Essen. »Die zwei Süßweine«, schwärmt er, »passen hervorragend zu Käse oder Fois gras.« Um dies zu zeigen, werden im kleinen, aber feinen hauseigenen Restaurant köstliche Speisen serviert, die auf die Weine abgestimmt sind. Der 2019 neu eingeführte Cuvée »Tanara« ist der erste trockene Wein im Sortiment, im Holzfass gelagert, sehr komplex und ebenso süffig wie die anderen Sorten.

Infos und Adressen

SEHENSWÜRDIGKEITEN

Takamaka Boutique Winery. Mo–Fr 9–17, Sa 9–14 Uhr, Plaine Bonnefin, Mare aux Vacoas, Tel. 054/42 83 71, www.takamakawinery.com

ESSEN UND TRINKEN

The Bistrot. Das kleine Lokal im Gebäude des Weinguts ist immer gut für einen leichten Lunch oder einen Kaffee nach der Verkostung. Auch für Gruppen bietet The Bistrot spezielle Angebote. Falls man mit mehr als 35 Personen kommt, wird im Hof kurzerhand ein großes Zelt aufgebaut. Mo–Fr 9–17, Sa 9–14 Uhr

Twin Peppers Restaurant. Nettes Restaurant im indischen Stil mit freundlichem Service, das in erster Linie von Einheimischen besucht wird. Mo–Mi 18–22, Fr, Sa 18–23, So 11.30–22 Uhr, La Marie Road, Vacoas-Phoenix, Tel. 06 89/01 36, http://twin-peppers-restaurant.business.site

ÜBERNACHTEN UND AKTIVITÄTEN

Green Discovery B&B. Das gut ausgebildete Team des einfachen, aber netten Bed & Breakfasts hat sich ganz dem Ökotourismus verschrieben. Neben der Übernachtungsmöglichkeit werden Touren über die ganze Insel angeboten. Ganz in der Nähe befinden sich beispielsweise die Wasserfälle von Tamarin, die man auf einer Wanderung entdecken kann. Zur Belohnung für das schweißtreibende Abenteuer darf im kühlen Nass der Becken am Wasserfall gebadet werden. 7 Cascades Henrietta, Henrietta, Tel. 057 60/83 67, www.ecotourismmauritius.com

Das schicke Weingut wurde im Jahr 2017 eröffnet und beherbergt die gesamte Produktion.

12 Curepipe
Vulkankegel und Shopping

Curepipe liegt auf halber Strecke zwischen Port Louis an der West- und Mahébourg an der Ostküste von Mauritius. In der auf 550 Metern und damit am höchsten gelegenen Stadt der Insel leben gut 80 000 Menschen. Mitten im Ort befindet sich eine bekannte Touristenattraktion: der Vulkankrater Trou aux Cerfs. Bei einem Besuch der Stadt sollte man den Botanischen Garten anschauen und sich die Zeit nehmen, ein wenig einzukaufen.

Dort, wo sich heute Curepipe befindet, gab es in früheren Zeiten einen dichten Wald, in dem sich Hirsche und entlaufene Sklaven versteckt hielten. Erst als der Wald gerodet und das Land für den Zuckerrohranbau genutzt wurde, kamen die ersten Siedler von den beiden Küsten hierher ins Hochland. Es war und ist deutlich kühler in Curepipe als an den Küsten und es regnet deutlich mehr. Seit den 1860er-Jahren wuchs die Bevölkerung der Stadt, und nach der Eröffnung der Eisenbahnlinie von Port Louis nach Mahébourg war in Curepipe einiges geboten: Der Markt öffnete und es entstand eine Stadt, deren koloniales Flair man auch heute bei einem Spaziergang noch spüren kann.

Die Herkunft des eher ungewöhnlichen Namens Curepipe ist übrigens nicht geklärt. Es gibt mehrere Theorien: Die Zugreisenden auf der Strecke von Port Louis nach Mahébourg nutzten hier den Zwischenstopp, um ihre Pfeifen zu reinigen (»cure sa pipe«) und danach neu zu stopfen. Die andere Erklärung hat auch mit dem Zug zu tun: Vielleicht wurden in Curepipe die Rohre der Dampflokomotiven gereinigt, bevor die Fahrt weiterging.

Mitte: Vom Trou aux Cerfs überblickt man Curepipe, die höchstgelegene Stadt der Insel.
Unten: Der Vulkankrater Trou aux Cerfs ist Ausflugsziel und Naherholungsgebiet.

Stadtrundgang durch Curepipe

Die Innenstadt von Curepipe kann man problemlos zu Fuß erkunden. Den Trou aux Cerfs und den Botanischen Garten allerdings sollte man mit einem Fahrzeug ansteuern, denn der Weg von der Innenstadt zieht sich.

Anfahrt: Mit dem Bus zum Busbahnhof.
Für das eigene Fahrzeug gibt es reichlich Parkplätze in der Stadt, beispielsweise rund um die St.-Therese-Kirche.

Ausgangspunkt und Ziel: St.-Therese-Kirche, Parkplätze

Länge: ca. 1,5 Kilometer

Höhenunterschied: ca. 50 Meter

Verpflegung: Unterwegs gibt es reichlich Verpflegungsmöglichkeiten.

Wegbeschaffenheit: Geteerte Wege, Straßen und Gassen.

A Carnegie-Bibliothek.

B Rathaus.

C Bronzestatue von Paul und Virginie.

D Markt von Curepipe.

E Kirche St. Therese.

F Botanischer Garten.

G Trou aux Cerfs.

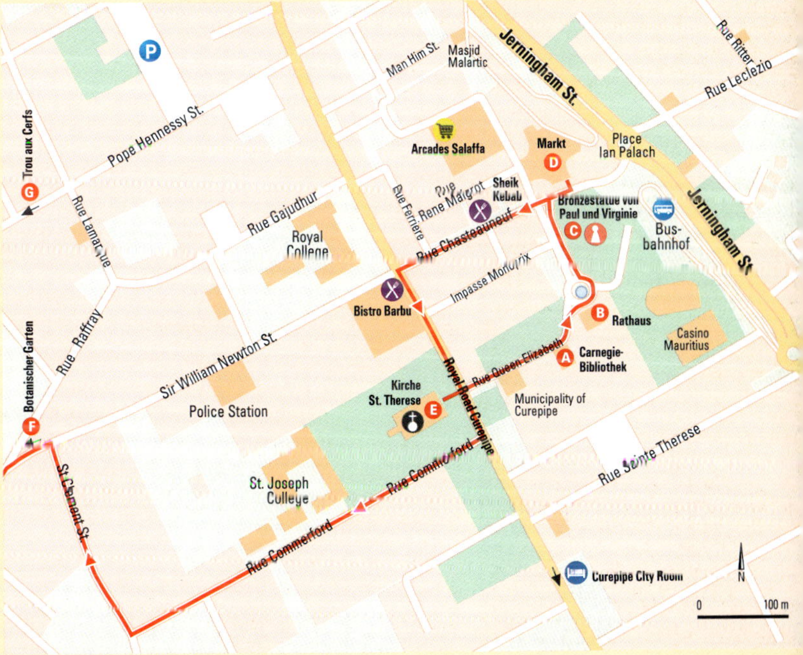

Nicht verpassen

BESUCH AUF DEM MARKT

Die Geschichte des Marktes von Curepipe kann bis ins Jahr 1878 zurückverfolgt werden. Zuerst standen hier nur ein paar Holzhütten, aber über die Jahre entwickelte sich der Markt zu einem Anziehungspunkt für die Menschen aus der Umgebung. Die erste Markthalle, erbaut auf dem Platz, auf dem früher die Holzhütten standen, wurde im Jahr 1917 eröffnet. 1975 allerdings beschädigte der Zyklon Gervaise das historische Gebäude so stark, dass es abgerissen und wieder neu aufgebaut werden musste.

Der Stil des heutigen Bauwerks mag einem ein bisschen seltsam vorkommen – mit den siloartigen Aufbauten als Dach –, aber es erfüllt seinen Zweck. Heute wird hier in großem Stil gefeilscht und geplaudert, und man trifft sich beim Einkauf der frischen Produkte, die aus dem Umland kommen.

Curepipe Market. Tgl. 6–18 Uhr, neben dem südlichen Busbahnhof

Ein Stadtrundgang

In der Innenstadt, die man locker zu Fuß erkunden kann, gibt es einige Sehenswürdigkeiten. Dazu gehört das 1902 eröffnete Rathaus. Es handelt sich um einen detailgetreuen Nachbau des berühmten »Malmaison« in Moka. Dem Bürgermeister von Curepipe gefiel dieses Gebäude so gut, dass er es in seiner Stadt komplett nachbauen ließ. Seit 2016 wird es aufwendig renoviert. Vor dem Rathaus befindet sich ein beliebter Park. Mittendrin steht eine Bronzestatue von Paul und Virginie, die um 1902 von Prosper d'Épinay gefertigt wurde. Auf der linken Seite des Rathauses befindet sich die 1917 aus Stein errichtete Carnegie-Bibliothek, in der im 18. und 19. Jahrhundert Mönche lebten. An der Hauptstraße, nur wenige Meter entfernt, steht die berühmte St.-Therese-Kirche (1871), ein elegantes Bauwerk gotischer Architektur.

Trou aux Cerfs

Die bekannteste Attraktion von Curepipe allerdings ist der inaktive Vulkan Trou aux Cerfs, der etwa einen Kilometer von der Innenstadt entfernt liegt. Der Vulkankrater liegt etwa 605 Meter über dem Meeresspiegel, hat einen Durchmesser von 350 Metern und eine Tiefe von etwa 100 Metern. Im Gegensatz zu anderen Vulkankegeln ist der See im Krater, »Deer Hole« genannt, von einer Waldfläche umgeben. Es wird vermutet, dass der Trou aux Cerfs seit 700000 Jahren inaktiv ist. Man kann ihn zu Fuß umrunden und dabei die 360-Grad-Ansicht auf Curepipe und auf die Rempart Mountains, Trois Mamelles und die Port-Louis-Moka Mountain Range genießen. Auf dem Rückweg sollte man einen Blick in den Botanischen Garten werfen, den man mit dem Auto durchfahren kann. Zu sehen sind Bananenstauden, kleine Teiche und Papierbäume, ein Pavillon lädt zu einer Pause ein.

Infos und Adressen

SEHENSWÜRDIGKEITEN

Curepipe Botanical Garden. Tgl. 6–18 Uhr, Eintritt frei, Botanical Garden Road

Trou aux Cerfs. 1 km westlich der Innenstadt, frei zugänglich

ESSEN UND TRINKEN

Bistro Barbu. Bekannt für erstklassige Burger und Tapas sowie den Mittagstisch. Man sitzt in nettem, hellem Ambiente. Mo–Do 10.30–15.30, Fr, Sa 10.30–15 und 18–22 Uhr, Arcades Currimjee, Curepipe, Tel. 057 46/73 02, www.bistrobarbu.com

Sheik Kebab. Die Schlange vor dem Imbiss ist meist recht lang, aber das Warten lohnt sich. Fans schwärmen beispielsweise vom Panini-Kebab-Brot mit saftiger Ananas-Käse-Füllung. Tgl. geöffnet, zur Mittagszeit muss man längere Wartezeiten in Kauf nehmen. Rue Chasteauneuf, Curepipe, Tel. 06 70/68 97

ÜBERNACHTEN

Curepipe City Room. Sehr einfache Unterkunft, aber es gibt kostenfreies WLAN, einen Fernseher und eine Terrasse mit Ausblick (buchbar beispielsweise über www.booking.com). Mahogany Street, Curepipe

EINKAUFEN

Curepipe ist ein guter Ort zum Einkaufen. Es gibt Duty-Free-Shops und viele kleine Boutiquen. Besonders Bekleidung ist in Curepipe gut zu bekommen. Man kann auch unter Arkaden einen Schaufensterbummel machen und Malls besuchen wie beispielsweise »Pushkaar« oder die »Arcades Salaffa«.

Pushkaar. Mo–Sa 10–17.30 Uhr, 1, Villa Chambly, Royal Road (A 10), Curepipe, Tel. 06 70/98 97, www.pushkaar.com

Arcades Salaffa. Mo–Sa 10–17.30 Uhr, Rue Chasteauneuf, Curepipe

INFORMATION

Curepipe gilt als die regenreichste Stadt auf Mauritius. Unverhofft regnen kann es zu jeder Tages- und Nachtzeit. Es empfiehlt sich daher immer, einen Schirm im Rucksack oder in der Tasche auf einen Ausflug mitzunehmen.

Im Botanischen Garten von Curepipe ist besonders an den Wochenenden einiges los.

13 Flying Dodo Brewery

Bier aus Bagatelle

Angefangen hat alles mit einem Bier-verrückten Restaurantbesitzer und dem Import von Bierspezialitäten aus aller Welt sowie deren Verkauf in seinem »Restaurant und Beershop Lambic« in Port Louis. Doch das war Oscar Olsen noch nicht genug. Eine kleine Brauerei, wo echt mauritisches Craftbier gebraut wird, das wäre das Richtige. So gründete er im Jahr 2012 die »Flying Dodo Brewery«, die erste Mikrobrauerei auf Mauritius.

Mitte: Die Flying Dodo Brauerei befindet sich in dem Einkaufszentrum Mall of Mauritius.
Unten: Die deutsche Chef-Braumeisterin Lena Backes und ihr Braumeister Nikesh Soobdhan

Seit 2012 werden in der Flying Dodo Brewery in einem Glassudhaus, inmitten des zugehörigen Restaurants, verschiedene köstliche Craftbiere gebraut. Das Grundsortiment – »Blond«, »Nation'ale«, »Old style belgian wit« und »Experiment'ale IPA« genannt – sind keine Biere, die man einfach nur so nebenher trinkt. Jedes hat einen eigenen Charakter und erfordert Aufmerksamkeit. So kann man beim bewussten Trinken des »Old style belgian wit« tatsächlich die zugesetzten Orangenschalen und den Koriandersamen schmecken. Und das beim »Blond« verwendete »dryhopping« (Hopfenstopfen) ergibt eine ganz spezielle Hopfennote. Bei dieser unkonventionellen Methode wird Hopfen in eine Seidenstrumpfhose gefüllt, portionsweise wie bei Würsten abgedreht und zugeknotet. So schwimmt der Hopfen dann drei Wochen mit im Reifungstank. Der Hopfen wird in verschiedensten Sorten aus Europa importiert, genauso wie das Malz. Das Wasser wird extra speziell filtriert, um das zugesetzte Chlor zu entfernen und die Qualität zu verbessern. Mit viel Hingabe, Handarbeit und kreativen Ideen entstehen so besondere Biere. Alle sind unpasteurisiert und damit möglichst natürlich.

Flying Dodo Brewery

Schmackhafte Bierspezialitäten

Doch das junge Brauerteam lässt sich zusätzlich jeden Monat ein anderes Rezept für ein komplett neues Bier einfallen. Einer der Punkte, die das Arbeiten bei Flying Dodo so besonders macht, wie Braumeisterin Lena Backes erläutert: »Man kann hier viel kreativer arbeiten als in Deutschland. Jeden Monat ein anderes Bier brauen – so viel Freiheit hat man zu Hause nicht. Außerdem geht hier noch das meiste von Hand und ist nicht automatisiert, was viel mehr Spaß macht.« Lena Backes stammt aus Düsseldorf und wurde 1995 geboren. Seit Mai 2018 ist sie die Chef-Braumeisterin bei Flying Dodo.

Unterstützt wird sie von Nikesh Soobdhan, auch Braumeister, der aber neben der Arbeit, per Fernstudium in Schottland, noch seinen Abschluss macht. Nikesh ist Mauritier und nach dem deutschen Reinheitsgebot gefragt, meint er: »Ich schätze und respektiere es, doch wir sind hier in Afrika. Die vom deutschen Reinheitsgebot geforderten Zutaten müssen importiert werden und sind teuer.« Daher probierte er Grundstoffe aus, die auf Mauritius leicht zu bekommen sind. »Ich habe schon ein Bier aus Maniok gebraut. Der wächst hier und das Ergebnis war sehr gut. Ich bin immer offen für neue Ideen und Wege«, erzählt Nikesh und fährt fort: »Müsste ich mich strikt an das deutsche Reinheitsgebot halten, wäre ich doch sehr eingeschränkt in meiner Kreativität.«

Lena sieht das genauso, dennoch hat sie für diesen Monat ein klassisches Altbier gebraut, als Hommage an ihre Heimatstadt. Auf die Frage, welches ihrer Biere denn dem deutschen Geschmack am meisten entgegenkommt, meint sie: »Für die aus dem Norden das ›Blond‹. Es ist anfänglich fruchtig, wird dann aber hopfiger. Für die aus

Einfach gut!

BÜGELFLASCHEN GRAVIEREN LASSEN

Neben diversen üblichen Fanartikeln wie zum Beispiel Biergläsern, T-Shirts, Bechern und Fünf-Liter-Partyfässern bietet der kleine Flying-Dodo-Shop im hinteren Teil des Restaurants ein besonders nettes Souvenir: Eine Ein-Liter-Bügelflasche, die man hier und an anderen Verkaufsstellen auch wieder mit seinem Lieblingsbier von Flying Dodo auffüllen lassen kann. Der Clou aber: Mit ein paar Tagen Vorlauf kann man diese auch durch eine Gravur personalisieren lassen. Das lustige Flying-Dodo-Logo und die gewünschte Gravur machen die Flasche zu einem schönen Mitbringsel, nicht nur für die Daheimgebliebenen. Außerdem ist sie sehr praktisch, denn man kann statt Bier natürlich auch sein Trinkwasser für unterwegs einfüllen und schützt so auch noch die Umwelt.

dem Süden das ›Nation'ale‹, das wie ein bayerisches Bier etwas malziger und süßlicher schmeckt.«

Wie geht Bierbrauen?

Jeden Freitag von 16–22 Uhr ist Schaubrauen im Glassudhaus angesagt. Während man gemütlich an der hölzernen Bar sitzt und eines der leckeren Biere genießt, kann man den Brauern direkt über die Schulter schauen. Zuerst wird die Mischung aus Malzschrot und Wasser in der sogenannten Maischepfanne angesetzt. 500 Liter dieser Maische brodeln in dem riesigen Glasbehälter ungefähr drei Stunden vor sich hin. Dann wird alles in den Läuterbottich gepumpt und dort geläutert. Das bedeutet so viel wie geklärt, sprich die festen Bestandteile werden abgeschieden. Die dabei ablaufende Flüssigkeit heißt Würze. Sie ist fast klar, bernsteinfarben und vor allem zuckerhaltig. Wieder in der Maischepfanne wird der Würze der Hopfen zugesetzt und so lange gekocht, bis die gewünschte Stammwürze – der Zuckergehalt – erreicht ist. Das Ganze ist ein eindrucksvolles Schauspiel. Mal wird die Maischepfanne leergepumpt und der gläserne Behälter anschließend mit dem Schlauch ausgespritzt. Dann blubbert die Würze darin und ein Signalton ruft den Brauer auf den Plan, um die Temperatur zu kontrollieren. Das entstehende Bier braucht viel Aufmerksamkeit, immer ist etwas zu tun. Aber wann immer es ihre Zeit zulässt, sind Lena und Nikesh gerne bereit, alle Fragen zu beantworten und zu erklären, was gerade passiert.

Von den weiteren, weniger spannenden Schritten wie Heißtrubausscheidung, Kühlen, Gärung, Lagerung, Filtration und Abfüllung kann man noch die stählernen Gär- und Lagertanks sehen, der Rest läuft hinter den Kulissen ab. Nach ungefähr sieben Wochen ist das Bier fertig gereift und kann frisch vom Fass genossen werden.

Oben: Auf Tafeln werden die Geschmacksnoten der angebotenen Biere beschrieben.
Mitte: Das Malz wird extra aus Deutschland eingeführt.
Unten: Jeden Freitag wird im Glassudhaus mitten im Restaurant Bier gebraut.

Infos und Adressen

SEHENSWÜRDIGKEITEN

Flying Dodo Brewing Company. Außer dem schicken Restaurant lädt auch der schattige Biergarten zum Verweilen ein. Freitagabends wird immer Livemusik geboten. Tgl. 7–24 Uhr, 1 Mall of Mauritius, Bagatelle, Reduit, Tel. 046/888 10, www.flyingdodo.com

ESSEN UND TRINKEN

Flying Dodo Brewing Company. Neben den hauseigenen Craft-Bieren gibt es im Restaurant auch leckeres Essen: Von Burger über Pizza bis Fish and Chips und Currys in großen Portionen. Besonders an den Wochenenden ist eine Tischreservierung zu empfehlen. Tgl. 7–24 Uhr, 1 Mall of Mauritius, Bagatelle, Reduit, Tel. 046/888 10, www.flyingdodo.com

ÜBERNACHTEN

Hennessy Park Hotel. Ein Strandresort darf man hier an der Autobahn M2 und mitten im Land nicht erwarten, aber das Vier-Sterne-Hotel Hennessy Park ist mit 108 Zimmern als Business Hotel mit hervorragender Verkehrsanbindung trotzdem eine gute Wahl. 65 Cybercity, Ebène City, Tel. 04 03/72 00, www.indigohotels.com/hennessy-park-hotel-eben-cybercity-mauritius.html

EINKAUFEN

Mall of Mauritius. Das ausladende Einkaufszentrum, auch Bagatelle Mall genannt, ist mehr ein Freizeitgelände als ein Kaufhaus: Es gibt ein Kino, Restaurants, Cafés, man kann sich die Haare schneiden oder die Nägel lackieren lassen, dazu einen Fruchtsaft trinken und anschließend die Prepaidkarte fürs Smartphone aufstocken. Sogar eine Nespresso-Boutique hat ihren Weg hierher gefunden. Mo–Do 9.30–20.30, Fr, Sa 9.30–22, So 9.30–15 Uhr, Tel. 04 68/85 55, www.mallofmauritius.com

Frisch gezapft schmecken die Bierspezialitäten vom Fass besonders gut.

DER NORDEN

14 Grand Baie

Ein Tag in der endlosen Bucht

Grand Baie liegt im Distrikt Rivière du Rempart im Norden von Mauritius und gilt als die beliebteste Urlaubsregion auf der Insel. Schon die Niederländer hatten im 17. Jahrhundert die Besonderheit dieses Orts erkannt und ihn kurzerhand »Bogt Zonder Eyndt« genannt: endlose Bucht. Hier gibt es so gut wie alles, was des Urlaubers Herz begehren könnte: Strand, Shopping, Restaurants, Wassersport und sogar ein wenig Nachtleben.

Grand Baie ist rund 25 Kilometer nördlich der Hauptstadt Port Louis zu finden und kann über den Motorway M 2 erreicht werden. Im Westen von Grand Baie liegt der nette Ferienort Trou aux Biches, im Osten das Örtchen Péreybère mit dem beliebten öffentlichen Strand. Bis in die 1960er-Jahre war Grand Baie ein ruhiges Fischerdorf, doch dann wurde es »entdeckt« und viel Geld floss in die touristische Erschließung der endlosen Bucht. Auf den ersten Blick scheint der Ort mit seinen

Seite 96/97: Der schöne Strand von Péreybère lädt zum Picknick, Baden und Sonnen ein.
Mitte: Grand Baie ist bekannt für seine bezaubernde Bucht.
Unten: Nirgendwo ist das Angebot an Ausflügen und Touren größer als in Grand Baie.

GUT ZU WISSEN

TOURENANBIETER & ANGEBOTE VERGLEICHEN!
An keinem Ort von Mauritius ist die Dichte an Touranbietern so hoch wie in Grand Baie. Als Urlauber wird man regelmäßig auf der Straße angesprochen, ob man nicht morgen eine Bootstour oder Ähnliches unternehmen möchte. Dies eröffnet einem die Chance, ein wirklich günstiges Angebot im direkten Vergleich zwischen den Anbietern zu finden. Also am besten viele Prospekte mitnehmen, die Preise und Leistungen vergleichen und dann beim Anbieter noch ein wenig nachverhandeln.

12 000 Einwohnern ein bisschen zu viel von allem zu haben: zu viele Autos, zu viele Busse, zu viele Taxis, zu viele Touristen und zu viele Tourenanbieter. Kurz: Grand Baie ist ein typischer Touristenort, wie er auch in anderen Ecken der Urlauberwelt zu finden ist. Gleichzeitig verdankt Grand Baie seine Beliebtheit der nach wie vor bezaubernden Bucht mit kristallklarem Wasser und den herausgeputzten Fischerbooten sowie seiner Lebendigkeit bei Tag und Nacht. Das sehen übrigens auch die Mauritierinnen und Mauritier so, die gerne einen Nachmittag hier verbringen und dem touristischen Gewimmel zuschauen, mit Kumpels Pétanque spielen und später ein kühles Bier trinken. Dazu gibt es unzählige Freizeitangebote wie Schnorcheln, Tauchen, Segeln, Windsurfen, Fischen und Wasserski. Sehr beliebt sind Bootstouren zu den Inseln Coin de Mire, Flat Island, Round Island und Serpent Island.

Aber damit nicht genug: Seit der Eröffnung der Einkaufsmall Grand Baie La Croisette im Jahr 2012 ist Grand Baie noch weiter in der »Hier-kann-man-shoppen«-Liste nach oben geklettert. Denn hier und in der nahen Umgebung haben sich viele Mode- und Kunsthandwerksgeschäfte, Galerien, Supermärkte und moderne Einkaufszentren angesiedelt. Grand Baie ist heute ein ausgezeichnetes Einkaufsziel für Kleidung, Schmuck, Textilien und Souvenirs. Neben der Grand Baie La Croisette lohnt sich ein Besuch im Shoppingcenter Sunset Boulevard, dem Grand Baie Bazar und dem Super U.

Grand Baie La Croisette

Das markante Gebäude an der Grand Baie Road, die hier am Kreisverkehr in die M 2 Richtung Port Louis übergeht, bietet Unterhaltung, Genuss und Einkaufen in einem. Mit mehr als 110 Einzelhandels- und Lebensmittelgeschäften ist die Grand Baie La Croi-

Geheimtipp

KOCHKURS BEI SANDY

Grand Baie ist ein guter Ort, um die kreolische Küche besser kennenzulernen. Sandy Daswani ist eine auf Mauritius bekannte Kochbuchautorin, und ihr Werk »A feast of Mauritius: Little secrets of our cuisines« ist ein nettes Mitbringsel. Daswani bietet in ihrem Pallagino Guesthouse Kochkurse für »Foodies, Köche, zukünftige Küchenchefs, Anfänger und Auszubildende«, wie sie selbst sagt. Hier kann also jede und jeder mitmachen. Chefkoch Sandy zeigt Interessierten, wie man aus frischen Produkten der Region, Kräutern und Gewürzen ein traditionelles kreolisch-mauritisches Gericht zubereitet. Dazu gehören Suppen, Vorspeisen, Currys, Rougailles, Vindaye, Salate, Brot- und Reisgerichte sowie Desserts.

Pallagino Guest House.
372 A Petit village, Goodlands (10 Fahrminuten von Grand Baie entfernt), Tel. 057 64/38 29, www.feastofmauritius.com

Oben: Im Super U Shopping Complex gibt es auch für die Kleinen etwas zu sehen.
Mitte: Imbissbuden am Strand von Grand Baie sorgen für das leibliche Wohl.
Unten: Auch für Souvenirbegeisterte wird einiges geboten.

sette das größte Einkaufs- und Unterhaltungsziel für alle Mauritier und Touristen im Norden der Insel – hier gibt es auch das einzige Multiplexkino. In der »Fashion Galleria« kann man die neuesten Schmuck- und Kleidungstrends besichtigen und natürlich gleich zuschlagen. Wer danach ein wenig Ruhe braucht, chillt in der Open-Air-»Esplanade« mit Cafés, Bänken und Restaurants.

Seit der Eröffnung des La Croisette hat sich die Mitte von Grand Baie verschoben und von der eigentlichen Bucht entfernt. Darunter leidet der vorherige Platzhirsch in Sachen Shopping, das Grand Baie Sunset Boulevard Shopping Village, ein wenig. Im eigentlich nett angelegten Shoppingdörfchen mit seinen kleinen Bungalows gibt es einige Leerstände, und auch das Angebot ist nicht mehr das, was es in früheren Zeiten war. Man kann ein wenig bummeln und vielleicht einen kleinen Snack oder einen Drink im Sunset Cafe and Trattoria zu sich nehmen, bevor ein Streifzug über den Grand Baie Bazar auf dem Programm steht.

Grand Baie Bazar

Der Grand Baie Bazar befindet sich im Herzen von Grand Baie. Hier gibt es Souvenirs, günstige Kleidung und viele einheimische Produkte. Neben Taschen, Stoffen, Kunsthandwerk sowie Silber- und Goldschmuck werden auch Imitate weltbekannter Marken angeboten. Hier ist Handeln erwünscht. Allerdings sind sich Kenner einig, dass der Grand Baie Bazar kein Vergleich mehr ist zum Markt in Goodlands (siehe S. 138). Schnäppchenjäger also lassen Grand Baie links liegen und fahren weiter in den Norden. Vorher aber halten sie noch auf dem riesigen Parkplatz des Super U Shopping Complex und decken sich hier mit den Dingen ein, die man im Alltag braucht. Der Super U in Grand Baie ist

In Grand Baie gibt es einige sehenswerte Tempel wie den Tamil Surya Oudya Sangam.

Einfach gut!

SHANTIGIRI AYURVEDA SPA

So gut wie jedes größere Resort auf Mauritius hat ein eigenes Spa-Angebot. Wer nicht so viel Wert legt auf eine wunderschöne Umgebung, Pools und Wellnessoasen, der findet auch andere unabhängige Spas auf der Insel. Eins davon ist das unscheinbare Shantigiri Ayurveda Spa in den Gassen von Grand Baie. Das Spa ist recht schlicht eingerichtet, bietet aber alles, was es für Massagen und andere Anwendungen braucht. Es läuft entspannende Musik, und das Team ist äußerst herzlich. Von der Kopf- über die Nacken- bis hin zur Ganzkörpermassage werden zahlreiche Anwendungen ganz im Sinne des Ayurveda von einem geschulten Team ausgeübt.

Shantigiri Ayurveda Spa. Mo–Sa 9–18 Uhr, Suryamukhi Road, Grand Baie, Tel. 05290/2161, www.shantigiriayurvedaspa.com

wahrscheinlich der größte Supermarkt auf Mauritius und bietet wirklich alles: vom Reiseführer bis zum Schreibblock, vom Teekessel bis zum Liegestuhl und vom Hähnchenschenkel bis zu südafrikanischem Wein. Neben Souvenirs, Kleidung und Schuhen werden Konserven, Fertigmahlzeiten, frisch gebackenes Baguette und vieles mehr verkauft. Mauritier kaufen häufig samstags und gerne mit der ganzen Familie ein – man sollte also als Urlauber dementsprechend planen. Ansonsten bietet der Shopping Complex derartig viele Angebote, dass man hier einen ganzen Tag verbringen könnte. Dazu gehören Restaurants, Cafés, Shops, ein Casino, Imbissbuden, eine Waschstraße und die Möglichkeit, mit dem Autoscooter herumzuflitzen.

Grand Baie Public Beach

Von hier ist es nur ein kurzer Fußweg zurück zur endlosen Bucht. Es geht vorbei an Elektrogeschäften, Geldwechslern, Restaurants, Tourenanbietern, Kleidungsgeschäften und Cafés, bis man am Sunset Boulevard den Grand Baie Public Beach erreicht. Am öffentlichen Strand gibt es allerdings nur einen kleinen Bereich, an dem man problemlos schwimmen kann. Da Grand Baie Dreh- und Angelpunkt für den Katamaran- und Jachtverkehr im Norden von Mauritius ist, geht es auf dem Wasser oft recht hektisch zu: Boote werden beladen, der Zubringer zum Solar Sea Walk fährt mitten hindurch, und Fischer bringen den Fang des Tages an Land, um ihn dann am Strand gleich zum Verkauf anzubieten. Doch der Strand ist immer gut für einen Spaziergang. Sicher versuchen ein paar Kinder gerade, einen Drachen fliegen zu lassen oder bauen eine Sandburg. Am und neben dem Strand, schön beschattet durch Filao-Bäume, werden an Ständen frische Säfte, Dhal Puri, Fast Food und gebratene Nudeln angeboten.

Die Hauptstraße B 13 trennt den Strand vom Ort, und auf der Straße geht es gerne hektisch zu. Hier fährt der Expressbus nach Port Louis, hier stoppen die Linienbusse Richtung Norden und Süden, und hier sammeln auch die privaten Taxis ihre Passagiere für den Trip nach Péreybère oder Goodlands ein. Vielleicht auch nur für einen kurzen Trip, bis zum schönsten Strandabschnitt von Grand Baie: La Cuvette Beach.

La Cuvette Beach

Der öffentliche Strand von La Cuvette befindet sich ganz in der Nähe des Zentrums von Grand Baie und doch gefühlt weit weg. Der Strand liegt nahe dem Royal Palm Beachcomber Luxury, und ein wenig Resortgefühl kommt durchaus auf. Denn der Strandabschnitt selbst ist überschaubar und intim, das Wasser ruhig, und es gibt keine Felsen oder Korallen. Dazu kommt ein herrlicher Ausblick über die Bucht Richtung Grand Baie – im Hintergrund ist das Einkaufszentrum Grand Baie La Croisette zu sehen. Hier am Strand kann man den Tag wunderbar ausklingen lassen und an einem der Imbissstände einen kreolischen Snack oder einen Burger essen. Danach geht es zum letzten Highlight von Grand Baie, das seinesgleichen auf Mauritius sucht: dem Nachtleben.

Hier tanzt der Bär

Grand Baie bietet wirkliches Nachtleben, was auf einer ruhigen Insel wie Mauritius durchaus etwas heißen will: Entlang der Hauptstraße findet man Kneipen, Bars und Nachtclubs wie den Banana Beach Club oder den Insomnia Night Club. Für die Nachtschwärmer von Mauritius sind die Nachtclubs von Grand Baie der Ort, an dem die Partys in der Regel gegen Mitternacht anfangen und bis in die frühen Morgenstunden dauern.

Oben: Jedes größere Hotel in der Region bietet verschiedene Wassersportmöglichkeiten.
Mitte: Auch wer einfach nur schnorchelt, kommt im klaren Wasser auf seine Kosten.
Unten: Nach dem Baden ist es Zeit für einen Snack.

Infos und Adressen

Im Sunset Cafe and Trattoria

SEHENSWÜRDIGKEITEN

Grand Baie Bazar. Mo–Sa 9–17, So 9–13 Uhr, Ortsmitte von Grand Baie, Tel. 05772/6615

Grand Baie La Croisette. Mo–Do 9.30–19.30, Fr, Sa 9.30–20.30, So und feiertags 9.30–16 Uhr, Chemin Vingt Pieds, Grand Baie, Tel. 0209/2000, www.gblc.mu

Ganga Temple. Netter und vor allem farbenprächtiger Hindutempel direkt an der Hauptstraße Richtung Péreybère. Immer gut für ein paar Fotos.

Sunset Boulevard Shopping Village. Tgl. geöffnet, die verschiedenen Shops haben unterschiedliche Öffnungszeiten. Coastal Road, Grand Baie, Tel. 0263/4172

Super U Shopping Complex. Mo–Sa 9–20.30, So und feiertags 9–15 Uhr, La Salette Road, Grand Baie, Tel. 0263/0502, www.superu.mu

ESSEN UND TRINKEN

Camille Snack. Gute Imbissbude mit großer Snack- und Gebäckauswahl sowie satt machenden Speisen zu günstigen Preisen am schönen Strand von La Cuvette. Tgl. geöffnet, La Cuvette Beach, Grand Baie, Tel. 05858/6655

Happy Rajah. Erstklassiges indisches Restaurant mit hervorragendem Service und einer sehr abwechslungsreichen Karte. Tgl. 11.30–14.30 und 18–22 Uhr, Super U Shopping Complex, Grand Baie, Tel. 0263/2241, www.happyrajah.com

La Botteghita. Das Lokal im Norden von Mauritius ist der richtige Ort für eine ordentliche Pizza, die wahrhaftig nach Italien schmeckt. Aber das Menü gibt natürlich noch mehr her. Mo–Sa 12–14.30 und 18.30–22.30 Uhr, Royal Road, Grand Baie, Tel. 0263/1635, www.botteghita.mu

Sunset Cafe and Trattoria. Nicht nur für den Sundowner auf der Terrasse mit Blick aufs Meer eine gute Adresse. Auch zum Brunch ist das Sunset Cafe ein beliebter Ort.
Tgl. 8.30–22.15 Uhr, Sunset Boulevard, Grand Baie, Tel. 0263/9602, www.facebook.com/sunsetcafetrattoria

ÜBERNACHTEN

Pillay Guest House. Einfache, aber nette Unterkunft in Fußentfernung vom Stadtzentrum. Hier wohnt man mit einer mauritischen Familie zusammen. Royal Road, Coolen Lane, Grand Baie, Tel. 0263/8286

Royal Palm Beachcomber Luxury. Todschickes Resort aus der Beachcomber-Familie. Nicht weit vom Zentrum von Grand Baie entfernt, aber trotzdem schön abgeschieden und somit ruhig. Nicht nur Stammgäste sind sich sicher, dass das Royal Palm eines der besten Hotels auf Mauritius ist. Royal Road, Grand Baie, Tel. 0601/9140, www.beachcomber-hotels.com/de/hotel/royal-palm-luxury

Seaview Holiday Apartments. Günstige Selbstversorger-Apartments mitten in Grand Baie, jedes ist 100 Quadratmeter groß. Die Küchen sind gut ausgestattet, und zum Super U ist es nicht weit. Gleichzeitig ist es auch zu den Cafés am Strand nur ein Katzensprung. Seaview Complex Coastal Road, Grand Baie, Tel. 059 42/29 88, www.seaview-holiday-apartments.mauritius-hotels-holidays.com

AUSGEHEN

Banana Beach Club. Mo–Sa ab 10 Uhr bis spätnachts, Royal Road, Grand Baie, Tel. 02 33/03 26, www.bananabeachclub.com

Insomnia Night Club. Fr, Sa 23–6 Uhr, Royal Road, Grand Baie, Tel. 052 58/58 59, www.facebook.com/insomnia.mu

EINKAUFEN

Galerie Hélène de Senneville. Wer sich mit der zeitgenössischen Kunst von Mauritius beschäftigen will, ist hier genau richtig. Seit 1987 betreibt Hélène de Senneville eine Galerie auf Mauritius, hat ein ausgedehntes Netzwerk und kennt sich dementsprechend gut aus im Kunstgeschehen. Mo–Sa 9.30–17.30 Uhr, Route Royale, Pointe aux Canonniers, Tel. 02 63/74 26, www.facebook.com/galeriehdesenneville

AKTIVITÄTEN

Grand Baie Casino. Gepflegtes Spielcasino mit reichlich Automaten und Spieltischen. Tgl. bis in die Nacht geöffnet, Royal Road, Grand Baie, Tel. 02 09/89 89

Ti Vegas. Das Spielcasino im Super U Shopping Complex bietet mehr Abwechslung als das Grand Baie Casino und bringt ein wenig Las-Vegas-Gefühl nach Grand Baie. Tgl. 10–4 Uhr, Super U Shopping Complex, Grand Baie, Tel. 02 69/14 48, www.funworld.mu/tivegas

INFORMATION

Grand Baie wird von zahlreichen Buslinien angefahren. Hier endet auch der Expressbus von Port Louis. Somit kommt man von Sonnenauf- bis kurz nach Sonnenuntergang sicher überallhin. An den Bushaltestellen in Grand Baie, vor allem am Public Beach, versuchen Privatleute, Mitfahrer für die nächste Fahrt zusammenzubekommen. Die Preise dieser wirklich privaten »Taxis« richten sich nach denen der öffentlichen Busse. Wer nicht auf den Bus warten will, kann sich so einer Mitfahrgelegenheit anvertrauen.

Es lohnt sich immer, die Preise und Leistungen der Touranbieter zu vergleichen.

GÜNSTIG DURCH

Mauritius

Ein Aufenthalt auf Mauritius muss längst nicht so teuer sein, wie man sich das vorstellen mag. Denn hier gibt es nicht nur feinste Luxusresorts, edelste Golfplätze und allerfeinste Strände, die zu den Hotels gehören. Im Gegenteil: Auch die politisch Verantwortlichen versuchen seit einigen Jahren, das Bild des teuren Urlaubsziels zu ändern.

Mit der teuerste Posten bei einem Urlaub auf Mauritius oder Rodrigues ist die Anreise. Leider werden so gut wie keine Billig- oder Last-Minute-Flugtickets angeboten. Für einen Flug werden deshalb pro Person und Saison ab 800 Euro fällig. Wer den Umweg über Südafrika sucht, kann vielleicht ein wenig sparen, verliert aber reichlich Zeit. Auch wird Mauritius (bisher) von keiner ausgesprochenen Billigairline angeflogen. Und wer weiter will in das 600 Kilometer entfernte Rodrigues, ist auf Air Mauritius angewiesen, dafür werden weitere 200 Euro fällig. Sparen aber kann man an anderen Stellen, hier ein paar Beispiele:

Die gute Wahl der Unterkunft

Auf Mauritius kann man ohne Weiteres eine Suite oder gleich eine Villa in einem Strandresort buchen, die 1000 Euro pro Nacht oder mehr kostet. So viel Geld auf der Nachbarinsel Rodrigues auszugeben, fällt da schon schwerer. Denn hier gibt es nur fünf nennenswerte Hotels, dafür aber mehr als 180 Pensionen. Etliche dieser Pensionen bieten, genauso wie auf Mauritius, ihr Angebot über die anerkannt günstige Onlineplattform airbnb an. Aber auch ohne airbnb findet man im Internet ganz sicher eine günstige Unterkunft.

Public Beaches, öffentliche Strände

Nicht jeder Urlauber weiß es, daher kann es gar nicht oft genug gesagt werden: Jeder Strand auf Mauritius ist öffentlich. Das heißt, dass auch das bestens gepflegte Stückchen weißesten Sands vor dem nahen Fünf-Sterne-Resort mit dem Handtuch unter dem Arm besucht werden kann. Zum Resort gehört der Strand normalerweise erst ab der Hochwasserlinie. Ab hier ist dann auch der Zutritt für Nicht-Hotelgäste untersagt, worauf ein freundlicher Securitymitarbeiter sicher hinweist.

Noch interessanter für Urlauber sind die sogenannten »Public Beaches«. Nicht weniger als 90 dieser öffentlichen und

Links: Die weißen Strände von Mauritius gehören sicher mit zu den schönsten der Welt.

damit für jedermann zugänglichen Strände gibt es rund um Mauritius. Zum großen Teil sind sie mit öffentlichen Toiletten ausgestattet, mit einer Dusche und wahrscheinlich ein oder zwei Imbissständen. Diese Strandabschnitte werden jeden Morgen gesäubert und auch von den Einheimischen gerne besucht – besonders am Wochenende. Hier kann man meist auch problemlos schnorcheln. Wer also keinen zur Unterkunft gehörenden Strand sein Eigen nennt, wird sicher ein Stück öffentlichen Strand finden – oft nur ein paar Minuten zu Fuß oder mit dem Bus entfernt.

Günstig einkaufen

Man kann natürlich ein Bier für 8 Euro oder einen 12-Euro-Cocktail an der Bar des Resorts trinken oder sich in die Suite mit eigenem Pool bringen lassen, keine Frage. Man kann sich aber auch ein bezahlbares Apartment mieten und selbst einkaufen gehen. In wirklich jedem Dorf auf Mauritius und Rodrigues gibt es ein paar Läden mit all den Dingen, die man zum Überleben braucht. Mit ein bisschen Glück ist sogar ein Winner's- oder Super-U-Supermarkt in der Nähe. Hier kann man alles kaufen, um sich häuslich einzurichten und in der Küchenzeile des Apartments selbst zu kochen – vom Toastbrot bis zum Spülmittel, vom Speisesalz bis zum Sixpack Phoenix-Bier. Die großen Supermärkte sind sogar am Sonntagvormittag geöffnet. Die Preise für Lebensmittel halten sich im Rahmen und sind vergleichbar mit denen in Mitteleuropa. Wer eine Tour zu einer Sehenswürdigkeit plant, sollte die Preise bei den Anbietern vergleichen und durchaus auch zum Handeln bereit sind. In der Nebensaison fallen die Preise nicht selten um bis zu 40 oder 50 Prozent.

An den allgegenwärtigen Imbissbuden gibt es viele leckere und günstige Snacks.

In den öffentlichen Bussen lernt man Land und Leute auf günstige Weise kennen.

Günstig essen

Wer nicht selbst kochen will, aber den Besuch von vermeintlich teuren Restaurants scheut, auch der wird in seinem Urlaub kaum die Chance haben, Gewicht zu verlieren: An den Imbissständen, die in den größeren Dörfern und Städten am Straßenrand sowie an zahlreichen öffentlichen Stränden zu finden sind, gibt es günstige und gute Snacks. Dazu gehören gebratene Nudeln genauso wie Burger oder würzige Samosas, Pommes frites oder ein Kartoffelcurry. Dazu passt ein frisch gepresster Fruchtsaft oder eine Schüssel voll Obst – und für 5 Euro ist man gesättigt. Zu beachten ist, dass die mobilen Imbissstände meist mit Anbruch der Dunkelheit verschwinden und auch nicht unbedingt jeden Tag am selben Ort anzutreffen sind. Im Zweifelsfall einfach fragen, oder den nächsten Imbiss ausprobieren.

Günstig herumkommen

Die einfachste und wohl auch schnellste Möglichkeit, sich auf den Inseln von A nach B transportieren zu lassen, ist sicher ein Taxi oder ein gebuchter Fahrer. Wer allerdings kräftig sparen will oder Spaß an ein bisschen Abenteuer hat, der fährt mit den öffentlichen Verkehrsmitteln. Sowohl auf Mauritius als auch auf Rodrigues kommt man mit dem Bus so gut wie überallhin. Es mag, vor allem am Wochenende, ein wenig länger dauern, aber wo bietet sich sonst so einfach die Möglichkeit, mit den Einheimischen ins Gespräch zu kommen? Oder einfach nur die vorbeiziehende Insel anzuschauen und sich dabei zu entspannen? Und die Preise, auch für lange Busstrecken, sind normalerweile günstig. Im direkten Vergleich kostet ein Taxi für dieselbe Strecke oft das Zehn- bis Zwanzigfache!

Mitte: Wer nicht nass werden will, schaut sich die Unterwasserwelt im Glasbodenboot an.
Unten: Bei einem Unterwasserspaziergang kommt man den Fischen sehr nahe.

15 Die Nordwestküste

Abenteuer unter Wasser

Auf der ganzen Welt gibt es nur zwölf U-Boote, die für Freizeitaktivitäten genutzt werden. Zwei davon sind vor der Küste von Mauritius unterwegs, und zwar in Trou aux Biches. Hier kann man an einem atemberaubenden 35-Meter-Tauchgang in einem U-Boot teilnehmen. Klasse ist auch der Solar Sea Walk in Grand Baie: unter Wasser atmen, ohne Pressluftflasche, inmitten bunter Fischschwärme.

Der Veranstalter Blue Safari in Trou aux Biches hat eine besondere Attraktion im Programm: zwei U-Boote mit einer maximalen Kapazität von fünf beziehungsweise zehn Sitzplätzen. Blue Safari betreibt das Geschäft mit den U-Booten für Unterwassertouren bereits seit 1998 und ist der einzige Anbieter im gesamten Raum des Indischen Ozeans. Es ist also kein Wunder, dass sich rund 20 000 Besucher pro Jahr dieses Abenteuer nicht entgehen lassen.

GUT ZU WISSEN

SELBST FOTOS MACHEN

Sowohl bei der U-Bootfahrt als auch beim Solar Sea Walk wird man fotografiert oder gefilmt. Man kann die Bilder oder den Film dann als Abzug, DVD oder auf einen Stick gezogen kaufen. Das machen auch so gut wie alle Teilnehmer. Wer darauf keine Lust hat und trotzdem Fotos mitnehmen will, kann selbst fotografieren. Ins U-Boot kann man die normale Kamera mitnehmen, unter Wasser benötigt man eine GoPro-Kamera oder ein wasserdichtes Gehäuse für das Smartphone. Für Selfies ist das sowieso die bessere Lösung.

Toll für die Kleinen: das Mauritius Aquarium

Abtauchen mit Blue Safari

Beide U-Boote sind klimatisiert und verfügen über weitgehend verglaste Kabinen. Im großen, 7,5 Meter langen U-Boot, sitzt man wie in einem Flugzeug und schaut durch Bullaugen hinaus. Im kleinen, rund drei Meter langen U-Boot gibt es eine Rundumverglasung, durch die man in alle Richtungen einen herrlichen Panoramablick auf die hier außergewöhnliche Unterwasserwelt genießen kann. Auf den U-Booten befindet sich auch eine Kamera, die den Blick von außen auf einen Fernsehbildschirm an die U-Boot-Brücke überträgt und einen zusätzlichen Blick auf die Unterwasserwelt gewährt.

Am besten ist es, wenn man sich rechtzeitig für den Tauchgang anmeldet. Bis zu sechs Tauchgänge werden täglich in der Zeit von 8.30–16.30 Uhr durchgeführt. Der Tauchgang selbst dauert 40 Minuten. Vorher aber wird man zum »Check-in« und zum »Briefing« geladen: Eine Mitarbeiterin von Blue Safari erklärt, was einen in den nächsten zwei Stunden erwartet. Keine Sorge: Man braucht keine Badebekleidung, keine besondere Ausbildung und muss nicht schwimmen können. Man

Nicht verpassen

AUSFLUG INS MAURITIUS AQUARIUM

Wer nach all den Abenteuern noch mehr über die Unterwasserwelt von Mauritius erfahren will, ist sicher im Mauritius Aquarium richtig. Hier kann man viele Meereslebewesen in beleuchteten Becken beobachten. Auch kleine Besucher kommen hier problemlos in den Genuss, die bunten Fische aus nächster Nähe anschauen zu können. Das Aquarium beherbergt viele Arten wie den Kronen-Kugelfisch, den Eichhörnchenfisch und den Fledermausfisch sowie Clownfische, Schmetterlingsfische, Hummer und Krabben. Fütterungen finden täglich um 11 und 15 Uhr statt.

Mauritius Aquarium. Mo–Sa 9.30–17, So und feiertags 10–16 Uhr, Coastal Road, Pointe-aux-Piments, Tel. 0261/4561, www.facebook.com/mauritiusaquarium

wird auch nicht nass oder anderweitig in Mitleidenschaft gezogen. Hier geht es nur um das Erleben und vor allem den Spaß dabei. Sind Check-in und Briefing vorbei, was 15 Minuten dauert, erfolgt »Departure«. Los geht's auf das Boot, das die überschaubare Gruppe zum Mutterschiff, der »Betty Blue«, bringt. Die »Betty Blue« ist ein ehemaliger Fischtrawler, der heute als Plattform für den Zustieg in die beiden U-Boote genutzt wird. Hier heißt es umsteigen. Einer der Kapitäne, vielleicht ist es Jonathan, bittet an Bord. Durch eine enge Luke geht es nach unten ins blau beleuchtete U-Boot. Sind alle Mann an Bord, wird geflutet. Das Tauchboot sinkt schnell nach unten, was ein beeindruckendes Erlebnis ist. Die Luft an Bord ist trocken und kühl, draußen rauscht jede Menge blaues Wasser vorbei und schon nach ein paar Minuten sind 35 Meter Tiefe erreicht. Jetzt steuert Kapitän Jonathan knapp über dem Meeresboden, nähert sich einem Korallenriff und erklärt, was es alles zu sehen gibt. Dazu gehören möglicherweise geheimnisvolle Mantarochen, Meeresschildkröten, riesige Fischschwärme und mit Sicherheit das Wrack des 58 Meter langen Schiffs »Star Hope« sowie ein Anker aus dem 17. Jahrhundert. Vor dem Wrack begegnen sich beide U-Boote für einen kurzen Gruß. Dann wird angeblasen, der Aufstieg erfolgt. Und bald erreicht das U-Boot wieder die Wasseroberfläche. Kapitän Jonathan reicht die Hand beim Ausstieg, und schon ist man zurück auf der »Betty Blue«. Jetzt erhält man ein vom Piloten unterzeichnetes Zertifikat und ein erfrischendes alkoholfreies Getränk. Wer will, kann Fotos von sich kaufen, die beim Einstieg ins U-Boot gemacht wurden. Anschließend geht es zurück aufs Festland, das ziemlich genau zwei Stunden nach dem Check-in wieder erreicht wird.

Blue Safari bietet auch andere Unterwasser-Aktivitäten an, beispielsweise Fahrten im Unter-

Oben: Zu den Highlights des U-Boot-Tauchgangs gehört die Umrundung eines Wracks.
Mitte: Beim Einstieg in das U-Boot wird es recht eng – unten aber ist genügend Platz.
Unten: Jonathan ist einer der beiden U-Boot-Kapitäne.

wasserscooter. Dazu gibt es die Möglichkeit, die U-Boote privat zu chartern und vielleicht ein Unterwasser-Mittagessen mit Champagner zu sich zu nehmen. Romantische Zeitgenossen können sogar im U-Boot heiraten: eine einzigartige und unvergessliche Unterwasserhochzeit, die dadurch noch spezieller wird, dass die Gäste aus dem anderen U-Boot heraus bei der Zeremonie zuschauen können. Fünf bis sechs U-Boot-Hochzeiten gehen so im Jahr über die Bühne ...

Solar Sea Walk

Für ein anderes Abenteuer muss man ebenfalls nicht schwimmen können, und auch nicht tauchen. Auch die Brille muss man nicht abnehmen. Trotzdem wird man bis zum Hals nass und kann bei einem Spaziergang unter Wasser bunte Fische füttern. Die Rede ist vom Solar Sea Walk, den es seit 1999 in Grand Baie gibt. Wer hier mitmacht, erlebt im kristallklaren blauen Wasser der Lagune einen Spaziergang zwischen Korallen – angstfrei, leicht und locker.

Der Trip beginnt bei der Informations- und Ticketbude an der Hauptstraße in Grand Baie. Von hier wird man zu einem solarbetriebenen Transportboot geschickt. Jetzt folgt eine rund zehnminütige Fahrt aus dem Hafen und der Bucht mit tollen Ausblicken auf Grand Baie, die dortigen Resorts und die im Wasser liegenden Fischerboote und Jachten. Bald erreicht man eine kleine Plattform in der Lagune vor Grand Baie, die einmalig in der Welt ist, daher auch der Name »Solar Sea Walk«: Die Plattform verwendet komplett grüne Energie von einem Windrad und einer eigenen Fotovoltaikanlage auf dem Dach. Die erzeugte Energie wird in Batterien gespeichert. Diese liefern jetzt die Energie für den Kompressor, der einen wäh-

Geheimtipp

DEUTSCHES GEBÄCK IM CAFÉ MÜLLER

Seit 2003 gibt es das Café Müller in Grand Baie. Wem der Name recht deutsch vorkommt, der hat damit vollkommen recht. Das Café Müller ist fest in deutschen Händen. Hier werden guter Kaffee, Gebäck und Kuchen serviert, die bei manchem fast Heimweh aufkommen lassen. Außerdem werden Brunch und kleine Mahlzeiten zum Lunch angeboten. Den leckeren Café Maurice, einen köstlichen Milchkaffee mit Rum, sollte man sich unbedingt einmal gönnen. Das Café liegt zwar an der lauten Hauptstraße, ist allerdings ein wenig nach hinten versetzt. Hier sitzt man in einem lauschig zugewachsenen Innenhof. Das Café ist schlicht, aber freundlich eingerichtet. Die Inhaber haben ständig neue Ideen. Eine ist das Café Müller in ein mauritisches *table d'hôte* umzuwandeln mit einer eigenen Menükarte.

Café Müller. Di–Sa 8–17 Uhr, B 13, Grand Baie, Tel. 0263/5230, www.facebook.com/kaffeehausmauritius

Oben: Der Helm für den Unterwasserspaziergang wird einem von Helfern aufgesetzt.
Mitte: Die Plattform für den U-Boot-Start kommt in Sicht.
Unten: Unter Wasser spürt man das Gewicht des Helms kaum und kann einfach genießen.

rend des Unterwasserspaziergangs mit Luft versorgt. Das ist auch das Geheimnis, warum man hier weder schwimmen noch tauchen können muss. Man bekommt einen Helm, der durch Schläuche von der Plattform aus ständig mit Luft versorgt wird. Dank seines Gewichts und dem Gewicht eines Bleigurts steht und läuft man in gestellten Badeschuhen ohne Probleme in drei bis vier Metern Tiefe auf dem Meeresboden.

Worauf man zu achten hat, wird in einem Briefing vor dem Spaziergang erklärt: Der Kopf sollte immer in der Senkrechten sein, dann kommt auch kein Wasser in den Helm. Zum Einstieg muss man sich lediglich auf die Leiter am Ende der Plattform stellen. Dann die Leiter hinuntersteigen, bis das Wasser Schulterhöhe erreicht. Jetzt setzen einem die Guides – es sind immer mindestens zwei in der Nähe – den sechs Kilogramm schweren Helm auf. Keine Sorge, das Gewicht bemerkt man unter Wasser kaum. Mit dem Helm auf dem Kopf macht man einen Schritt nach hinten, lässt gleichzeitig die Leiter los und schwebt auf den Meeresgrund. Jetzt beginnt der bunte und lebhafte Spaziergang, der gut 20 Minuten dauert. Man kann herumspringen, ein Plakat hochhalten, der Guide macht ein paar Mätzchen vor, die man nachmachen kann – und alles wird mit einer GoPro-Kamera auf einen Chip gebannt. Besonders tolle Bilder erhält man, wenn die Guides den Spaziergängern das mitgebrachte Fischfutter in die Hand drücken. Sofort wird man von Hunderten bunter Fische umkreist. Ein großer Spaß!

Wieder zurück an die Wasseroberfläche geht es über die Leiter mit Unterstützung der Guides. Schnell ist man wieder auf der Plattform, kann sich wieder anziehen, und dann geht es auch schon auf das Schiff für eine weitere kleine Hafenfahrt mit Ausblick auf Grand Baie.

Infos und Adressen

SEHENSWÜRDIGKEITEN

Blue Safari Submarine. Reservierung oder Onlinebuchung wird empfohlen. Tgl. 8–17 Uhr, Coastal Road, Trou aux Biches, Tel. 02 65/72 72, www.blue-safari.com

Solar Sea Walk. Jeden Tag werden fünf Tauchgänge mit höchstens acht Personen angeboten. Reservierung oder Onlinebuchung wird empfohlen. Mo–Sa 9–17 Uhr, Coastal Road, Grand Baie, Tel. 02 63/78 19, www.solarseawalk.com

ESSEN UND TRINKEN

Marmite Mauricienne. Mit die beste Adresse in Trou aux Biches, wenn es um gute mauritische Küche geht. Tgl. 11–14.30 und 17.30–22 Uhr, Costal Road, Trou aux Biches, Tel. 02 65/76 04, www.marmiteresto.com

ÜBERNACHTEN

Be Cosy Apart Hotel. Sinnvolle und gut gemachte Mischung zwischen Selbstversorger-Apartments und Hotel mit großem Pool. Nur einen Steinwurf vom öffentlichen Strand entfernt. Costal Road, Trou aux Biches, Tel. 02 04/54 00, www.beapart.com

AKTIVITÄTEN

Glasbodenboot. Viele Resorts verfügen über ein eigenes Glasbodenboot und fahren täglich hinaus auf die Lagune. Auch an öffentlichen Stränden liegen oft Glasbodenboote, der Skipper freut sich immer über Kundschaft. Hier eine gute Adresse in Blue Bay:

Totof Tours. Tgl. 8.30–16.30 Uhr, Blue Bay, Tel. 058 36/90 65, www.totof-mauritius.com

INFORMATION

An einer U-Boottour mit Blue Safari Submarine kann man offiziell in einem Alter zwischen drei und 85 Jahren teilnehmen. Es gibt keine gesundheitlichen Einschränkungen. Für den Solar Sea Walk gelten sechs Jahre als Einstiegsalter. Auch Nichtschwimmer können sich hier ins Wasser wagen.

Die solarbetriebene Versorgungsplattform für den Solar Sea Walk vor Grand Baie

Mitte: Das letzte Briefing vor dem Tauchgang findet auf dem Boot statt.
Unten: In den Tauchrevieren rund um Mauritius sind Schildkröten kein seltener Anblick.

16 Tauchspots vor Grand Baie

Abtauchen und Schnorcheln

Mauritius und Rodrigues sind neben den bekannten drei »s« – sea, sand, sun – auch ein Eldorado für Taucher und Schnorchler. Die Lagunen um die beiden Inseln beherbergen einige der schönsten und intaktesten Korallenriffe der Welt und viele Meereslebewesen. Allein an der Küste vor Grand Baie gibt es 27 bekannte Tauchspots, die meist nur wenige Bootsminuten vom Strand entfernt sind.

Im Gegensatz zu den Riffen auf den Seychellen und den Malediven sind die Korallenriffe rund um Mauritius und Rodrigues bisher nicht von der Erwärmung des Ozeans und der Klimaveränderung betroffen. Sie zeigen sich in ihrer ganzen Farbenpracht. Da nicht mit Dynamit gefischt wurde und die Fischerei in einem überschaubaren Rahmen stattfand, gibt es beispielsweise in den kristallklaren Gewässern vor Rodrigues Fächerkorallen, die einen Durchmesser von ein paar Metern haben.

GUT ZU WISSEN

TAUCHEN LERNEN AUF MAURITIUS

Mauritius ist ein hervorragender Ort, um zum ersten Mal unkompliziert und stressfrei unter Wasser Luft zu holen. Hier kann man problemlos in die Welt der verschiedenen Organisationen eintauchen, die standardisierte und weltweit anerkannte Tauchausbildungen durchführen. Dazu gehören beispielsweise PADI, SSI oder CMAS. Die Preise für den Einstieg ins Tauchen gleichen sich im Großen und Ganzen. Wichtiger ist, dass man sich im Tauchcenter seiner Wahl wohlfühlt.

Auch in Familien kommt jeder auf seine Kosten.

Leider ist dies etwas, das man sonst nicht mehr so oft sieht an den berühmten Tauchspots der Welt. Auch Großfische, Schildkröten sowie bunteste Korallenfische findet man hier, und im Einklang mit den farbenfrohen Riffen eröffnet sich eine großartige Kulisse für Unterwasseraufnahmen und -fotografie. Nicht zu vergessen die zahlreichen Schiffswracks aus dem 18. und 19. Jahrhundert, die vor allem rund um Mauritius zu finden sind, sowie einige in jüngerer Zeit versenkte Schiffe, die ihrerseits wunderschöne künstliche Riffe schufen.

Erlebnisse unter Wasser

Dazu passt hervorragend, dass Mauritius das ganze Jahr über ein sehr lohnender Ort für einen Tauchurlaub ist. Als beste Zeit zum Tauchen gelten die Sommermonate November bis März. Während der Sommersaison lockt das warme Wasser eine Vielzahl von Fischen und Meereslebewesen an. In diesen Monaten sieht man mit an Sicherheit grenzender Wahrscheinlichkeit Papageifische (*Scarinae*), Zackenbarsche (*Epinephelidae*), Lippfische (*Labridae*), Süßlippen (*Plectorhinchinae*), Kaiserfische (*Pomacanthidae*), Sergeant Majors

Nicht verpassen

SPASS FÜR DIE GANZE FAMILIE

Vor allem die Lagune vor Grand Baie bietet für Taucher und Schnorchler unvergessliche Erlebnisse: Hier ist es nicht tief, das Tageslicht dringt gut durch das kristallklare Wasser und sorgt für eine beeindruckende Farbenpracht. Diese Farbenpracht kann man betauchen oder von oben anschauen. Die Boote der meisten Tauchcenter nehmen bei ihrer Fahrt zu den Spots nicht nur Taucher mit. Auch Schnorchler können mitfahren und die Zeit des Tauchgangs nutzen, um selbst unter Wasser zu schauen. Ein Tauchgang dauert mit Equipment-Check, Ein- und Ausstieg sowie reiner Tauchzeit gut 75–90 Minuten. Diese Zeit kann zum Schnorcheln genutzt werden. Werden gleich zwei Tauchgänge gemacht, verlängert sich auch die Zeit fürs Schnorcheln. Falls also Papi taucht, während Mami und die Kinder lieber schnorcheln wollen, ist das kein Problem. Einfach im Tauchcenter nachfragen.

Geheimtipp

LECKERES FRANZÖSISCHES BAGUETTE

Die meisten Tauchboote kommen zwischen dem ersten und dem zweiten Tauchgang an den jeweiligen Strand zurück, hier wird Pause gemacht. Man kann sich jetzt an einem Imbiss oder in einem Restaurant verpflegen – vielleicht stellt das Tauchcenter auch ein paar Snacks bereit. Aber wie wäre es mit einem köstlichen französischen Baguette? Belegt oder unbelegt, ganz frisch und knackig? Das französisch-koloniale Erbe hat auf Mauritius eine gewisse Back- und Frühstückskultur hinterlassen. Und abseits von der Massenware, die in mauritischen Brotfabriken hergestellt wird, backt so gut wie jedes Resort, das etwas auf sich hält, selbst. Alternativ kann man den nächsten Winner's Supermarkt anpeilen und dort ein frisches, knuspriges Baguette kaufen.

www.winners.mu/my-store/store-locator

(*Abudefduf saxatilis*), Trompetenfische (*Aulostomus*), Clownfische (*Amphiprion*), Muränen (*Muraenidae*), Krebse (*Crustacea*), Nacktkiemer (*Nudibranchia*), zahlreiche Korallen, Schwämme sowie Seeanemonen und die eine oder andere Meeresschildkröte (*Cheloniidae*).

Rodrigues ist auch in Sachen Tauchen ein »wilderes Ziel«: Die Wetterumstände sind hier spürbarer als auf Mauritius. So kann es passieren, dass während der Zyklonsaison von Februar bis Mai wochen- oder gar monatelang nicht getaucht werden kann. Wenn es stark regnet, werden die Sichtverhältnisse schnell schlechter, und es existiert nur eine sehr überschaubare Zahl an Tauchcentern. Ein Tauchtrip nach Rodrigues will also gut geplant werden. Aber die Belohnung folgt sofort: Um die Insel herum gibt es rund 30 Tauchplätze, die alle innerhalb von 40 Minuten mit dem Boot erreicht werden können. Dazu gehören herrlich unberührte Steinkorallenformationen, bunte Fischschwärme in der Lagune und an den lebendigen Außenriffen. Außerdem erwarten den Taucher Papageifische, Einhornfische (*Naso brevirostris*), Nacktkiemer, Dickkopf-Stachelmakrelen (*Caranx ignobilis*) und Barrakudas (*Sphyraenidae*).

Rund um Mauritius

Wer auf Mauritius tauchen will, hat bei der Auswahl der Tauchspots die Qual der Wahl. Denn es stehen zahlreiche Tauchplätze rund um die ganze Insel zur Verfügung, die für Taucher paradiesische Verhältnisse bieten: Tauchspots mit Tiefen von vier bis 40 Metern, Sichtweiten zwischen zehn und 30 Metern, Wassertemperaturen zwischen 25 und 28 Grad. Anfänger beginnen im flachen Gewässer an der West- und Nordküste von Mauritius. Hier sind Flic en Flac und die Gegend um

Tauchspots

Es gibt 27 Tauchspots in der Lagune vor Grand Baie. Alle sind innerhalb von wenigen Bootsminuten erreichbar. Nur die Fahrt zum Tauchspot Confetti Bay, der vor Coin de Mire liegt, und zum Wrack »Stella Maru« vor Trou aux Biches dauert ein bisschen länger.

A Aquarium Grand Bay. 10–18 Meter, flacher Tauchplatz mit schönem, fischreichem Korallengarten. Highlight sind die großen Stachelrochen, die hier leben.

B Confetti Bay. 10–22 Meter, hier gibt es viele Schwarmfische und Weichkorallen.

C Coral Garden. 10–21 Meter, viele interessante Hartkorallen, manchmal gibt es Thunfisch und Barrakudas zu sehen.

D Lion Reef 1. 10 Meter, Steinfische, Rotfeuerfische und Drachenköpfe sind hier zu Hause.

E Merville Patches. 13 M »Muränengarten« genannt, denn von denen gibt es hier extrem viele. Dazu einige Weich- und Hartkorallen.

F Silver Star. 32–40 Meter, Wrack eines japanischen Fischerboots in 40 Metern Tiefe, gut zu betauchen.

G Stella Maru. 14–25 Meter, senkrecht auf dem Kiel stehendes Wrack in 24 Metern Tiefe.

H Turtle Point. 10–20 Meter, spektakuläre Unterwasserlandschaft, oft sind Schildkröten zu sehen.

I Whale Rock. 18–38 Meter, Wale sind hier gelegentlich im Winter zu sehen. Das ganze Jahr über sehenswert: Die markante Felsformation Whale Rock sieht fast wie ein Wal aus.

Oben: Die Tauchboote landen gewöhnlich direkt am Strand an.
Mitte: Mit einer gekonnten Rückwärtsrolle beginnt ein sicherer, toller Tauchgang.
Unten: Wer will, kann sich unter Wasser von den Tauchguides fotografieren lassen.

Grand Baie gute Ziele. Erfahrene Taucher zieht es vielleicht direkt zu den abenteuerlicheren Tauchplätzen, die Klippen, Höhlen, Riffe, Zinnen und Wracks zum Ziel haben. Diese Spots sind auch vor der Ost- und Westküste zu finden. Die größte Auswahl an Tauchzielen hat man in den Gewässern vor Grand Baie. Allein hier gibt es bisher 27 bekannte Tauchspots, die regelmäßig angefahren werden. Nur die rund um die Insel Coin de Mire liegenden Tauchspots wie Confetti Bay können gelegentlich wegen starken Seegangs nicht erreicht werden. Dafür aber sind die näheren Ziele vor Nord-Mauritius ganzjährig problemlos betauchbar. Dazu gehören das Wrack des japanischen Schiffs »Stella Maru« oder das bunte Merville-Aquarium.

Auf Mauritius wurde bereits 1964 das erste Tauchcenter eröffnet, eine Vielzahl sollte folgen. Die größte Dichte an Tauchcentern ist in und rund um Grand Baie und Péreybère zu finden. Allerdings gibt es nur eine überschaubare Zahl an Dive Masters und Instruktoren, also Guides und Ausbilder, die Deutsch sprechen. Englisch und Französisch wird natürlich überall gesprochen. Wer also seine Ausbildung oder seine Tauchgänge von einem Ausbilder begleiten lassen will, der Deutsch spricht, sollte sich vorher über die jeweiligen Angebote schlaumachen. Auf Rodrigues liegen die Chancen auf einen deutschsprachigen Guide oder Ausbilder bisher bei null. Da die Zeichensprache unter Wasser aber international ist, sollte man sich über die gesprochene Sprache nicht zu viele Gedanken machen.

Wer unter Wasser keine Pressluft atmen will, der sollte schnorcheln gehen. Rund um Mauritius gibt es wunderbare Schnorchelspots, die angefahren oder sogar angeschwommen werden können. Hier kann man schon in ein bis zwei Metern Tiefe durch die Maske eine bunte Welt entdecken.

Infos und Adressen

SEHENSWÜRDIGKEITEN

Die Tauchspots an der Nordküste werden im Wechsel von allen Tauchcentern der Region angefahren.

ESSEN UND TRINKEN

In Grand Baie und Péreybère gibt es zahlreiche Imbisswagen oder -stände am öffentlichen Strand. Hier kann man sich problemlos eine schnelle Mahlzeit zwischen den Tauchgängen besorgen.

ÜBERNACHTEN

Canonnier Beachcomber. Gilt als eines der beliebtesten Familienresorts in Mauritius und verfügt über ein hauseigenes Tauchcenter: Diving World. Coastal Road, Pointe aux Canonniers, Grand Baie, Tel. 0209/7000, www.beachcomber-hotels.com/de/hotel/canonnier-golf-resort-spa

AKTIVITÄTEN

Base Diving Center. Sympathisches Tauchcenter in Péreybère, das von Emilie und Manon geführt wird. Hier geht es freundschaftlich zu, die Tauchbriefings sind hervorragend, das Equipment in sehr gutem Zustand. Azur Beach Complex, Coastal Road, Péreybère, Tel. 05920/9554, www.basediving.net/en

Tauchschule SeaUrchin. Das wohl einzige Tauchcenter auf Mauritius in deutschen Händen. Coastal Road, Flic en Flac, Tel. 0453/8825, www.diveseaurchin.com

INFORMATION

Bei der Wahl eines Tauchcenters lohnt sich im Vorfeld ein Blick in das Onlineportal www.taucher.net. Hier gibt es zu jedem Tauchziel Informationen sowie aufschlussreiche Besprechungen zu den einzelnen Tauchcentern.

Emilie vom Base Diving Center macht das Tauchbriefing, bevor es auf das Boot geht.

17 Der Botanische Garten von Pamplemousses

Topziel für Pflanzenfreunde

Spätestens, wenn man Abwechslung vom wunderbaren Strandleben mit seinen blütenweißen Sandstränden und der in allen Blautönen leuchtenden Lagune braucht, sollte man den Sir Seewoosagur Ramgoolam Botanical Garden besuchen. Hier kann sich nicht nur das Auge, sondern auch der Betrachter wunderbar entspannen – inmitten verschiedenster Grünschattierungen und bunter Blütentupfen.

Der Sir Seewoosagur Ramgoolam Botanical Garden ist der älteste botanische Garten der südlichen Hemisphäre, denn er geht bis auf die Zeit der Franzosen auf Mauritius zurück. Schon 1736 entschied der damalige französische Gouverneur Mahé de La Bourdonnais, sich hier niederzulassen, mit entsprechendem Landsitz und Garten. Bis das Gesamtkunstwerk aus Bäumen, Palmen, Seen, Wegen, Nutzpflanzen und vielem mehr in der heutigen Pracht zu bewundern war, wirkten noch an-

Mitte: Die palmengesäumte Avenue de La Bourdonnais führt zum Lienhard-Obelisken.
Unten: Auch Tiere gibt es im Botanischen Garten: hier einige Java-Hirsche im Gehege.

GUT ZU WISSEN

KOSTENFREIE PARKPLÄTZE
Mittlerweile versuchen einige äußerst geschäftstüchtige Einheimische, Touristen vor dem Hinweisschild auf den offiziellen Parkplatz abzufangen und auf andere »Parkplätze« umzuleiten. Dort wird dann natürlich sofort eine Parkgebühr fällig. Doch der Botanische Garten verfügt über einen eigenen kostenfreien Parkplatz, etwa 300 Meter vom Haupteingang die Straße hinunter, in Richtung M2/Westen, Nord-Westen. Hier befindet sich auch ein weiterer Eingang in den Botanischen Garten.

Coco de Mer: noch unscheinbar in der Bildmitte

dere bedeutende Persönlichkeiten daran mit. Etwa Pierre Poivre (1719–1786), der ab 1767 als Gartenbaufachmann hier allerlei Früchte, Gemüse und Blumen aus der ganzen Welt anpflanzte. Unter diesen Pflanzen befanden sich auch einige der wertvollsten Arten dieser Zeit: Muskatnüsse (*Myristica fragans*) und Nelken (*Syzichium aromaticum*) von den Molukken. Beide findet man in der sogenannten »Spice Corner«, dem Gewürzgarten des Parks. Nicolas Céré (1775–1810) wurde sein Nachfolger und ließ die ersten Hauptwege und Teiche anlegen. Auf ihn geht auch der riesige Seerosenteich zurück, in dem man heute die Amazonas-Riesenseerose (*Victoria amazonica*) bewundern kann. Während der ersten 30 Jahre der Herrschaft der Engländer wurde der Garten eher vernachlässigt. Das änderte sich glücklicherweise ab 1849 mit James Duncan als neuem Direktor und einer großen Sammlung von Palmen. Darunter auch die majestätischen Königspalmen (*Roystonia regia*) aus Kuba, die bis heute die Avenue Bertrand F. Mahé de La Bourdonnais im Park säumen.

Der Botanische Garten, früher als Royal Botanic Gardens Pamplemousses bekannt, wurde am

Geheimtipp

DIE BERÜHMTE COCO DE MER

Nur eine oder zwei, noch recht junge, dieser exotischen Palmen verstecken sich im großen Gelände des Botanischen Gartens, aber schon das ist eine kleine Sensation. Denn eigentlich wachsen diese Palmen nur auf den Seychellen-Inseln Praslin und Curieuse. Die hiesige Pflanze ist ca. neun Jahre alt. Aufgrund des zarten Alters kann man auch noch nicht sagen, ob es sich um ein weibliches oder ein männliches Exemplar handelt. Das kann man bei der Coco de Mer frühestens nach 25 Jahren sehen, wenn entweder das eine oder das andere Geschlechtsmerkmal ausgebildet wird. Ob dann in Pamplemousses die berühmten riesigen Nüsse hängen oder sich die phallusartigen männlichen Blütenstände ausbilden, bleibt mindestens bis 2035 abzuwarten. Aber auch schon jetzt ist die Coco de Mer mit ihren riesigen Blättern ein exklusiver Hingucker.

18. September 1988 zu Ehren von Sir Seewoosagur Ramgoolam (1900–1985) umbenannt. Ramgoolam war der erste Premierminister und spätere Generalgouverneur von Mauritius und gilt als Vater der Nation. Die jährlich 250000 Besucher können auf dem 33 Hektar großen Gelände nicht nur mehr als 80 verschiedene Palmensorten und unzählige andere Gewächse entdecken, sondern auch Tiere. In einem Bereich des Parks leben mehrere Hirsche (*Cervus timorensis*) und Riesenschildkröten (*Aldabrachelys gigantea*) in Gehegen. Aber auch sonst sollte man seine Augen offen halten, denn in den Teichen sind Wasserschildkröten, Fische und Aale zu erspähen. Außerdem gibt es verschiedene Vogelarten wie Papageien, Enten und das Madagassische Moorhuhn (*Gallinula chloropus pyrrhorrhoa*). Während des Tages findet man auch das einzige heimische Säugetier von Mauritius, den Maskarenen-Flughund (*Pteropus niger*) oder auch »Mauritian Fruit Bat« genannt, kopfüber in den Baumkronen hängend.

Oben: Guide Sanjay informiert auch über den Bambus.
Mitte: Die anmutige Lotosblume symbolisiert die Reinheit des Herzens, Weisheit und Glück.
Unten: Ein paar Aldabra-Schildkröten dürfen im Botanischen Garten auch nicht fehlen.

Ein tropischer Traumgarten

Startpunkt für eine Erkundung des Botanischen Gartens ist für die meisten Besucher der Haupteingang. Dort lässt einen der Taxi- oder Tourbusfahrer aussteigen, und an der kleinen Hütte links hinter dem Tor kauft man dann sein Ticket. Das schmiedeeiserne Tor des Haupteingangs ist einen genaueren Blick wert: Jede Säule wird jeweils von einem Wappen, einem Einhorn und einer Krone geziert. Es wird behauptet, dass das Tor 1862 den ersten Preis bei der internationalen Ausstellung im Crystal Palace in Großbritannien gewann. Seit 1868 befindet es sich an seinem heutigen Standort und ist wohl ein Geschenk von François Lienard de la Mivoie (1782–1862), einem französisch-mauritischen Naturforscher und Seefahrer, der auch den Lienard-Obelisken gespendet hat.

Rundgang durch den Botanischen Garten

A Haupttor und Tickethütte.

B Baobab. Riesiger Affenbrotbaum, der mehr als 100 Jahre alt ist.

C Royal Palms. Beindruckende Royal Palms aus Kuba am Rand der Avenue Bertrand F. Mahé de La Bourdonnais.

D Lienhard-Obelisk. Der Lienhard-Obelisk ist all den Menschen gewidmet, die sich für den Garten besonders eingebracht haben.

E Talipot-Palme aus Sri Lanka. Eine der größten Palmen der Erde.

F Wasserlilienteich. Im Wasserlilienteich wachsen Amazonas-Riesenseerosen aus dem Wasser der Sonne entgegen. Ein tolles Fotomotiv!

G Büste von Pierre Poivre. Pierre Poivre war ein Pionier des Gewürzanbaus und Mitgestalter des Botanischen Gartens.

H Teich mit weiß blühendem Lotos. Hier kann man den »Lotoseffekt« in natura erleben.

I Grand Bassin. Das Grand Bassin mit seinen beiden lauschigen Pavillons auf Inselchen lädt zum Verweilen ein.

J Hirschgehege. In diesem Gehege leben Java-Hirsche (ursprünglich aus Indonesien).

K Schildkrötengehege. Im Botanischen Garten gibt es auch ein Gehege mit Riesenschildkröten.

L Château de Mon Plaisir. Das 2018 renovierte Château de Mon Plaisir war früher Sitz der Gouverneure von Mauritius.

M Medizinkräutergarten. Im Medizinkräutergarten wachsen allerlei Pflanzen, die bis heute in der Heilkunst angewendet werden.

N Coco de Mer (siehe S. 123).

O Parkplatz. Direkt hinter dem Ausgang befindet sich der Parkplatz.

Einfach gut!

CRÊPES IM CAFÉ WIENER WALZER

Im Botanischen Garten selbst gibt es weder ein Restaurant noch sonst eine Art von Verpflegungsstation. Folglich hat man nur die Möglichkeit, sich selbst zu versorgen und ein Lunchpaket mitzubringen oder bis nach dem Besuch zu warten. Wenn man sich aber dann gleich auf den Heimweg macht, dauert es unter Umständen lange, bis man seinen Hunger stillen kann. Daher empfiehlt es sich, in das nur wenige Schritte vom Haupteingang entfernt gelegene Café Wiener Walzer zu gehen. Dieses gemütliche Café punktet mit freundlichem Service, sehr guten Kuchen und Kaffee. Besonders zu empfehlen ist der Eiskaffee, am besten mit einem der leckeren Crêpes dazu, einfach vorzüglich. Wer keinen süßen Zahn hat, der wählt eines der feinen Currys und einen der anderen Snacks.

Café Wiener Walzer. Tgl. 9–17 Uhr, Powder Mill Road, Pamplemousses, Tel. 02 43/05 60

Jetzt noch schnell mit Moskitospray einsprühen, und auf geht es in die grüne, angenehm schattig-kühle Welt des Botanischen Gartens. Gleich zu Anfang rechts, hinter dem Bürogebäude steht ein riesiger, über 100 Jahre alter Baobab (*Adansonia digitata*). Der Affenbrotbaum stammt ursprünglich aus Afrika und Madagaskar. Seine Früchte sind mit einem weichen Flaum überzogen und essbar. Mit etwas Glück bekommt man auch seine weißen, an einen Pompon erinnernden Blüten zu sehen. Leicht schräg gegenüber, Richtung Avenue Bertrand F. Mahé de La Bourdonnais, steht ein Baum, der die größten Früchte der Welt trägt. Die grünen, stacheligen und leicht ovalen Früchte des Jackfruchtbaums (*Artocarpus heterophyllus*) wiegen 30–40 Kilogramm. Sie werden als Gemüse verwendet und schmecken wie eine Mischung aus Banane und Ananas. Weiter geht es, die Avenue Bertrand F. Mahé de La Bourdonnais hinunter, die von vielen kerzengeraden Königspalmen begrenzt wird. Wenn man nun links und rechts der Allee etwas ins Gelände geht, begegnen einem diverse andere Gewächse. Darunter ist der sogenannte Olive Tree, dessen Früchte als Pickles verwendet werden und auch roh zum Verzehr geeignet sind. Oder eine Säulen-Araukarie (*Araucaria columnaris*) aus Neukaledonien, auch als Cook Pine bekannt, die fast wie ein Christbaum aussieht und als solcher auch Verwendung findet. Darüber hinaus findet man hier einen Kanonenkugelbaum (*Couroupita guianensis*). Sein Name ist aufgrund seiner hellbraunen, kugelrunden, im Durchmesser bis zu 24 Zentimeter großen Früchte selbsterklärend. Wenn sie reif herunterfallen, platzen sie explosionsartig auf und verbreiten einen starken, unangenehmen Geruch. Essbar sind sie nicht, werden aber als Antiseptikum verwendet. Hält man sich rechts, bevor man auf den Lienard Obelisken trifft, kommt man an einem Kolabaum (*Cola*) aus

Westafrika vorbei. Obwohl mit namensgebend für ein weltbekanntes Erfrischungsgetränk, sind die außen gelblichen, innen weißen Früchte mit der verwendeten Nuss wohl den wenigsten bekannt.

Auf meist schattigen Wegen geht es an unzähligen anderen Gewächsen vorbei. Da sind verschiedene Mahagonibäume aus Honduras und Jamaika, der tropische Apfelbaum aus Malaysia mit seinen pinken Pomponblüten, die den ganzen Boden unter dem Baum pink färben, und die riesige Talipot-Palme (*Corypha umbraculifera*) aus Sri Lanka und Südindien – eine der größten Palmen der Erde, deren Blätter einen Durchmesser um die fünf Meter haben und die bis zu 25 Meter hoch wird. Nur einmal in 30–80 Jahren entwickelt sie für drei Monate eine 6–8 Meter hohe goldene Blüte und stirbt dann. Der Botanische Garten von Mauritius bietet noch andere kuriose Pflanzen: den Afrikanischen Leberwurstbaum (*Kigelia africana*), aus dessen Früchten die Massai eine Art Bier brauen, die Elefantenfußpalme (*Beaucarnea recurvata*) aus Mexiko, die Lippenstiftpalme (*Cyrtostachys renda*) aus Malaysia oder die Krokodilpalme und viele mehr.

Château de Mon Plaisir

Eine weitere Sehenswürdigkeit im Park ist das Château de Mon Plaisir. Früher lebten hier zeitweise die Gouverneure von Mauritius. Anfangs war es nur ein kleines Haus. Das heutige zweistöckige Gebäude wurde 1839 von den Engländern errichtet. 2018 wurde es renoviert und wieder für die Öffentlichkeit zugänglich gemacht. In einem der unteren Zimmer steht ein großer Wandschrank mit vielen Schubladen. Diese enthalten eine Art altes Herbarium – unbedingt mal aufziehen und anschauen! Von der oberen Veranda hat man einen wunderschönen Blick über das Gelände, auf die Moka Range und den Gipfel des Pieter Both.

Oben: Unter dem tropischen Apfelbaum liegt ein leuchtend pinker Blütenteppich.
Mitte: Das Château de Mon Plaisir wurde renoviert und kann wieder besichtigt werden.
Unten: Im Wandschrank befindet sich ein Herbarium.

Infos und Adressen

Früchte des Kanonenkugelbaums

SEHENSWÜRDIGKEITEN

SSR Botanical Garden. Neben den genannten Sehenswürdigkeiten gibt es auf dem Gelände des Sir Seewoosagur Ramgoolam Botanical Garden noch weitere. Dazu gehörten das Modell einer Zuckermühle, das die Zuckergewinnung in den Anfangszeiten veranschaulicht, oder der Lienard Obelisk, eine Marmorsäule, auf der die Namen von Persönlichkeiten, die zur Entwicklung der Landwirtschaft und des Botanischen Gartens beigetragen haben, eingraviert sind. Tgl. 8.30–17.30 Uhr, Royal Road, Pamplemousses, Tel. 0243/9401, http://ssrbg.govmu.org

ESSEN UND TRINKEN

Aux Quatre Épices. Sehr gutes, traditionell kreolisches Essen. Der freundliche Gastgeber erklärt gerne die Besonderheiten seiner frisch zubereiteten Speisen. Auch hausgemachter Rum wird angeboten. Liegt direkt an der Parallelstraße vom Botanischen Garten. Tgl. 11.30–16.30 Uhr, Powder Mills Road, Pamplemousses, Tel. 0592/02860, www.facebook.com/auxquatreepicesilemaurice

Chez Tante Athalie. Leider etwas verstecktes Juwel mit sehr gutem mauritischen Essen und hervorragendem Service. Geradezu perfekt für ein herrliches *Table-d'hôte*-Mittagessen nach dem Besuch des Botanischen Gartens. Man sitzt mit Blick auf den schönen Garten, in dem verschiedene Oldtimer und sogar ein altes Flugzeug stehen. An der A2 (Port Louis–Central Flacq Road) Richtung Petite Julie, etwas nach hinten versetzt auf der linken Seite. Mo–Sa 12–15 Uhr, Mon Repos, Pamplemousses, Tel. 0243/9266

ÜBERNACHTEN

Normalerweise besucht man den Botanischen Garten im Zuge eines Halb- oder Ganztagesausflugs von seinem Hotel aus, denn Pamplemousses hat sonst nicht allzu viel zu bieten. Wer aber dennoch mehr Zeit dort verbringen und in Pamplemousses übernachten will, dem sei folgende Übernachtungsmöglichkeit empfohlen:

Cosy Guesthouse. Gleich unterhalb des südlichen Endes des Botanischen Gartens gelegen. Gemütliches kleines Häuschen mit Terrasse, Garten, kleinem Pool und voll ausgestatteter Küche. Im Juni 2019 neu eröffnet. Buchung zum Beispiel über www.booking.com. Morcellement de L'abri 21, Pamplemousses

INFORMATION

Am Eingang des Botanischen Gartens bekommt man zum Ticket einen kostenlosen kleinen Faltplan dazu. Mit dem kann man sich grob orientieren, und auch fünf besonders interessante Pflanzen sowie die wichtigsten Sehenswürdigkeiten sind eingezeichnet. Doch wer auch über die vielen anderen Pflanzen und Bäume auf dem Gelände genauer Bescheid wissen möchte, tut sich schwer. Da muss man dann schon mit einem Bestimmungsbuch in der Hand herumlaufen, falls man nicht gerade selbst Botaniker ist. Auf viel einfachere und dazu noch unterhaltsamere Weise geht das mit einem Führer. Diese sind direkt hinter den Eingängen zu finden. Meist wird man von ihnen oder einem der Vermittler angesprochen, sobald man den Botanischen Garten betritt.

Diese Guides sind wirklich orts- und pflanzenkundig und haben Erklärungen zu allem, was da so wächst und gedeiht – teilweise sogar auf Deutsch. Auch über die Entstehung und die Geschichte des Botanischen Gartens wird informiert. Für ein kleines Extra-Geld führen sie einen von Baum zu Baum und von Pflanze zu Pflanze – immer mit der entsprechenden Bezeichnung, Verwendung und dem lateinischen Namen im Gepäck. Ohne diese Anleitung verpasst man wirklich viel von der ganzen Pflanzenpracht, denn leider sind nur selten Infotafeln zu den Gewächsen vorhanden. Die Führung dauert etwa eine Stunde, und am Schluss wird zusätzlich zum festen Tarif gerne ein verdientes Trinkgeld angenommen. Besonders viel Spaß hat man mit Sanjay als Führer. Er hat immer einen Witz oder eine lustige Anekdote zu seinen Erklärungen parat. Anschließend kann man noch auf eigene Faust das Gelände erkunden oder sich auf einer der lauschig gelegenen Bänke niederlassen und picknicken.

Genau das machen viele mauritische Familien sonntags. Denn sonn- und feiertags ist der Eintritt für Mauritier kostenlos. Da werden dann Kind und Kegel sowie reichlich Essen eingepackt und irgendwo im weitläufigen Botanischen Garten mit der ganzen Großfamilie ein gemütliches Picknick veranstaltet. Es ist herrlich anzusehen, wie alle da im Schatten sitzen, Spaß haben und es sich gut gehen lassen. Eine richtige Familienidylle, wie sie auf Mauritius tatsächlich noch gelebt wird.

Für Besucher, die es besonders eilig haben oder nicht so gut zu Fuß sind, stehen gegen eine Extragebühr auch Golfcarts mit Fahrer oder Rollstühle zur Verfügung.

Auf dem Gelände des Botanischen Gartens wurde eine historische Zuckermühle nachgebaut.

18 L'Aventure du Sucre in Pamplemousses

Zuckerabenteuer im Museum

Im Zuckermuseum L'Aventure du Sucre in der ehemaligen Zuckerfabrik von Beau Plan kann man den Spuren des Zuckers auf Mauritius folgen und in einem spannend gemachten Museum erleben, wie der Zuckeranbau vor sich ging, wie er die Menschen beeinflusste und was bis heute davon übrig blieb. Denn einst war der Zucker so begehrt wie Gold und hat Mauritius nachhaltig geprägt – bis heute.

Im Jahr 1998 – nach 177 Jahren Rohzuckerproduktion – stellte die Zuckermühle Beau Plan Sugar Estate ihren Betrieb ein. Kein Einzelfall auf Mauritius, denn die Nachfrage nach mauritischem Zucker ging seit der Aufhebung des sogenannten Zuckerprotokolls (siehe S. 136) drastisch zurück. Doch die Verantwortlichen von Beau Plan ließen die Fabrik nicht verfallen, sondern sahen in der Thematik Zucker weiterhin eine Zukunft. So reifte die Idee, ein Zuckermuseum auf dem Gelände zu errichten. Ein Museum, das sich auf besondere Art und Weise mit Zucker beschäftigt, das die Besucher mitnimmt auf ein Abenteuer in eine neue, bisher unbekannte Welt. Es entstand das Museum L'Aventure du Sucre, das »Zuckerabenteuer«. Die alte Zuckermühle wurde mit ihrer langen Geschichte so zu einem trefflichen Geschichtsschreiber und -erzähler.

L'Aventure du Sucre vermittelt bei einem Besuch auf hervorragende und didaktisch gut aufgemachte Art und Weise, wie die komplexe Geschichte des Zuckers mit den Wurzeln des mauritischen Volkes aus vier Jahrhunderten verwoben ist. Denn alle

Mitte: Auf Mauritius gibt es noch Zuckerfabriken – früher aber waren es deutlich mehr.
Unten: Mit solchen Werkzeugen wurde von den Arbeitern Zuckerrohr von Hand geschnitten.

Menschen hier waren irgendwie mit dem Zucker verbunden. In den Gebäuden der ehemaligen Fabrik werden die verschiedenen Stadien der Zuckerproduktion gezeigt und erklärt. Angefangen vom ersten Zuckerrohranbau über die Rolle der Sklaverei beim Anbau dieser lebenswichtigen Kulturpflanze bis hin zur Herstellung der fertigen Produkte und deren Export auf die Märkte in der westlichen Welt. Ein Großteil der ursprünglichen Maschinen wie beispielsweise Rohre, Bottiche und Schiffe wurde restauriert. Darunter zwei in Deutschland hergestellte Lokomotiven und ein riesiger Frachtkahn, mit dem Zucker von Mauritius nach Madagaskar transportiert wurde. Die letzte Reise fand im Jahr 2000 statt. Anschließend kaufte das Museum den Kahn, um vor allem für die Mauritier auch das Kapitel des Lebens der Dockarbeiter zu bewahren. So gibt es im Inneren des Frachtkahns eine beeindruckende Ausstellung von Schwarz-Weiß-Fotos aus den 1970er-Jahren, die vom harten Leben der Dockarbeiter erzählen – bevor der Zuckerterminal in der Bucht von Port Louis gebaut wurde.

Aufstieg und Niedergang der Zuckerindustrie

Zucker war einst ein unglaublich wertvolles und begehrtes Gut. Nach Mauritius kam das Zuckerrohr 1639 mit niederländischen Siedlern, die eigentlich nur einen Schnaps, den »Arrack« daraus brennen wollten. Doch die Franzosen als Nachfolger der Niederländer erkannten, welche Möglichkeiten in dem Zuckerrohr steckten. Sie bauten jetzt im großen Stil an, Wälder wurden gerodet. Arbeiter mussten hergeschafft werden, was einfach war, denn zu diesem Zeitpunkt gab es noch die Sklaverei. Im frühen 19. Jahrhundert arbeiteten etwa 60 000 Sklaven in der Zuckerindustrie der Insel und bildeten damals schon einen Groß-

Geheimtipp

RESTAURANT FANGOURIN

Einen Besuch im hauseigenen Restaurant sollte man sich auf keinen Fall entgehen lassen. Es liegt inmitten des Gartens der ehemaligen Zuckerfabrik von Beau Plan und bietet eine außergewöhnliche und seltene Kulisse: jahrhundertealte Pflanzen und Blumen, einen von tropischer, üppiger Flora umgebenen Pool sowie eine Veranda mit Blick auf das zentrale Hochplateau der Berge. Die Mahlzeiten sind – passend zum Ambiente – perfekt und stilvoll zubereitet. Serviert werden Cocktails, Vorspeisen und komplette Mahlzeiten, die von der reichen mauritischen kulinarischen Tradition beeinflusst sind. Gekocht wird so weit wie möglich mit lokalen Zutaten. Da ist es kein Wunder, dass die köstliche Crème Brûlée mit frischer Vanille aus eigenem Anbau und eigener Molasse zubereitet wurde.

Restaurant Fangourin. Tgl. 9–17 Uhr, Tel. 02 43/79 00, www.aventuredusucre.com/en/savour.aspx

Oben: Mitten im Museum steht einer der letzten Frachtkähne für den Zuckertransport.
Mitte: Für den Transport des Zuckerrohrs wurden auch Loks aus Deutschland eingesetzt.
Unten: Die Maschinen zur Zuckerherstellung sind riesig.

teil der Bevölkerung des Landes. Nach der Abschaffung der Sklaverei im Britischen Empire 1835 wurden sie bis 1920 von gut 500 000 indischen Vertragsarbeitern abgelöst. Bis zum Aufkommen des Tourismus und der Textilherstellung in den 1960er-Jahren blieb Zucker der wichtigste Wirtschaftszweig auf Mauritius – obwohl die zunehmende Mechanisierung und Konsolidierung der Mühlen dazu geführt hatte, dass weit weniger Menschen beschäftigt waren als in den Hochzeiten. Doch es sollte bis zum heutigen Tag noch weiter bergab gehen mit den Zuckerexporten, dafür aber wurden andere Verwendungszwecke für das Zuckerrohr und andere Absatzwege gefunden.

Im Museum, das in der riesigen, ehemaligen Fabrikhalle untergebracht ist, führt der Weg vorbei an jahrzehntealten Maschinen, die effektvoll ausgeleuchtet werden. Es werden Filme gezeigt, die an die frühen Jahre von Mauritius erinnern, Arbeiter erzählen von ihren Schicksal und berichten von den Mühen und Qualen, die sie beim Zuckerrohrschneiden erleiden mussten. Auch die historischen Werkzeuge kann man anschauen und sogar anfassen.

Kinderprogramm und Souvenirs

Damit auch kleine Besucher die Geschichte des Zuckers verstehen, hat das Museum zwei Maskottchen geschaffen, die Kindern die außergewöhnliche Geschichte des Zuckers erzählen. Floryse der Mungo und Raj der Indische Mynah unterhalten die Kids mit Geschichten, stellen Fragen und testen ihr Wissen in einem Quiz. Den Abschluss eines Besuchs im L'Aventure du Sucre bildet ein Besuch in der Village Boutik, wo man kostenlos besondere Zuckersorten und Rum verkosten und anschließend kaufen kann. Auch Souvenirs werden angeboten, die von Kunsthandwerkern aus der Region gefertigt wurden.

Infos und Adressen

SEHENSWÜRDIGKEITEN

L’Aventure du Sucre. Tgl. 9–17 Uhr, kostenlose Führungen: Mo–Do 10.30 und 14.30, Fr 14.30 Uhr, Beau Plan, Pamplemousses, Tel. 02 43/79 00, www.aventuredusucre.com

ESSEN UND TRINKEN

Beni Restaurant Camaron Rouge. Da die Auswahl an Restaurants in Pamplemousses recht eingeschränkt ist, lohnen sich die paar Meter hierher. Das Angebot an Mahlzeiten ist groß und die Preise überschaubar. Tgl. 10–16.30 Uhr, Royal Road, Plaine des Papayes, Pamplemousses, Tel. 059 13/73 12

ÜBERNACHTEN

In der Gegend rund um Beau Plan gibt es keine Unterkünfte. Es ist aber nicht weit an die Küste, beispielsweise nach Trou aux Biches oder nach Grand Baie. Hier existieren reichlich Hotels, Resorts und Pensionen.

AKTIVITÄTEN

Bei einem Besuch des Zuckermuseums bietet sich der vorherige oder anschließende Besuch des Botanischen Gartens (siehe S. 122) an.

INFORMATION

Das Museum L’Aventure du Sucre bietet eine App an. Dieser Audioguide kann im App Store und bei Google Play heruntergeladen werden. Hier kann man mehr über das Museum, das Konzept und die Geschichte von Mauritius und seine Bevölkerung erfahren, die eng mit der Geschichte des Zuckers verbunden ist.

Im Museumsshop gibt es einen recht gut gemachten, deutschsprachigen »Reiseführer« mit dem Titel »L’Aventure du Sucre – ein Zeugnis mauritischer Geschichte«. Hier wird, schön bebildert, über die Geschichte und die Verarbeitung des Zuckers auf Mauritius berichtet – bis hin zu den politischen Folgen des Zuckerrohranbaus.

Wer will, kann als Besucher beim Zuckerrohrschneiden selbst Hand anlegen.

ZUCKERROHR, RUM
und erneuerbare Energien

Im Jahr 1639 brachten die niederländischen Siedler eine Pflanze nach Mauritius, die den Anblick der Insel für die folgenden Jahrhunderte verändern und prägen sollte: das Zuckerrohr. Französische und britische Pflanzer wurden mit dem Zuckerrohranbau reich. Doch der Boom hielt nicht ewig. Heute hat der Zuckerabsatz stark an Bedeutung verloren – andere Nutzungen des Zuckerrohrs aber könnten über die Zukunft der Insel mit entscheiden.

Zuckerrohr war die erste landwirtschaftliche Pflanze von wirtschaftlicher Bedeutung, die auf Mauritius eingeführt wurde. Die Niederländer, die 1639 den Anbau des Zuckerrohrs an der Ostküste, nahe dem heutigen View Grand Port ausprobierten, dachten sicher nicht an die Ausmaße, die der Export annehmen würde. Ihnen ging es schlicht darum, ein alkoholisches Getränk namens »Arrak« zu erzeugen. Die Idee brachten sie vielleicht aus Indonesien mit, wo die Arrakherstellung eine gute alte Tradition war. Den Schnaps gewinnt man aus Melasse, einem dunkelbraunen Zuckersirup, der bei der Zuckerherstellung als Nebenprodukt anfällt. Doch bald wurde klar, welche Möglichkeiten sich mit dem Zuckeranbau auf Mauritius auftaten – denn Zucker war weltweit eine gut nachgefragte Ware. Rund einen Kilometer nördlich von View Grand Port steht ein Denkmal, auf dem die mauritische Landwirtschaftskammer gleich mehrfach der Einführung des Zuckerrohrs gedenkt: zum 350. und zum 400. Jahrestag – 1953 und 1989. Bis 1989 war die Welt des Zuckers noch in Ordnung.

Zuckerproduktion

Die ersten Zuckermühlen unter den Niederländern entstanden in der zweiten Hälfte des 17. Jahrhunderts, die Franzosen zogen schnell nach und 1744 brummten bereits die ersten beiden französischen Zuckerraffinerien. Die Briten, auch nicht tatenlos angesichts der gewaltigen Margen, die mit dem Zuckerexport zu erzielen waren, steigerten die Produktion im 19. Jahrhundert von 10 000 auf gleich 100 000 Tonnen im Jahr. Reich wurden dabei in erster Linie die sogenannten Zuckerbarone, die sich mit schicken und beeindruckenden Kolonialvillen wie beispielsweise dem Château de Labourdonnais ein Denkmal setzten. Heute staunt man bei einem Besuch über die Opulenz und den damit zur Schau gestellten Reichtum. Umso mehr, als dieser zuerst von den Händen der Sklaven und ab 1835, mit der Abschaffung der Sklaverei, von denen der meist indischen Lohnarbeiter erarbeitet

Links: Zuckerrohr braucht reichlich Wasser.

wurde. Denn beispielsweise 1858, um eine Zahl zu nennen, gab es auf Mauritius 259 Zuckerfabriken.

Doch zum Ende des 19. Jahrhunderts ging die Nachfrage nach Zucker von Mauritius stark zurück. Konkurrenz aus anderen tropischen Ländern der Welt kam auf den Markt und zerstörte die Preise. Die Zuckerbarone mussten Land brachlegen oder sogar verkaufen, die Zahl der Zuckerfabriken ging deutlich zurück. Trotzdem konnte sich Mauritius mit Eintritt in die Unabhängigkeit 1968 darauf verlassen, mit dem Zuckerrohr ein stabiles Rückgrat in der wirtschaftlichen Entwicklung der jungen Nation zu besitzen. Da man sich jedoch nicht darauf verlassen wollte, wurde über andere Wirtschaftszweige nachgedacht und eine eigene Textil- und Fertigungsindustrie aufgezogen.

Ab 1976 profitierte Mauritius vom Lomé-Abkommen zwischen der Europäischen Gemeinschaft und 77 Entwicklungsländern in Afrika, der Karibik und im Pazifik, dem sogenannten »Zuckerprotokoll«. In diesem wurde den Zucker erzeugenden Ländern zugestanden, jährlich 1,3 Millionen Tonnen Zucker in die EU exportieren zu dürfen – zu in Europa üblichen Preisen, die weit über denen auf dem Weltmarkt lagen. 30 Jahre lang funktionierte der Deal, alle waren glücklich und zufrieden. Doch 2006 beschloss die EU, die Preise für den Zucker um bis zu 39 Prozent zu senken. Da Mauritius zu dieser Zeit gut 500 000 Tonnen jährlich an die Länder der EU lieferte, gehörte das Land zu den am schwersten von der Preissenkung betroffenen Nationen. Damit nicht genug: 2008 entschied die Welthandelsorganisation (World Trade Organization, WTO), dass das Zuckerprotoll gegen die Regeln der WTO verstoße. Und damit kamen das Zuckerprotokoll und alle finanziellen Zugeständnisse an Mauritius 2009 zum Erliegen. Heute muss sich Mauritius gegen riesige Produzenten wie beispielsweise Brasilien behaupten, und von den zahlreichen Zuckerfabriken ist nur knapp eine Handvoll übrig geblieben. Doch die Verantwortlichen auf Mauritius gaben nicht auf und fanden Nischen für ihre Zuckerprodukte, wie beispielsweise die Produktion von Spezialzucker für Lakritzschnecken. Und sie kamen auf den Rum.

Heutzutage wird das Zuckerrohr mit riesigen Anhängern zu den Fabriken geschafft.

Mauritischer Rum

Die Herstellung des sogenannten »Rhum Agricole« – Rum aus Zuckerrohrsaft – auf Mauritius ist erst seit dem Jahr 2001 (wieder) erlaubt. Die Idee zu einem eige-

Es gibt heute zahlreiche Rumsorten, bei einer Verkostung kann man sie probieren.

nen Rum ist wohl viel älter. Schon der Mauritier Pierre Charles François Harel (1806–1857) soll in den 1850er-Jahren die Idee gehabt haben, eine lokale Brennerei aufzumachen, die Qualitätsrum aus Zuckerrohrsaft herstellen und exportieren sollte. 2003 also wurde der erste mauritische Rhum Agricole hergestellt, viele weitere Marken und Sorten sollten folgen. Rhumeries öffneten, alte, bereits verfallene Destillerien wurden wieder aktiviert. 2006 ging beispielsweise die »Rhumerie de Chamarel« an den Start und brachte 2011 den ersten eigenen Rum auf den Markt. Zu den großen Erzeugern gehören heute auch Labourdonnais und St. Aubin – alle Marken können Medaillengewinne und Preise auf internationalen Rum-Messen vorweisen. Beliebt sind neben den jungen, gefilterten Abfüllungen weißen Rums auch aromatisierte Rumliköre. Hier wird ausprobiert und verkostet, die Geschmacksrichtungen sind abwechslungsreich. Wie wäre es mit Zitronengras, Rosinen, Nelken, Zimt, Orangen, Vanille, Kaffee oder Ingwer?

Energie aus Zuckerrohr

Neben der Rumerzeugung erlaubt der Zuckerrohranbau einem anderen Industriezweig auf der Insel zu wachsen und zu gedeihen: der Erzeugung von erneuerbaren Energien. Schon heute stammen gut 14 Prozent der Stromerzeugung der Insel aus der Verbrennung von Bioethanol und Zuckerrohrabfällen. In Verbindung mit Solar-, Wind- und Wasserkraft steigt der Prozentanteil der erneuerbaren Energien auf beinahe 25 Prozent. Damit nicht genug, die Regierung hat ehrgeizige Ziele: Bis 2025 soll der Anteil der erneuerbaren Energien auf 35 Prozent ansteigen und das Zuckerrohr somit weiterhin eine bedeutende Rolle spielen.

Mitte: In Goodlands leben hauptsächlich Hindus, daher gibt es viele bunte Tempel.
Unten: Auf dem bunten Kleidermarkt kann man gut handeln, was beiden Seiten Spaß macht.

19 Goodlands

Marktbesuch und Schiffsmodellbau

Goodlands hat eine der höchsten Bevölkerungsdichten des Landes. Bei einem Besuch stellt man schnell fest, dass die Kleinstadt brummt. Es gibt viele Hindutempel und Kirchen, etliche Reisebüros, unzählige Shops und Supermärkte, Theater, Restaurants und Imbissbuden sowie den bekannten Markt. Hier geht es immer hektisch zu. Wer anschließend ein bisschen Ruhe braucht, schaut sich im Historic Marine schicke Schiffsmodelle an.

Rund zehn Kilometer östlich von Grand Baie liegt die indo-mauritisch geprägte Kleinstadt Goodlands, die wirtschaftliche Metropole des Nordens. Auch wenn es so gut wie keine touristische Infrastruktur gibt, lohnt sich ein Ausflug hierher. Die ausladenden Einkaufsmöglichkeiten des Orts haben sich auch unter Urlaubern längst herumgesprochen. Wer noch schnell ein T-Shirt braucht – vielleicht mit einem Dodo darauf –, die Strandschuhe vergessen oder die Kappe verloren hat, wird hier sicher fündig. Urlauber, die ein wenig mehr Geld für ein Souvenir anlegen wollen, finden den Hersteller von Modellschiffen, Historic Marine, schräg gegenüber vom Markt.

Topattraktion: der Markt

Das ausladende Marktgelände liegt am östlichen Ende von Goodlands. Aber schon beim Durchfahren des Orts fallen einem links und rechts der Hauptstraße die vielen Läden auf. Von den Geschäften, vor Ort als »Tabaji« bekannt, sind viele wunderschön mit Farben und Stoffen dekoriert.

Angeboten werden Kleidung und Accessoires, eher im indischen Stil, also schön bunt. Hier kauft man Schuhe und Kleidung, Souvenirs und Geschenke, selbst gemachte Taschen in verschiedenen Stilen und Farben und vieles mehr.

Sehens-, riechens- und erlebenswert ist der Markt selbst. Hier kommen die lokalen Obst- und Gemüseprodukte auf die Tische der Händler. Angebaut werden sie in den Nachbardörfern – die Wege vom Produzenten bis zum Verbraucher sind also denkbar kurz. Die lokalen Produkte werden jeden Tag frisch zum Verkauf angeboten. Ein besonderes Geruchserlebnis nimmt man im Sommer mit, wenn Litschis und Mangos mit ihren delikaten Aromen verzaubern. Samstags, von 10–14 Uhr, wird hier auch der »Earth Market« abgehalten mit Bioprodukten aus der Region. Dienstags und freitags kann man auf dem Kleidermarkt so manches Schnäppchen mit hoher Qualität machen. Viele weltweit tätige Modelabels lassen Kleidung in Mauritius fertigen. Die Auslagen sind übervoll: Hier stapeln sich Unterwäsche, Saris, Tücher, T-Shirts, Badehosen, Hüte und vieles mehr.

Schiffsmodelle von Historic Marine

Bei Historic Marine geht es deutlich gesitteter zu: Hier werden Miniatur-Schiffsmodelle in verschiedenen Designs, Stilen und Größen hergestellt. Von Hand und in unzähligen Produktionsschritten werden sie aus hochwertigem Holz gefertigt und mit aufwendigen Details versehen. Täglich werden Führungen durch die Fertigung angeboten. Natürlich bietet sich bei einem Besuch die Möglichkeit, das Lieblingsmodell aus der Ausstellung zu kaufen – oder nach Maß herstellen zu lassen. Historic Marine hat mehr als 120 verschiedene Segel- und Motorbootmodelle zur Auswahl, davon etliche mit klingenden Namen wie »San Felipe« oder »Riva«.

Infos un

SEHENSWÜRDIGKEITEN

Historic Marine. Mo–Fr 9–17, Sa, So 9–12 Uhr, Historic Marine, ZI Saint Antoine, Goodlands, Tel. 02 63/94 04, www.historic-marine.com

Märkte von Goodlands. Di, Fr: Kleidermarkt; Mi, Sa: Obst- und Gemüsemarkt; Sa 10–14 Uhr: Earth Market

ESSEN UND TRINKEN

Bei einem Marktbesuch sollte man es auf keinen Fall versäumen, an einem der vielen Imbissstände einen Snack zu nehmen. Auch an Süßigkeiten ist immer einiges geboten.

INFORMATION

Auf dem Obst- und Gemüsemarkt sind die Preise der Produkte meist auf Schildern ausgewiesen. Hier lohnt sich das Handeln kaum. Anders ist dies auf dem Kleidermarkt: Wer etwas Schönes gefunden hat, sollte sich durchaus aufs Handeln einlassen. Das macht Spaß und man kann sicher sein, dass die Händlerin oder der Händler immer ihren/seinen Schnitt macht.

Bei Historic Marine werden die Schiffe von Hand gefertigt.

20 Coin de Mire, Flat Island und Gabriel Island

Bootstour zu den Inseln

Coin de Mire, Gabriel Island und Flat Island sind drei Namen, die man sich merken sollte. Denn diese Inseln gehören zu den Highlights eines Katamaran-Segeltörns oder einer Schnellbootfahrt ab Grand Baie oder Péreybère. Versprochen wird »ein Tag voller Sonne, Drinks, gutem Essen, viel Spaß und Entspannung! Gönnen Sie sich einen unvergesslichen Tag, der einer der Höhepunkte Ihres Urlaubs auf Mauritius sein wird.«

Fünf unbewohnte Inseln liegen vor der Nordküste von Mauritius. Drei davon kann man besichtigen oder zumindest ein wenig Zeit am Strand oder im Meer bei einem Schnorcheltrip verbringen. Ein paar dieser Inseln oder alle drei gehören zum Ausflugsprogramm auf einem eintägigen Törn mit dem Katamaran oder einem Schnellboot: Coin de Mire, Flat Island und Gabriel Island.

Mitte: Täglich fahren Katamarane und Boote zu den vorgelagerten Inseln hinaus.
Unten: Die öffentlichen Strände werden von fleißigen Putztrupps in Schuss gehalten.

GUT ZU WISSEN

BESTER AUSBLICK AB CAP MALHEUREUX

Wer wenigstens einen sehnsüchtigen Blick auf die Inseln an der Nordküste werfen will, der sollte nach Cap Malheureux fahren. Hier, vom Strand neben der berühmten Kapelle Notre Dame Auxiliatrice aus, erblickt man Coin de Mire und – bei guter Sicht – die anderen Inseln dahinter. Ein besonders schönes Foto entsteht dann, wenn ein Kitesurfer in voller Fahrt durch den Anblick zischt. Die Inseln nördlich von Coin de Mire sieht man noch besser vom Strand Anse La Raie aus, ein paar Kilometer die Küstenstraße weiter.

An der Silhouette erkennbar: Coin de Mire

Coin de Mire

Die rund vier Kilometer vor der Nordküste liegende und auffälligste Insel ist Coin de Mire. Ihre Silhouette am Horizont erinnert an einen Keil. Von diesem Keil wird wohl auch ihr Name abgeleitet: »Quoin« war während der Zeit der Franzosen der Keil, der unter eine Kanone geschoben wurde, um das Wegrollen zu vermeiden. Eine andere Theorie besagt, dass die Insel, die auch »Gunner's Point« genannt wird, deswegen so heißt, weil hier früher Schießübungen abgehalten wurden. Wie dem auch sei: Coin de Mire ist ein Naturschutzgebiet und unbewohnt. Hier lebt beispielsweise der Weißschwanz-Tropikvogel (*Phaethon lepturus*), den man bei einer Katamaranfahrt normalerweise sehen kann. Vor Coin de Mire gibt es hervorragende Schnorchel- und Tauchreviere. Der Tauchspot Confetti Bay gehört mit zum Besten, was Mauritius zu bieten hat.

Gabriel Island

Bald geht es weiter, und nach ungefähr 90 Minuten Fahrt erreicht das Boot die Lagune zwischen Flat Island und Gabriel Island. Beide Inseln sind

Nicht verpassen

DIE ÖFFENTLICHEN STRÄNDE DES NORDENS

Auch, wer keinen Katamaran- oder Schnellbootausflug machen möchte, kann gut und gerne einen oder mehrere Tage an wunderschönen Postkartenstränden verbringen, in kristallklarem Wasser schnorcheln und den einen oder anderen Imbiss zu sich nehmen. Die idealen Orte für dieses Vergnügen sind die sogenannten »Public Beaches« rund um Mauritius. 90 existieren insgesamt, und die im Norden gelten mit als die schönsten.

Die öffentlichen Strände gehören dem Staat und bieten normalerweise immer einen Parkplatz, gut instand gehaltene Toilettenanlagen und Duschen. Ein Team von orange gekleideten Mitarbeitern kümmert sich täglich um die Sauberkeit des Strands, und an vielen Public Beaches stehen Imbiss- und Saftbuden. Der Eintritt ist immer frei, und Platz gibt es reichlich.

Geheimtipp

TICKETS AM FOODTRUCK IN GRAND BAIE

In Grand Baie wird man unweigerlich angesprochen auf eine Tagestour zu den vorgelagerten Inseln. Es lohnt sich, die Preise und Inhalte der Pakete zu vergleichen. Oder aber man hält sich an einen Anbieter, der anerkannt zuverlässig, gut und vor allem schnell ist. Denn »schnell« ist ein wichtiges Thema, wenn man zuerst bei den in der Hochsaison gut nachgefragten Schnorchelspots vor Flat Island ankommen will.

Bisher gibt es nur ein Schnellboot, und das vermittelt Raj. Ihn findet man am großen gelben Foodtruck, an dem auch Obst und Säfte verkauft werden. Links neben dem Truck steht ein Tisch, dahinter sitzt Raj. Er verkauft die Tickets für die hochgelobten Trips mit dem Schnellboot, mit ihm kann man handeln. So sinkt der Ticketpreis in der Nebensaison schnell um 30 Prozent, das kühle Bier nach dem Schnorcheln ist inklusive.

Naturschutzgebiete und liegen sehr nahe beieinander – gerade mal 750 Meter trennen die beiden. Gabriel Island bietet eine winzige, flache Sandbucht mit Vegetation, kristallklarem Wasser und unberührtem Korallengarten. Hier kann man schnorcheln oder bei einem Spaziergang die unberührte Natur entdecken. Dazu gehören Sandstrände, an denen man das Gefühl hat, einen allerersten Fußabdruck hinterlassen zu können, sowie ein Pfad über die Insel – mitten hinein in die tropische Vogelwelt.

Flat Island

Flat Island, elf Kilometer von Mauritius entfernt, ist die größte der nördlichen Inseln, und die Strände hier sind auch nicht von schlechten Eltern. Man kann in der Lagune wunderbar schnorcheln, sollte sich aber nicht wundern, wenn man dabei nicht alleine ist. Die Lagune vor Flat Island ist das Ziel der meisten Tagestörns ab Grand Baie. Auf der Insel stehen ein Leuchtturm und das Governor's House, das heute als exklusives Tagesrestaurant für Gourmets betrieben wird. Interessant ist ein kurzer Blick auf die Geschichte von Flat Island. Hier befand sich eine der beiden Quarantänestationen, die die Briten auf Mauritius eingerichtet hatten. Die andere stand in Point Cannonier bei Grand Baie. Auf Flat Island wurden zwischen 1856 und 1870 etliche Gebäude errichtet, die als Quarantänestation dienten. Dazu gehörte ein Krankenhaus und Wohnbereiche für Menschen, die unter Quarantäne gestellt worden waren. Daneben standen hier Häuser und Büros für Ärzte, Polizei und Einwanderungsbeamte, es gab Großküchen und Läden. Die Menschen, die wegen Malaria, Pocken oder anderen ansteckenden Krankheiten unter Quarantäne gestellt wurden, waren nicht nur indische Vertragsarbeiter, sondern auch befreite Sklaven, britische Soldaten und chinesische Arbeiter. Heute gibt es noch ein paar Ruinen der Quarantänestation. Die Menschen hier, auch die, die unter Beobachtung waren, konnten sich auf der Insel frei bewegen. Dazu gehörten auch Spaziergänge auf die benachbarte, deutlich kleinere Insel Gabriel, die über eine Sandbank erreichbar war. Der Literatur-Nobelpreisträger von 2008, der Franco-Mauritier Jean-Marie Gustave Le Clézio, hat den Inseln in seinem wunderbaren Roman »Ein Ort fernab der Welt« ein literarisches Denkmal gesetzt.

Round Island und Serpent Island

Die anderen beiden Inseln liegen 22 Kilometer von der Nordküste von Mauritius entfernt und heißen Round Island und Serpent Island. Round Island ist ein Naturschutzgebiet, der Zugang ist verboten. Das Vogelschutzgebiet Serpent Island liegt zweieinhalb Kilometer nördlich von Round Island und ist damit die nördlichste Insel der Inselgruppe. Im Vergleich mit den anderen nördlichen Inseln verfügt Serpent Island über eine sehr große Seevogelfauna. Dazu gehören die Rußseeschwalbe (*Onychoprion fuscatus*), der Maskentölpel (*Sula dactylatra*), der braune Noddi (*Anous stolidus*), der Schlankschnabelnoddi (*Anous tenuirostris*) und der Rotschwanz-Tropikvogel (*Phaethon rubricauda*). Es gibt hier Populationen von Bojers Skink (*Gongylomorphus bojerii*) sowie Berichte über große Tausendfüßler, nicht identifizierte große Taranteln sowie über den Schlangeninselgecko (*Nactus serpensinsula*). Die letzten beiden Arten existieren möglicherweise nur noch auf Serpent Island.

Namenswirrwarr

Ein paar Worte zu den Namen der Inseln: Flat Island ist nicht flach, wie man bei einem Blick durchs Fernrohr ab Cap Malheureux sehen kann.

Oben: Bei den Ausflügen ist ein Bade- und Schnorchelstopp vor einer Insel inbegriffen.
Mitte: Brauner Noddy (*Anous stolidus*) im Vogelschutzgebiet
Unten: Von der Anse la Raie genießt man einen schönen Ausblick auf Round Island.

Oben: Flat Island befindet sich gut elf Kilometer von der mauritischen Küste entfernt.
Mitte: Gabriel Island ist ideal zum Schnorcheln.
Unten: Mit größeren Katamaranen kann man auch mehrtägige Ausflüge unternehmen.

Die Insel steigt bis zu einer Höhe von 90 Metern an, sogar den Leuchtturm kann man erkennen. Round Island ist nicht rund, und auf Serpent Island (Schlangeninsel) leben keine Schlangen. Dafür ist Serpent Island fast rund, während die Schlangen auf Round Island ein Zuhause gefunden haben. Es wird angenommen, dass die Namen von einem Kartografen bei der Zeichnung einer Karte des Indischen Ozeans schlicht vertauscht wurden.

Schnellboot oder Katamaran?

Auf einem Tagestörn erfährt man normalerweise nicht allzu viel über die Geschichte und die Besonderheiten der Inseln. Dafür stehen andere Dinge im Vordergrund, die den Tag zu einem »Höhepunkt des Aufenthalts auf Mauritius« werden lassen. Dazu gehört, dass man morgens im Hotel abgeholt und dann nach Grand Baie oder Péreybère gefahren wird, wo der 45-Fuß-Katamaran oder das Schnellboot warten. Der Trip mit dem Schnellboot hat den nicht zu unterschätzenden Vorteil, dass das Boot normalerweise vor den Katamaranen in den jeweiligen Buchten eintrifft und man wenig Gesellschaft beim Schnorcheln oder Baden hat. Dafür erlebt man aber nicht das Segelgefühl, das ein Katamaran bietet. Normalerweise legt das Boot um 9 Uhr ab, bald danach wird ein leichtes Frühstück gereicht. Der Katamaran segelt oder fährt die Küsten hinauf, an Cap Malheureux vorbei Richtung Coin de Mire, dann weiter nach Flat Island oder zur benachbarten Insel Gabriel. Hier kann man um die Mittagszeit herum an den Strand gehen und ein Barbecuebuffet genießen mit frischem Fisch, Hähnchen und Salat. Anschließend kann man chillen, baden, schnorcheln oder strandwandern, bis gegen 15 Uhr die Rückfahrt nach Grand Baie oder Péreybère ansteht. Wer einen guten Tag erwischt hat, sieht Wale oder Delfine während des Törns.

Infos und Adressen

SEHENSWÜRDIGKEITEN

Coin de Mire, Flat Island, Gabriel Island. Beliebte Ziele für Tagestrips mit dem Schnellboot, dem Katamaran oder dem Trimaran ab Grand Baie oder Péreybère.

Kapelle Notre-Dame Auxiliatrice. Tgl. geöffnet, Royal Road, Cap Malheureux

Round Island, Serpent Island. Diese beiden Inseln können nur mit Chartertouren angefahren werden, die jeweiligen Bestimmungen (Naturschutzgebiete) müssen beachtet werden.

ESSEN UND TRINKEN

Bei den Törns sind Mittagessen sowie Getränke im Paketpreis immer inklusive. Normalerweise gibt es frische Dorade, Marlin oder Thunfisch, Hähnchen, Salate und Baguette sowie einen Nachtisch wie beispielsweise Bananen-Flambé. Auch Getränke stehen kostenlos zur Auswahl: Wasser, Softdrinks, Rum, Bier und Wein.

ÜBERNACHTEN

Hôtel 20° SUD. Das ausgezeichnete Boutiquehotel hat ein ganz besonderes Schmankerl im Angebot: abendliche Törns inklusive Dinner mit dem wohl ältesten Motorboot auf Mauritius, der »M/S Lady Lisbeth« von 1929. Es wurde komplett aus Teakholz gebaut und von kundiger Hand restauriert. Coastal Road, Pointe Malartic, Grand Baie, Tel. 02 63/50 00, www.20degressud.net

INFORMATION

Währen der Törns ist man den ganzen Tag auf dem Wasser, unter Umständen gibt es wenig Schatten. Daher sollte man Hut, Sonnenbrille, T-Shirt oder besser ein langärmliges Shirt zum Schnorcheln dabeihaben. Zusätzlich kann Sonnencreme nicht schaden, auch an die Kamera sowie Bade- und Wechselkleidung sollte man denken. An Bord gibt es ein Musikangebot. Wer besondere Wünsche hat, kann die eigene Playlist mitbringen.

Der weiße Strand von Gabriel Island ist ein beliebtes Ausflugsziel.

21 Cap Malheureux

Kirchenbesuch und Kitesurfen

Das Cap Malheureux an der Nordspitze von Mauritius ist schlicht ein schöner Ort: Der Indische Ozean umspült schneeweißen Sand, und schwarzes Lavagestein reicht bis ins Wasser hinein. Über das Meer grüßen ein paar Inseln, direkt am Strand steht die meistfotografierte Kirche von Mauritius: Notre-Dame Auxiliatrice mit ihrem auffälligen roten Dach. Daneben tummeln sich auf dem Wasser Kitesurfer, die hier ein Paradies gefunden haben.

Die katholische Kirche Notre-Dame Auxiliatrice allein ist schon einen Besuch des Dorfs Cap Malheureux mit seinen 5000 Einwohnern wert. Viele Urlauber, vor allem aus dem asiatischen Raum, kommen auch nur wegen des Selfies vor der Kirche hierher – vielleicht als Hochzeitspaar, da ist das Selfie natürlich besonders schön. Dabei sollte man sie nicht nur von außen anschauen – zugegeben, sie ist ein echter Hingucker –, sondern auch hineingehen. Sie ist gänzlich aus Holz gebaut, im Inneren dank der großen, offenen Fenster schön luftig, und das Weihwasserbecken besteht aus einer riesigen Muschel. Da die Kirche zur Pfarrei Saint Michel in Grand Gaube gehört, werden hier auch regelmäßig Gottesdienste abgehalten. Man kann hier auch heiraten. Nach dem Kirchenbesuch lohnt sich ein kurzer Strandspaziergang. Auch wenn man wegen der zahlreichen Felsen und der Strömungen nicht so gut baden kann wie beispielsweise im Nachbarort Péreybère, sollte man zumindest ausgiebig die Aussicht genießen: Über Fischerboote reicht der Blick bis zu den Inseln Coin de Mire, Flat Island, Serpent Island und Round Island, die etwa vier Kilometer vor der Küste liegen.

Mitte: Weniger touristisch und ruhiger ist es an der Nordküste, etwa am Cap Malheureux.
Unten: In der auffälligen Kapelle Notre-Dame Auxiliatrice wird auch gerne geheiratet.

Kap des Unglücks

Der Name Cap Malheureux, also »Kap des Unglücks«, kann übrigens gleich zwei Deutungen vorweisen. Die eine besagt, dass sich hier, in den strömungs- und untiefenreichen Gewässern vor dem Kap, so viele Schiffsunglücke ereigneten, dass man schlicht nur von einem unglücklichen Kap sprechen konnte. Die andere Deutung ist klarer: Am 29. November 1810 um 8.30 Uhr morgens marschierte die britische Armee etwa vier Kilometer südlich des heutigen Cap Malheureux auf Mauritius ein. Bis Port Louis stieß sie auf wenig Widerstand und konnte die Insel einnehmen – ein großes Unglück für die Franzosen.

Spot zum Kitesurfen

Cap Malheureux wurde schon vor Jahren von einer ganz bestimmten Art von Urlaubern als Ziel ausgewählt: den Kitesurfern. Denn dass auf Mauritius und Rodrigues paradiesische Zustände herrschen, das hatte sich lange herumgesprochen. Was die beiden Inseln bei Kitesurfern aus aller Welt so beliebt macht, sind neben der besucherfreundlichen Umgebung vor allem die beinahe idealen äußeren Bedingungen: milde Luft- und Wassertemperaturen sowie fantastische Windbedingungen. Vier Beaufort sind rund um die Inseln und zu jeder Jahreszeit dank der Passatwinde möglich. Als beste und stabilste Reisezeit für den Kiteurlaub gelten die windreichsten Monate Mai bis Oktober.

Kitesurfen kann man im Süden der Insel, bei Le Morne, im Osten an der Blue Bay, bei Bel Ombre oder Baie du Cap und eben vor Cap Malheureux. Hier gibt es eine wunderschöne Landschaft sowie eine türkisfarbene Lagune mit perfekt glattem Flachwasser, auf der erfahrene Kitesurfer bei den meisten Windverhältnissen hervorragend zurechtkommen.

Infos und

SEHENSWÜRDIGKEITEN

Friedhof von Cap Malheureux. Der Friedhof liegt sehr schön, beinahe schon anmutig, direkt am Strand. Ein Ort der Ruhe. Tgl. geöffnet, Royal Road, Cap Malheureux

Kapelle Notre-Dame Auxiliatrice. Tgl. geöffnet, Royal Road, Cap Malheureux

ESSEN UND TRINKEN

Restaurant Kanaco. Das Kanaco liegt direkt gegenüber dem Friedhof und ist bekannt für Meeresfrüchte und Cocktails. Mo–Fr 18–22, Sa, So 11–15.30 und 18–22 Uhr, Mariamen Temple Road, Cap Malheureux, Tel. 057 55/41 27, http://restaurant-kanaco.business.site

ÜBERNACHTEN

Paradise Cove Boutique Hotel. Adult-Only-Resort mit 75 Zimmern, vier Restaurants, einem Spa und reichlich Luxus. Gehört zu den Small Luxury Hotels of the World. Royal Road, Cap Malheureux, Tel. 02 04/40 00, www.paradisecovehotel.com

AKTIVITÄTEN

Club Mistral. Hervorragende Adresse für den Einstieg ins Kitesurfen. Tgl. 9–17 Uhr, Royal Road, Cap Malheureux, Tel. 052 55/18 50, www.facebook.com/watermannico

22 Triolet

Der größte Hindutempel von Mauritius

Mauritius wird von den Hindus geprägt, die den größten Bevölkerungsanteil bilden. Sie haben auf der Insel zahlreiche Tempel, Schreine und heilige Stätten errichtet und prägen damit auch das Bild der Dörfer und Städte. Diese Stätten spielen eine wichtige Rolle im täglichen Leben – sowohl als Ort der Andacht als auch als Ort der Ruhe. Der Tempel Maheswarnath Mandir in Triolet ist der größte Hindutempel von Mauritius.

Triolet mit seinen rund 25000 Einwohnern gilt als die längste Stadt auf Mauritius. Den Großteil der Bevölkerung bilden Hindus, deren Vorfahren aus Indien kamen. In der Gegend rund um Triolet gab es zahlreiche Plantagen, auf denen die Lohnarbeiter aus Indien Ende des 18. und Anfang des 19. Jahrhunderts unterkamen. Als Zucker auf dem Weltmarkt nicht mehr so stark nachgefragt wurde, legten die Pflanzer viele Flächen still, und von 1880–1920 löste sich die bisherige Plantagenstruktur auf. Die Lohnarbeiter aus Indien aber blieben und gründeten ihren eigenen Ort: Triolet. Ab Mitte des 20. Jahrhunderts wuchs der Ort und ist heute ein quirliges Städtchen entlang der A4 – mit Läden, Werkstätten, Schulen, Supermärkten, Imbissstuben und Druckereien. Geistiges Zentrum der gläubigen Hindugemeinde ist der Tempel Maheswarnath Mandir, auch Grand Shivala Triolet genannt. Er ist der größte und älteste Hindutempel auf Mauritius.

Mitte: Der frisch renovierte Hindutempel erstrahlt heute wieder in leuchtenden Farben.
Unten: Der mächtige Banyanbaum auf dem Gelände ist heilig und spendet Schatten.

Das Wahrzeichen von Triolet

Der Tempel dient als Wohnsitz von Lord Shiva. Aus diesem Grund erhielt er den Namen Maheswarnath, was »der Große Herr« bedeutet. Gegründet wurde er im Jahr 1888. Da ab hier im selben Jahr auch die erste Pilgerreise zum heiligen See, dem Ganga Talao (siehe S. 76), stattfand, kommt dem Tempel noch größere Bedeutung zu.

Der Gründer des Tempels, Pandit Sanjibunlall Ramsoondur, stammte ursprünglich aus dem indischen Bundesstaat Bihar. Nachdem er am 4. April 1866 als armer Mann von Kalkutta nach Mauritius gekommen war, verdiente er hier viel Geld mit dem Erwerb und Verkauf von Land. Das war dadurch möglich geworden, dass Plantagenflächen mit dem Verfall des Zuckerpreises verkauft wurden. Ramsoondur stieg ins Immobiliengeschäft ein und wurde bald einer der größten Grundbesitzer auf Mauritius. Allein rund um Triolet gehörten ihm gut 13,5 Hektar. Als Dank für seinen Erfolg ließ er den Tempel Maheswarnath Mandir von 1888–1891 auf den Ruinen einer alten Zuckerfabrik errichten. Tamilische Handwerker, die dafür bekannt waren, ein besonderes Händchen für die Ausarbeitung von palastähnlich geschmückten und verzierten Gebäuden zu haben, wurden für den Bau des Tempels angestellt. Es waren dieselben Arbeiter, die auch die Jummah-Moschee in Port Louis erbauten.

Es gibt eine schöne Legende: Genau an der Stelle, an der das Fundament errichtet wurde, entdeckten die Bauarbeiter einen Topf mit Gold- und Silbermünzen. Es wird angenommen, dass es sich um Piratengold handelte. Denn diese griffen etliche Male erfolgreich die Schiffe der East India Company an und plünderten sie aus. Das Gold wurde, so heißt es, für den Bau des Tempels verwendet. So ist es durchaus verständlich, dass der Tempel mit seinen elf Gebäuden bis heute einen prächtigen Eindruck hinterlässt. 2019 wurde neue Farbe aufgetragen – und jetzt strahlt er wieder wie wahrscheinlich zur Einweihung 1891.

Infos und

SEHENSWÜRDIGKEITEN

Maheswarnath Mandir. Tgl. von Sonnenaufgang bis Sonnenuntergang geöffnet, Shivalah Road, Triolet

ESSEN UND TRINKEN

Kwan Peng Snack Bar. Wer chinesisches Essen mag, sollte diese kleine Snackbar nicht verpassen. Köstliche Nudelgerichte und allerlei Suppen werden vom Chef frisch zubereitet. Für ganz wenig Geld gibt es ganz viel Geschmack. Man kann sich im hinteren Teil an die kleinen Tische setzen oder die Köstlichkeiten mit an den Strand nehmen. Die Snackbar ist nicht ganz einfach zu finden. Am besten nach einem Kinderspielplatz Ausschau halten, gegenüber sieht man meistens schon die Schlange der anstehenden Einheimischen. Mo–Sa 10–16 Uhr, Royal Road, Trou aux Biches

ÜBERNACHTEN

Für Urlauber gibt es keinen Grund, im quirligen Triolet zu übernachten. Dazu sind die verlockenden Strände von Trou aux Biches zu nah.

INFORMATION

Der Besuch des Tempels ist kostenlos. Wer aber mehr wissen will, der kann sich von einem der Priester gegen eine kleine Spende herumführen lassen.

23 Château de Labourdonnais

Herrenhaus in Mapou

Es ist recht einfach, tiefer in die Geschichte von Mauritius einzutauchen: Dafür gibt es zahlreiche beeindruckende Anwesen aus der Geschichte als Zeitzeugen. Einige sind renoviert worden und für die Öffentlichkeit zugänglich. Einer der besten Orte, um sich Geschichte und Architektur anzuschauen, ist das Château de Labourdonnais – ein ehemaliges Herrenhaus der Zuckerbarone aus dem 19. Jahrhundert.

Château de Labourdonnais, das bedeutet übersetzt »Schloss von Labourdonnais«. Auch, wenn das Gebäude nicht wirklich ein Schloss ist, so ist es doch ein imposantes Herrenhaus. Hier lebten die Herren, die über Land und Leute herrschten. Sie legten ihr Geld in ihren Anwesen gut an – teilweise, um zu protzen, aber sicher auch, um der Nachwelt etwas zu überlassen. Das zumindest ist im Château de Labourdonnais gelungen: Heute gibt es hier ein mächtiges, weitläufiges Herrenhaus mit zwei Stockwerken und erstklassig restaurierten Möbeln, umgeben von einem Park, der zu einem Spaziergang einlädt. Anschließend kann man es sich im Restaurant gutgehen lassen oder eine der hauseigenen und prämierten Rumsorten probieren.

Mitte: Das ehemalige Herrenhaus ist seit der Renovierung ein echter Hingucker.
Unten: Ein Blick ins Arbeitszimmer lässt den Reichtum der früheren Besitzer erahnen.

Domizil der Familie Wiehe

Die Geschichte des Château de Labourdonnais kann bis ins 18. Jahrhundert zurückverfolgt werden. Das ursprüngliche Grundstück gelangte in den 1770er-Jahren in französische Hände und wurde mit einer Zuckermühle bebaut. In den Folgejahren wechselte das schöne Stück Boden beim heutigen Örtchen Mapou einige Male den Besitzer, bis es 1847 von Jacques de Chasteigner du Mée für 40 000 Piaster gekauft wurde. Er erweiterte das Anwesen von 186 auf 1400 Hektar und nannte es Labourdonnais. Nach seinem Tod wurde es Eigentum seiner beiden Schwestern, die Ladys Bourgault und Aubin. In den 1850er-Jahren übernahm Christian Wiehe das Anwesen von Lady Bourgaults Schwiegersohn. Wiehe erbaute das Château, wie es in seiner heutigen Form Bestand hat. Mittlerweile gehören das Herrenhaus sowie 540 Hektar seit drei Generationen der Familie Wiehe.

Christian William Wiehe (1807–1878) war ein ziemlich einflussreicher Mensch. Er war Mauritier mit niederländischer Abstammung, seine Vorfahren gehörten mit zu den ersten Siedlern auf Mauritius. Er selbst konnte eine landwirtschaftliche Ausbildung vorweisen und war Mitglied der gesetzgebenden Versammlung von Mauritius. Aufgrund seiner Vorbildung und seiner Kontakte war es ihm möglich, das Château de Labourdonnais zu bauen und schon zu Lebzeiten zu einer Art Denkmal kolonialen Lebensstils zu machen. Großen Anteil daran haben die Architektur und die Inneneinrichtung. Beides war für die damalige Zeit richtungweisend. Ab 1856 ließ Wiehe drei Jahre lang bauen. Und ab 1859 bewohnte seine Familie eines der schönsten Kolonialhäuser der Insel. Von 2006 bis 2010 wurde das gesamte Anwesen aufwendig und originalgetreu restauriert und für die Öffentlichkeit als Museum zugänglich gemacht.

Beeindruckende Architektur

Das Herrenhaus ist eine Fusion aus britischer und französischer Architektur und in vielerlei Hinsicht ungewöhnlich. Verbaut wurde meist Teakholz, das Gebäude besticht mit einer auffälligen Galerie mit

Geheimtipp

DER OBSTGARTEN UND DIE SCHILDKRÖTEN

Nach dem Besuch des Herrenhauses sollte man es nicht versäumen, durch die üppigen Gärten und vor allem den alten Obstgarten zu schlendern. Auf dem Rundgang durch die Gärten sieht man 100-jährige Mangobäume, Gewürzbäume wie Muskat und Nelken sowie einige exotische Obstbäume wie den Pomme Jacot (*Mimusops coriacea*), die schwarze Sapote (*Diospyros nigra*) oder den Javaapfel (*Syzygium samarangense*). Darüber werden auf einer Fläche von 45 Hektar Papayas, Mangos, Guaven und Passionsfrüchte angebaut. Bis zu 500 Tonnen Obst pro Jahr werden hier produziert. Diese werden verkauft und für die verschiedenen Rumsorten verwendet. Bei einem Spaziergang durch die Gärten sollte man auch in die Gehege schauen: Hier leben Aldabra-Riesenschildkröten.

Oben: Das Haus ist von einer großzügigen, luftigen und schattigen Veranda umgeben.
Unten: Das Esszimmer beeindruckt auch durch die Panoramatapete und den Kronleuchter.

Doppelkolonnaden. Die Räume im Erdgeschoss sind in einer Reihe angeordnet, je mit einer Tür in der Mitte. Das Foyer teilte das Stockwerk in einen Ess- und einen Sitzbereich. Ab dem Sitzbereich führte nur eine recht unscheinbare Treppe zu den privaten Räumen der Familie. Es gab nur eine weitere Personaltreppe in der Nähe der Küche. Im Obergeschoss gibt es nur einen Korridor, der Zugang zu den Innenräumen war nur über einen einzigen Raum möglich: das Schlafzimmer der Hausherrin. Alle Zimmer waren miteinander verbunden, zum Kinderzimmer gelangte man nur durch einen anderen Raum. Der Hausherr hatte einen separaten Raum. Um den ersten Stock herum führt eine Veranda, die schöne Ausblicke ermöglicht.

In den repräsentativen Räumen selbst wurde auch nicht gespart. So fällt im Esszimmer beispielsweise die hochwertige Panoramatapete auf. Sie wurde von Christian Wiehes Enkel in Frankreich bestellt und exakt angepasst. Die Waldlandschaft verleiht dem gesamten Raum eine gemütliche Atmosphäre. Auch der beeindruckende Kronleuchter ist ein Hingucker. Diente das Anwesen in den ersten Jahrzehnten der Zuckergewinnung, so ging es später um den Anbau und Verkauf von tropischen Früchten und Gemüsen.

Die Destillerie de Labourdonnais

Die »Rhumerie des Mascareignes« wurde 2006 erbaut und machte ihre ersten erfolgreichen Gehversuche: 2013 gab es eine Goldmedaille beim »German Rum Festival« in Berlin für den hauseigenen Zitronengras-Rum. 2014 wurde die Brennerei in »Distillerie de Labourdonnais« umbenannt und bietet heute – vereint mit dem »Savoir-Faire« des Hauses – einen authentischen mauritischen Rum. Einige Schlucke sollte man nach einer Führung durch das Haus auf jeden Fall probieren.

Infos und Adressen

SEHENSWÜRDIGKEITEN

Château de Labourdonnais. Tgl. 9–17 Uhr, letzter Einlass 16 Uhr, Mapou, Tel. 0266/9533, http://domainedelabourdonnais.com

ESSEN UND TRINKEN

La Table du Château. Das Menü des La Table du Château basiert auf traditionellen Familienrezepten und auf einer großen Auswahl an regionalen Produkten. Verwendet werden all die guten Dinge aus dem heimischen Garten. Das Ergebnis sind leckere, mit Früchten angereicherte, herzhafte Gerichte. Und danach ein Gläschen Rum! Mo–Sa 9–23, So 9–17 Uhr, Tel. 0266/7172, www.tableduchateau.com

ÜBERNACHTEN

Im Örtchen Mapou stehen keine Übernachtungsmöglichkeiten zur Verfügung. Da es nicht weit nach Grand Baie und zum dortigen touristischen Angebot ist, gibt es auch keinen Grund, nahe dem Château de Labourdonnais ein Dach über dem Kopf zu suchen. Die nächste Unterkunft befindet sich in Goodlands:

La Demeure Saint Antoine. In den Zimmern des im mauritischen Kolonialstil erbauten Gutshauses kann man sich vielleicht ein bisschen fühlen wie die Familie Wiehe im Château: Die Gäste finden herrschaftliche Räume, eine Veranda und dahinter einen wunderschönen Garten vor. Golden Powder Road, Goodlands, Tel. 0282/1823, www.lademeuresaintantoine.com

AKTIVITÄTEN

Das Team des Château de Labourdonnais bietet etliche Aktivitäten für Gruppen ab sechs Personen an, beispielsweise eine Blindverkostung mit den Geschmackserlebnissen, die das Haus bietet. Man kann seinen eigenen Rum herstellen oder hausgemachte Sorbets verkosten. Für die Kleinen wird eine Schatzsuche veranstaltet, Infos und Buchung unter Tel. 0266/3007.

Der weitläufige Obstgarten des Anwesens ist unbedingt sehenswert.

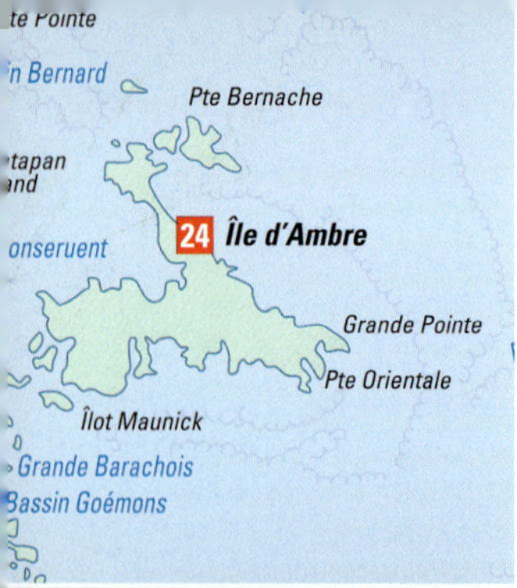

Mitte: Kajakfahren in den Gewässern rund um die Île d'Ambre ist ein wahres Vergnügen.
Unten: Die ökologisch wertvollen Mangroven sind Kinderstube für die bunte Fischwelt.

24 Île d'Ambre

Kajaktour durch die Mangroven

Die Île d'Ambre ist eine kleine Insel in der Lagune vor dem Örtchen Poudre d'Or an der Nordküste von Mauritius. Sie ist unbewohnt, aber wegen ihrer abwechslungsreichen Vegetation ein beliebtes Ziel für Paddler. Hier kann man mit dem Kajak und im Schatten der Mangroven eine ganz besondere Welt entdecken und sich vom Guide die wichtige Rolle der Mangroven im marinen Ökosystem erklären lassen.

Ganz kurz spielte die Île d'Ambre eine Rolle in der Geschichtsschreibung von Mauritius: Im August 1744 lief das Passagierschiff »Saint Géran«, ein Schiff der French Indies Company, vor Poudre d'Or auf ein Riff und sank. 150 Passagiere konnten sich auf die Île d'Ambre retten. Aber mehr als 200 Menschen kamen um, darunter eine gewisse Virginie. Sie wurde die tragische Heldin in Bernadin de Saint Pierres Buch »Paul et Virginie«, das 1788 erschien und in seiner Heimat Frankreich Furore machte. Heute gibt es auf der 137 Hektar großen, aber unbewohnten Insel nur reichlich Wald und Ruhe sowie ein paar Ruinen. Es handelt sich um die Überreste einer Kokospalmenplantage aus der Zeit des Schiffbruchs der »Saint Géran«. Denn auch die kleine »Bernstein-Insel« zog, genauso wie das Festland, Glücksritter und Unternehmer an. Vielleicht fanden sie am Strand wenigstens ein paar Bernsteine. Der Kokospalmenanbau war jedenfalls nicht erfolgreich, die Plantage schloss um 1850.

Ökosystem Mangroven

Die Insel wird als Schutzgebiet vom mauritischen Ministerium für Landwirtschaft, Fischerei und natürliche Ressourcen verwaltet, und das hat durchaus seinen Grund: In früheren Zeiten wurden Mangroven von den Siedlern schlicht als Brennholz genutzt. Das geht heute natürlich nicht mehr, da sie geschützt sind. Darüber hinaus wurde den Mangroven über die Jahrhunderte auch eine medizinische Bedeutung zugesprochen. Sie wurden zur Wundheilung aufgelegt, kamen gegen Blutungen zum Einsatz und galten als blutdrucksenkend sowie antidiabetisch. Viel wichtiger ist heutzutage aber die ökologische Bedeutung der Mangroven. Sie dienen als Brutstätte und Kinderstube für Fische und bieten ihnen sowohl Obdach als auch Nahrung. Gleichzeitig entsalzen sie das Wasser und verhindern Bodenerosion.

Kajaktour oder Wanderung?

Am besten entdeckt man die nur 400 Meter vom Festland entfernte Île d'Ambre auf einer organisierten Halbtages- oder Tagestour mit dem Einer- oder Zweierkajak. Diese werden von zahlreichen Tourenveranstaltern auf ganz Mauritius angeboten. Der Vorteil einer organisierten Tour ist, dass man im Hotel abgeholt wird, die Kajaks bereits vorbereitet sind, Verpflegung an Bord ist und ein Führer einiges zum Leben und Überleben auf der Île d'Ambre erzählen kann. Dabei entdeckt man, ganz ohne lärmenden Motor, die stille Welt der Mangroven. An einigen Stellen in der Lagune kann man Meeresschildkröten beim Weiden zuschauen. Sie fressen das Gras, das den Boden der Lagune bedeckt.

Wer sich nicht einem Kajak anvertrauen will, kann die Insel übrigens auch erwandern. Auch hier ist die Abholung im Hotel inklusive, genauso wie der Transport per Boot zur Insel. Rund drei Stunden dauert eine Wanderung quer über die Insel. Ebenso wie beim Kajakausflug sind Getränke und Snacks inklusive.

Infos und Adress

SEHENSWÜRDIGKEITEN

Île d'Ambre. Die Insel liegt an der Nordküste von Mauritius vor dem Örtchen Poudre d'Or.

AKTIVITÄTEN

Wanderungen über die Île d'Ambre werden etwa veranstaltet von:

Mauritius Attractions. Suite 206, Grand Bay Business Park, Royal Road, Grand Bay, Tel. 0269/1000, www.mauritiusattractions.com

INFORMATION

Die Tourenanbieter stellen normalerweise Einzel- und Doppelkajaks für einen Ausflug zur Île d'Ambre zur Verfügung. Die Kajaks sind ausgestattet mit Rückenlehnen, Abschleppseilen, gefederten Paddeln und einer vollständigen Sicherheitsausrüstung wie beispielsweise Schwimmwesten. Alle Kajaks sind auch mit einem wasserdichten Fach ausgestattet, in dem man Ersatzkleidung, Kameras und andere Wertsachen aufbewahren kann. Ein anerkannt guter Veranstalter ist:

Yemaya Adventures. Grand Gaube, Tel. 05254/3205, www.yemayaadventures.com

Vom Kajak aus hat man einen ganz anderen Blick auf Mauritius und seine Inseln.

DER OSTEN UND SÜDOSTEN

25 Trou d'Eau Douce

Ausflug auf die Île aux Cerfs

Die Île aux Cerfs ist mit ihren weißen Sandstränden und der türkisen Lagune ein weiteres Topziel eines jeden Mauritiusurlaubs. Neben dem Strand und dem Wasser ist noch einiges mehr geboten auf der »Insel der Hirsche«. Es gibt viele Wassersportangebote, Restaurants, einen Souvenirmarkt, einen kleinen Abenteuerpark und einen exklusiven Golfplatz.

Ein Ausflug auf die Île aux Cerfs wird von so gut wie jedem Tourenveranstalter angeboten. Die Angebote reichen vom reinen Transfer über Ausflüge mit Verpflegung bis hin zum Paket, in dem zusätzlich auch noch Wassersportmöglichkeiten enthalten sind. Der große Vorteil dieser organisierten Touren ist, dass man sich um nichts mehr kümmern muss und einfach nur entspannt genießen kann. Man muss keinen Parkplatz suchen, keine gefühlt 100 Bootsführer wollen einem eine Überfahrt verkaufen – und es ist kein Feilschen um den Preis notwendig.

Seite 156/157: Der Wasserfall von Grand Rivière Sud Est ist einer der schönsten auf Mauritius.
Mitte: Sonnenhungrige finden auf der Freizeitinsel Île aux Cerfs traumhafte Strände.
Unten: Der Golfplatz wurde von Bernhard Langer gestaltet.

GUT ZU WISSEN

PREISE FÜR BOOTSÜBERFAHRTEN VERGLEICHEN
Wer selbst mit dem Auto nach Trou d'Eau Douce oder Grand Rivière Sud Est kommt, um sich auf die Insel übersetzen zu lassen, sollte unbedingt die Preise der verschiedenen Skipper vergleichen. Meist lohnt es sich, ein wenig zu warten und zu handeln. Kurz vor Abfahrt eines der Boote bekommt man dann oft noch einen Platz zum Schnäppchenpreis. »Lieber etwas weniger verdienen als mit halbvollem Boot fahren«, ist da das Motto der Bootsführer.

Trou d'Eau Douce

Ab auf die Insel!

Man wird direkt am Hotel abgeholt und mit dem Auto oder Minibus zum Hafen gefahren. Meist nach Trou d'Eau Douce, nach Blue Bay oder Grand Rivière Sud Est, und dann mit dem Boot, Speedboat, Katamaran oder einer Jacht auf die Insel übergesetzt. Nach kurzer Überfahrt dort angekommen, wird man am öffentlichen Anleger von Bord gelassen, und schon ist man mitten im Freizeitparadies. Eine Tafel informiert darüber, was es alles gibt und wo was zu finden ist. So kann man sich schon mal grob orientieren. Je nach gewähltem Angebot hat man jetzt Zeit zur freien Verfügung auf der Insel, oder die gebuchten Aktivitäten stehen auf dem Programm. Ob Wasserski, Wakeboarding, Bananenbootreiten oder eine Tour mit dem Glasboden- oder Schnellboot – hier ist alles möglich. Besonders beliebt ist Parasailing. Natürlich kann man auch einfach das Strandleben genießen, nur faul in der Sonne liegen oder wunderbar in der klaren Lagune schnorcheln gehen. Wer will und kann, spielt eine Runde Golf.

Golfen vor traumhafter Kulisse

Die gesamte Île aux Cerfs wurde vom Staat an den Île aux Cerfs Golfclub verpachtet, der neben dem Golfplatz auch die anderen Einrichtungen der Insel betreibt. Der von der deutschen Golflegende Bernhard Langer höchstpersönlich gestaltete Golfplatz ist allein schon durch seine Lage besonders. Der 38 Hektar umfassende Platz befindet sich auf der südlichen Hälfte der Insel und verfügt über einen eigenen Anleger, einen Helikopterlandeplatz für ganz elitäre Gäste, ein Clubhaus, einen kleinen Shop mit Ausrüstung und vor allem über einen privaten, nur für die Golfer reservierten Strand. Hier gibt es eine Bar, die auch Mittagessen anbietet, und es stehen den Spielern kostenlos Liegen

Geheimtipp

ÜBERNACHTEN IN DER BUBBLE LODGE

Die drei Bubble Lodges sind die einzigen Unterkünfte auf der Île aux Cerfs. Sie bestehen aus mehreren durchsichtigen Blasen – Bubbles –, die miteinander verbunden sind. Sie bieten allen Komfort, vom Sonnendeck über die Outdoordusche bis zur Klimaanlage. Für die zu 100 Prozent recycelbaren, transparenten Strukturen wird nur ein Minimum an Material benötigt, und sie verbrauchen sehr wenig Energie. Außerdem haben sie keinerlei Auswirkungen auf die sie umgebende Natur. Auf dem Golfplatz, versteckt unter einem riesigen Banyanbaum, ist eine der 24 Quadratmeter großen Behausungen aufgebaut. Es ist ein besonderes Gefühl, hier unter dem Blätterdach, umgeben von Luftwurzeln, zu wohnen. Man meint beinahe, direkt in der freien Natur zu übernachten.

Bubble Lodge. Île aux Cerfs, Trou d'Eau Douce, Tel. 0268/1346, www.bubble-lodge.com

Oben: Direkt an der Landestelle befinden sich Souvenirstände mit bunter Auswahl.
Mitte: Abseits der Hauptattraktionen sind auch einsame Strandspaziergänge möglich.
Unten: Wassersport und Spaß werden hier großgeschrieben.

und Schirme zur Verfügung. Die Fairways und Grüns sind harmonisch in das weitläufige Gelände mit seinen Seen, Schluchten, vulkanischen Felsen und vielen tropischen Bäumen und Pflanzen eingebettet. Von jedem der 18 Löcher kann man auf den leuchtenden glitzernden Indischen Ozean blicken, der den gesamten Golfplatz umgibt. Golfspielen in so einer Umgebung ist schon spektakulär. Nicht umsonst wurde der Île aux Cerfs Golfplatz 2019 in die weltweiten Top 100 der Golfplätze aufgenommen.

Essenszeit!

Nach so viel Sport und Aktivität kommt langsam Hunger auf. Das gebuchte Mittagessen wird entweder in einem der beiden Restaurants am öffentlichen Strandabschnitt oder teilweise vom Veranstalter selbst direkt an einem anderen Strand serviert. Wer keine Mahlzeiten gebucht hat, dem steht alles offen. Entweder hat man seine voll bepackte Kühltasche mitgebracht oder geht zum Essen ins Sands oder ins La Chaumière Masala Restaurant. Wer es feiner mag, kann im Restaurant Langer's Bar & Grill des Golfclubs speisen.

Sollte danach noch etwas Bewegung vonnöten sein, kann man sich im Abenteuerpark, im Hochseilgarten oder beim Ziplining austoben. Wenn der Tag sich dann langsam dem Ende zuneigt, rückt auch die Fahrt zurück nach Mauritius näher. Zum Ausklang kann man eine frische Kokosnuss mit Rum in der Sands Bar genießen oder kauft vielleicht noch ein Andenken in dem kleinen Souvenirmarkt am Anleger, bevor man dort zur verabredeten Zeit wieder abgeholt wird. Mit einem letzten Blick zurück auf die Insel geht der Ausflug auf die Île aux Cerfs zu Ende. Vom Hafen geht es dann nach einem gelungenen Tag wieder mit dem Auto oder Minibus zurück ins Hotel.

Infos und Adressen

SEHENSWÜRDIGKEITEN

Île aux Cerfs. Île aux Cerfs, Trou d'Eau Douce, Tel. 0402/7720, www.ileauxcerfsgolfclub.com

ESSEN UND TRINKEN

La Chaumière Masala Restaurant. Neue Interpretationen mauritischer, indischer und chinesischer Küche sowie knusprige Pizzen aus dem Holzofen. Tgl. 12–16 Uhr, gleich oberhalb des öffentlichen Anlegers (etwas versteckt)

Sands Bar und Grill. Der Schwerpunkt liegt hier auf frischen Meeresfrüchten, aber auch knackige Salate und gegrilltes Fleisch können hier mit den Füßen im Sand genossen werden. Der Caesar-Salat ist ein Gedicht. In der Bar werden echte mauritische Rumcocktails, frische Säfte, Kaffee und kühles Bier gereicht. Grill: tgl. 12.30–15 Uhr, Bar: tgl. 11.30–16.30 Uhr. Das Sands findet man vom öffentlichen Anleger aus links, an den Wassersportgeräten vorbei nach wenigen Metern.

ÜBERNACHTEN

Salt of Palmar. Sehr stylisches kleines Hotel direkt am Strand mit einem tollen Konzept, das auf Nachhaltigkeit, lokale Produkte und Besinnung auf das Wesentliche ausgerichtet ist. Das außergewöhnlich leckere Essen wird frisch und mit viel Liebe à la carte zubereitet, auch die hauseigene Bäckerei lässt keine Wünsche offen. Im Spa-Bereich mit dem einzigen Salzraum auf Mauritius kann man sich verwöhnen lassen. Die Rooftop-bar mit einem traumhaften Blick über den schneeweißen Strand und das türkisene Wasser der Lagune lädt zu Cocktails ein. Coastal Road, Palmar, Tel. 0401/8500, www.saltresorts.com/on/mauritius/hotel/saltofpalmar

AKTIVITÄTEN

Île aux Cerfs Golfclub. Île aux Cerfs, Trou d'Eau Douce, Tel. 0402/7720, www.ileauxcerfsgolfclub.com

Das neue Salt of Palmar überzeugt mit einem tollen und preisgekrönten Konzept.

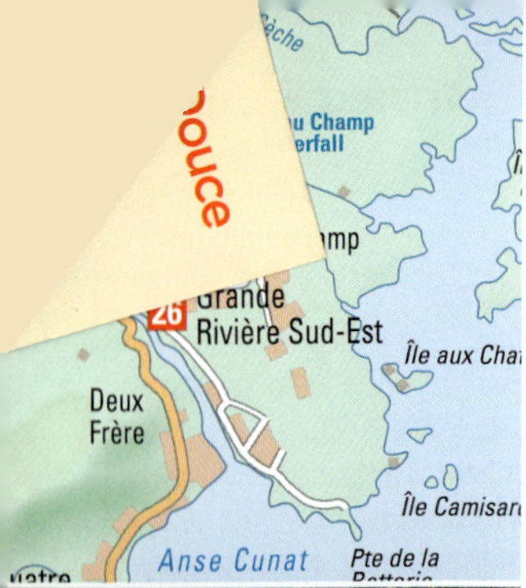

Mitte: Im Angesicht des Wasserfalls und in der Gischt ist höchste Zeit für ein Selfie.
Unten: Der Grand Rivière Sud Est ist der längste Fluss auf Mauritius – hier die Mündung.

26 Grand Rivière Sud Est

Bootsausflug zu den Wasserfällen

Einen Ausflug zu den Wasserfällen von Rivière Sud Est kann man in Verbindung mit einem Törn nach Île aux Cerfs unternehmen, auf eigene Faust oder mit dem eigenen Fahrzeug. Die Wasserfälle selbst gehören nicht zu den spektakulärsten, die Mauritius zu bieten hat, aber die Bootstour dorthin, durch die Mündung und den Fluss hinauf ist ein schöner Ausflug in die Natur von Mauritius.

Der Grand Rivière Sud Est ist der längste Fluss von Mauritius. Er schlängelt sich auf einer Länge von 34 Kilometern durch das Land und dem Ozean entgegen. Beim gleichnamigen Örtchen, auf den Hinweisschildern abgekürzt mit »GRSE« und dem »Camp des Pêcheurs«, dem Lager der Fischer, befindet sich die Mündung des Flusses. Schon die Niederländer erkannten, dass sie es hier mit einem recht großen Fluss zu tun haben und nannten ihn kurzerhand »Groote Rivier«, also »großer Fluss«. Über ihn wurden im 17. Jahrhundert die im Hochland abgeholzten Ebenholzstämme zum Hafen transportiert und dort auf Schiffe verladen. Heute gibt es so gut wie keine Ebenholzbäume mehr auf Mauritius, dafür aber sind der Fluss und die bekannten Wasserfälle zu einer beliebten Attraktion geworden.

Anfahrt mit dem Boot

Die Bootsfahrt zu den Wasserfällen dauert rund 20 Minuten. Sie sind weder besonders hoch noch sonderlich spektakulär, aber wunderschön in die Landschaft und den umliegenden Wald eingebunden. Wer bei der Anfahrt mit dem Boot nicht nur auf den Fluss, sondern rechts und links auf die Bäume und Sträucher am Ufer achtet, wird vielleicht ein paar Flughunde beim Mittagsschlaf entdecken. Makaken sind auf der Futtersuche, ein Tropikvogel fliegt vorbei und hinter dem Grün ist schwarzer Fels erkennbar. Je näher das Boot dem Wasserfall kommt, desto mehr schwarze Felsen ragen aus dem Fluss und Untiefen müssen umschifft werden. Hier kann man auch ins erfrischende Wasser springen und eine Runde schwimmen. Weiter unten allerdings besteht durchaus die Gefahr, von einem die vorgeschriebene Höchstgeschwindigkeit überschreitenden Schnellboot überfahren zu werden. Vor allem Einheimische und Urlauber aus den arabischen und asiatischen Ländern ziehen die schnelle Anfahrt vor, um dann vor dem Wasserfall mehr Zeit für die Selfies zu haben. Der Vorteil bei dieser Art des Naturgenusses ist, dass diese Schnellboote nach ein paar Minuten wieder verschwinden und man den rauschenden Wasserfall wieder für sich alleine hat.

Auf Schusters Rappen

Wer nicht mit dem Boot anfahren, sondern die Wasserfälle zu Fuß erreichen will, folgt der B 28 Richtung Deux Frères und parkt sein Fahrzeug hinter der Brücke über den Fluss. Ab hier kann man auf einem ausgetretenen Pfad hinuntersteigen, immer dem Rauschen entgegen. Man folgt dem Fluss weiter hinab Richtung Wasserfall. Ein paar Furten müssen überquert werden und nach zehn bis 15 Minuten ist der Wasserfall erreicht. Mutige können jetzt oberhalb des Wasserfalls in den Fluss springen und baden. Man sollte allerdings ein Auge auf den Wasserstand haben, bevor ein Kopfsprung gewagt wird. Zurück geht es auf demselben Weg wie beim Abstieg zum Wasserfall.

Infos und Adressen

SEHENSWÜRDIGKEITEN

Wasserfälle von Grande Rivière Sud Est. Die Wasserfälle werden auch im Rahmen ganztägiger Ausflüge mit dem Schnellboot auf die Île aux Cerfs angefahren. Am Hafen des Camp des Pêcheurs kann man ein Boot mieten oder warten, bis eine Tour zu den Wasserfällen abfährt. Die Bootskapitäne stehen normalerweise bereit, sobald sich Urlauber dem Hafen nähern und bieten ihr Boot zum Chartern an.

ESSEN UND TRINKEN

Laguna Beach Hotel & Spa. Das Hotel liegt direkt am Hafen und Ortsrand, das Restaurant Sardinella und die Bar genießen einen guten Ruf. Camp des Pêcheurs, Tel. 0417/5888, www.lagunabeachhotel.mu

ÜBERNACHTEN

Otentic. »Clamping« vom Feinsten: »Eco Experience« heißt das Konzept am Ufer des Flusses. Man nächtigt in komfortablen Zelten, grillt unter freiem Himmel und kann mit dem Kajak zu den Wasserfällen paddeln. Coastal Road, Deux Frères, Tel. 0594/14888, www.otentic.mu

Mit dem Speedboat gelangt man schnell zu den Wasserfällen.

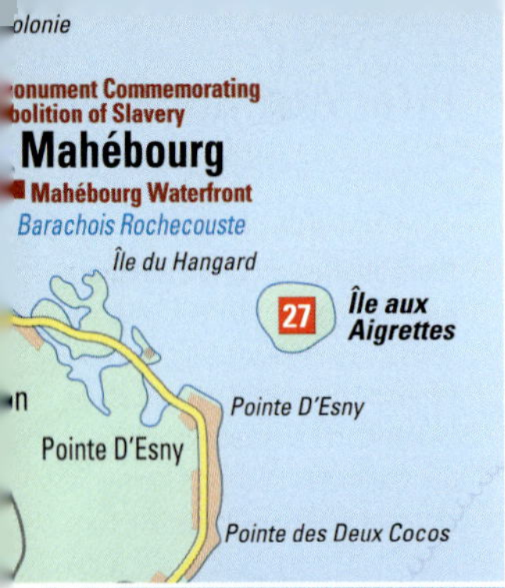

Mitte: Das Naturschutzgebiet Île aux Aigrettes ist nur 850 Meter von Mahébourg entfernt.
Unten: Im Visitor Center erhält man Informationen und kann Touren auf die Insel buchen.

27 Île aux Aigrettes

Naturschutzgebiet in der Bucht von Mahébourg

Die Île aux Aigrettes wurde bereits 1965 zum Naturschutzgebiet erklärt und befindet sich heute in den schützenden Händen der Mauritian Wildlife Foundation. Seit 1985 wird hier der ursprüngliche Zustand der Insel wiederhergestellt: Es wurde gerodet, neu angepflanzt und heimische Tiere wieder angesiedelt. Heute findet man hier eine Flora und Fauna, wie sie sonst auf Mauritius kaum mehr zu finden ist.

Nur 850 Meter von Mahébourg entfernt liegt die 27 Hektar große Insel. Diese Nähe führte mit dazu, dass auch die Île aux Aigrettes unter der Zeit der Kolonisatoren litt: Bäume wurden gerodet, das Holz für den Schiffbau verwendet und die gerodeten Fläche für den Gemüseanbau genutzt. Fremde Pflanzen und Tiere eroberten mit menschlicher Hilfe die Insel, die vormals heimische Flora und Fauna hatte keine Chance.

Zurück zum Ursprung

Seit 1985 allerdings und unter der Verwaltung der Mauritian Wildlife Foundation (MWF) hat sich der Anblick der Insel stark verändert – zum Guten, zum Ursprünglichen. Die fleißigen Helfer der MWF rissen den neuen Bewuchs aus dem Boden und holten alles von der Insel, was da eigentlich nicht hingehörte. Anschließend bepflanzten sie die Insel neu – allerdings nur mit einheimischen Pflanzen. Sobald diese gut angewachsen waren und eine gewisse Sicherheit boten, wurden auch Tiere vom Festland auf die Île aux Aigrettes gebracht, darunter die gefährdete Rosataube und etliche

Riesenschildkröten. Heute ist das Tier- und Pflanzenleben zu gut 90 Prozent wiederhergestellt.

Um diesen Zustand zu sichern, wird die Insel gut geschützt: Niemand darf sie außerhalb einer Führung durch die MWF betreten, kein Müll darf hinterlassen werden und alles, was die Besucher mitnehmen dürfen, sind Fotos, Einsichten und Erfahrungen. Rund eineinhalb Stunden dauert die Tour, die beim Visitor Center am Point Jerome beginnt. Die eigentliche Bootsfahrt hinüber dauert zehn zusätzliche Minuten. Die überschaubare Besuchergruppe wird von einem kundigen Guide geführt. Er benennt die Pflanzen, erzählt von ihrer möglichen Verwendung in der Medizin und macht auf die Rosataube aufmerksam, die der Ausrottung auf Mauritius nur knapp entkommen konnte. Wer einen guten Tag erwischt, sieht vielleicht auch den seltenen Mauritiusfalken (*Falco punctatus*). 1974 gab es nach offiziellen Zahlen nur noch vier Exemplare von ihm, damit galt der Mauritiusfalke als die seltenste Vogelart der Welt. Heute leben auf Mauritius geschätzt bis zu 2000 Mauritiusfalken, die meisten davon im Black River Gorges National Park (siehe S. 204) im Westen und in der Bambou Range an der Ostküste.

Auf der Insel befindet sich auch eine Baumschule für einheimische Pflanzen, die bei der Tour über die Insel besichtigt wird. Auf dem Weg über die Insel begegnen einem zehn sehenswerte Tierstatuen aus Bronze, gestaltet vom englischen Künstler Nick Bibby (*1960). Spätestens auf dem kurzen Rückweg per Boot erkennt man auch die Schönheit der Südostküste von Mauritius mit grünen Hängen im Hintergrund und weißen Stränden im Vordergrund. Den Abschluss der Tour bildet ein Besuch im Shop des Visitor Center. Das eingenommene Geld kommt der Erhaltung der Île aux Aigrettes zugute.

Infos und Adressen

SEHENSWÜRDIGKEITEN

Île aux Aigrettes Nature Reserve Visitor Center. Mo–Sa und feiertags 9–16, So 9–12 Uhr, Pointe Jerôme, Tel. 0631/2396, www.mauritian-wildlife.org/ileauxaigrettes

ESSEN UND TRINKEN

La Belle Creole Restaurant. Bekanntes und beliebtes Fischrestaurant mit ausgezeichneter Küche direkt an der Lagune. Coastal Road, Mahébourg, Tel. 0631/1069

ÜBERNACHTEN

Preskil Island Resort. Strand direkt vor den Bungalows, Infinitypool, zwei Restaurants und drei Bars lassen in diesem Vier-Sterne-Resort normalerweise keine Urlauberwünsche offen. Pointe Jerôme, Mahébourg, Tel. 0604/1000, www.southerncrosshotels.mu/preskil-beach-resort

INFORMATION

Die Touren auf die Île aux Aigrettes beginnen am Visitor Center Mo–Sa um 9.30, 10, 10.30, 13.30, 14 und 14.30 Uhr, So um 9.30, 10 und 10.30 Uhr. Man sollte sich frühzeitig für eine Tour anmelden oder sich einen individuellen Ausflug zusammenstellen lassen.

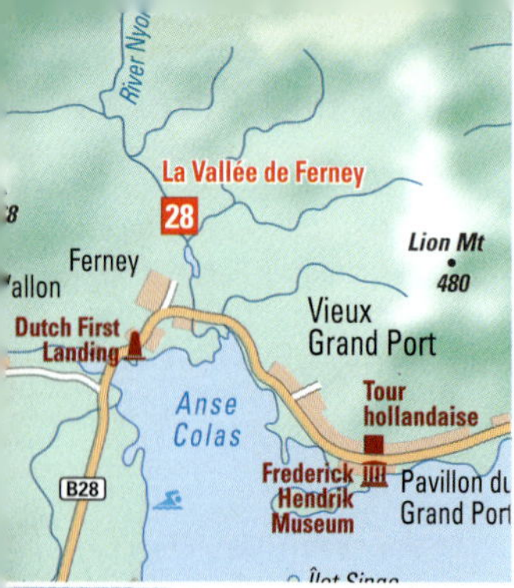

28 La Vallée de Ferney

Besuch im Naturpark

Ferney ist ein 2800 Hektar großes privates Grundstück am Fuße des Lion Mountain. Hier ließen sich die ersten niederländischen Siedler nieder. Heute beherbergt Ferney eines der letzten endemischen Waldgebiete auf Mauritius. Als eines der neuesten Naturschutzgebiete der Insel wurde La Vallée de Ferney für die Öffentlichkeit zugänglich gemacht, damit Besucher die Artenvielfalt von Mauritius kennenlernen können.

Betrieben wird der Naturpark vom »La Vallée de Ferney Conservation Trust«, einer öffentlich-privaten Partnerschaft zwischen dem mauritischen Investment-Unternehmen CIEL-Group und der mauritischen Regierung in Zusammenarbeit mit der Mauritian Wildlife Foundation und dem »UNDP GEF Small Grants Program«. Das Entwicklungsprogramm der Vereinten Nationen »UNDP Global Environmental Finance« (UNDP-GEF) arbeitet mit nationalen Umweltfonds zusammen, um Länder bei

Mitte: Ein Blick auf das Valleé de Ferney zeigt die ursprüngliche Vielfalt der Insel.
Unten: Der Jardin du Ferney am Eingang beherbergt einige der endemischen Pflanzen.

GUT ZU WISSEN

MÜCKENSPRAY MITNEHMEN

Auf Mauritius ist es im Allgemeinen kein Fehler, Mückenspray im Gepäck zu haben. Das gilt umso mehr, wenn man Wanderungen und Spaziergänge im Grünen machen will. Denn hier gibt es reichlich Mücken, die sich offensichtlich auf das Blut der frisch aus Mitteleuropa eingeflogenen Menschen freuen. Also am besten lange Hosen tragen, geschlossene Schuhe und im Idealfall ein langärmliges Oberteil. Auf die Körperteile, die nicht bedeckt sind, sollte man Mückenspray auftragen.

gleichzeitiger Beseitigung der Armut und Abbau von Ungleichheiten und Ausgrenzung zu unterstützen. Das Programm stellt Umweltfinanzierungen für eine nachhaltige Entwicklung bereit. Ziel dieser Zusammenarbeit ist es, die einzigartige endemische Fauna und Flora im La Vallée de Ferney zu bewahren. So wurden seit dem Start 2007 eine 200 Hektar große Schutzzone ausgewiesen und mehr als 15 000 endemische Pflanzen angepflanzt. Rund 200 endemische Vögel wurden wieder eingeführt, darunter vom Aussterben bedrohte Arten wie die Rosataube, der Mauritiusfalke, der Mauritiussittich, der Maskarenen-Paradiesschnäpper oder der Mauritiusraupenfänger.

Natur pur

Die Artenvielfalt des Tals wurde 2004 entdeckt, als ein chinesisches Bauunternehmen eine Schnellstraße samt Tunnel durch das Gebiet bauen wollte und damit die einheimischen Pflanzen und Tiere bedrohte. Für diese hätte großflächig gerodet werden müssen. Untersuchungen der Umweltbehörden im Vallée de Ferney führten zur Entdeckung mehrerer Arten, die für die Wissenschaft neu waren oder als ausgestorben galten. Nach Demonstrationen und Petitionen wurde das Bauprojekt bald zu den Akten gelegt, die Wiederaufforstung konnte beginnen. Durch das Waldgebiet führen Wanderwege. Seit Ende 2018 werden nur noch geführte Touren angeboten. Nun begeht man mit einem Guide in gut zwei Stunden einen drei Kilometer langen Rundweg, der sich durch den Wald schlängelt. Zum Startpunkt der Wanderung wird man gefahren.

Die Wanderung bietet Interessierten die Möglichkeit, einheimische Pflanzenarten kennenzulernen. Dazu gehören Ebenholzbäume, einheimische

Einfach gut!

RESTAURANT LA CASE DU PECHEUR

Das La Case du Pecheur beeindruckt nicht nur mit einer einzigartigen Lage direkt am und umgeben von Wasser, sondern verfolgt auch ein ehrgeiziges Konzept: Die kleinen Gästehäuser und das weitgehend offene Restaurant wurden inmitten unberührter Natur gebaut, verwendet wurden überwiegend natürliche Materialien. Das Wasser wird teilweise durch Sonnenenergie erhitzt, das Personal stammt aus den umliegenden Dörfern, und es werden so viele nachwachsende Rohstoffe eingesetzt wie möglich. Nachhaltigkeit wird hier großgeschrieben. Klar, dass die feinen Gerichte aus der Küche ihren Ursprung in der unmittelbaren Region finden.

La Case du Pecheur. Tgl. 9–17 Uhr, Royal Road, Bambous Virieux, Vieux Grand Port, Tel. 05422/3937, www.mauritiuslacasedupecheur.yolasite.com

Oben: Vom Garten des Restaurants Falaise Rouge aus bewacht eine Kanone die Bucht.
Mitte: Mit dem Kauf nachhaltiger Souvenirs unterstützt man die konservatorische Arbeit.
Unten: Im Shop kann man Tickets für alle Angebote erwerben.

Kaffeesorten, Takamakabäume oder Araukarien. Auf dem Weg durch den endemischen Wald begegnen einem mit viel Glück der Mauritiusfalke als der einzige Raubvogel auf der Insel sowie der mauritische Flughund. Die Chance, eine Rosataube vor die Kameralinse zu bekommen, ist da schon größer. Neben diesem einzigartigen und natürlichen Lebensraum und Ökosystem sollte man auch die malerische Aussicht auf die Umgebung nicht aus den Augen verlieren.

Nature Conservation Hub

Für die Besucher von La Vallée de Ferney, die sich nicht zu einer geführten Wanderung aufraffen können, gibt es ein zusätzliches Angebot: das »Nature Conservation Hub«. In diesem Naturschutzzentrum kann man Mauritiusfalken füttern, eine Baumschule für endemische Pflanzen, eine Voliere für einheimische Vögel sowie einen kleinen Park mit Schildkröten besichtigen. Wem das Konzept der Renaturierung von Mauritius ans Herz gewachsen ist, der kann hier auch eine Patenschaft für einen frisch gepflanzten Baum unter dem Motto »Adopt a tree« annehmen. Der Rundgang durch den Bereich des Naturschutzzentrums dauert ungefähr zwei Stunden und ist besonders für kleine Besucher interessant.

Vor oder nach dem Rundgang lohnt sich ein Besuch des Shops, in dem auch das Ticket Office untergebracht ist. Hier werden zahlreiche sinnvolle Sachen verkauft, wie beispielsweise Strohhalme aus Metall, Einwegteller aus Blättern oder Einwegbesteck aus Holz. Dazu werden eigener und selbst gerösteter Kaffee, Kleidung und Taschen angeboten. Mit jeder Rupie, die man hier ausgibt, unterstützt man die konservatorische Arbeit in La Vallée de Ferney – genauso wie mit dem Unkostenbeitrag für die geführte Wanderung.

Infos und Adressen

SEHENSWÜRDIGKEITEN

La Vallée de Ferney. Tgl. 8.30–17 Uhr, B28, Vieux Grand Port, Tel. 0634/0440, www.ferney.mu

ESSEN UND TRINKEN

Ferney Falaise Rouge. Das zwei Fahrminuten von La Vallée de Ferney entfernte Restaurant ist ein Neuzugang im Programm des Naturparks und liegt direkt an der Steilküste. Hier genießt man einen beeindruckenden Blick auf die Bucht von Grand Port und den Lion Mountain. Im Restaurant können bis zu 60 Gäste zum Mittagessen bedient werden. Nach Möglichkeit sollte man einen Platz reservieren. Tgl. 9.30–16 Uhr, Tel. 0634/0440

ÜBERNACHTEN

La Hacienda Hotel. Die vier hübschen Bungalows verfügen über eine eigene Küche, sind von einem eigenen Garten umgeben und liegen direkt am Hang des Lion Mountain – wunderbare Aussicht inklusive. Lion Mountain, Vieux Grand Port, Tel. 05989/1866, www.lahaciendamauritius.com

AKTIVITÄTEN

Seit 2008 führt La Vallée de Ferney jedes Jahr den »Ciel Ferney Trail« durch. Der Lauf durch das Gelände ist mit mehr als 3500 Teilnehmern pro Jahr einer der ältesten und beliebtesten Trails von Mauritius. Es gibt vier Rennen über verschiedene Distanzen (vier, zehn, 20 und 37 Kilometer), dazu einen Fun Run über acht Kilometer, Infos und Anmeldung unter Tel. 05705/5162.

INFORMATION

Die »Native Forest Walks« durch das Schutzgebiet von La Vallée de Ferney starten tgl. um 9.30, 11.30 und 13.30 Uhr. Dauer ca. zwei Stunden, Länge ca. drei Kilometer. Es werden auch andere Exkursionen angeboten, etwa Quadtouren oder ein Aufstieg auf den Lion Mountain. Infos gibt es auf der Website oder im Ticket Office.

Das Restaurant Falaise Rouge ist mittags ein beliebtes Ziel von Tagestouren.

29 Vieux Grand Port

Landeplatz der Holländer

In der Nähe von La Vallée de Ferney und an der Mündung des Rivière Champagne steht am Meer ein markantes Denkmal, das an die erste Landung der Niederländer am 9. September 1598 erinnert. Die Niederländer ließen sich in der Gegend nieder und machten ihre ersten Gehversuche mit der Besiedlung von Mauritius. Heute kann man im Frederik Hendrik Museum in Vieux Grand Port noch ein wenig in diese Gründerzeit hineinschnuppern.

1638 landete Simonsz Gooyer, der später der erste niederländische Gouverneur von Mauritius wurde, mitsamt seinen Männern in Vieux Grand Port. Sie nannten den Ort »Port Zuydoosterhaven« und bauten an dieser Stelle eine kleine Festung. Sie nannten sie Fort Frederik Hendrik, zu Ehren des Bruders des Prinzen von Oranien Moritz von Nassau, nach dem Mauritius 1598 benannt wurde. Frederik Hendrik war von 1625–1647 Statthalter der Vereinigten Provinzen der Niederlande.

Fort Frederik Hendrik

Zum Fort gehörte eine Bäckerei, ein Gefängnis, ein Laden und natürlich Räume für die Soldaten und ihre Waffen. Das Fort aber stand unter einem schlechten Stern: Es wurde im Laufe der folgenden Jahre von schweren Wirbelstürmen heimgesucht und immer wieder beschädigt. Im Juni 1695 brach kurz vor Tagesanbruch ein Feuer aus und sämtliche aus Stroh gefertigten Dächer verbrannten.

Ab 1722 übernahmen die Franzosen und bauten auf dem Gelände des niederländischen Forts eine

Mitte: Auf dem Freilichtgelände des Museums stehen noch Überreste des früheren Forts.
Unten: Auf befestigten Wegen kann man auf den Spuren der ersten Siedler wandeln.

Für viele ein Highlight: das Hochseefischen

eigene Festung aus Basaltsteinen, Splitt, Kalk, Mörtel und in Blöcke geschnittenen fossilen Korallen. Erst bei Ausgrabungsarbeiten im 20. Jahrhundert stellten Archäologen fest, dass die französischen Ruinen auf einem niederländischen Fort liegen, das unter ihnen begraben liegt.

Militärposten

Im Jahr 1805 wurde die Siedlung aufgegeben und das Gelände des Fort Frederik Hendrik in einen Militärposten umgewandelt. Der bekannte französische Gouverneur Mahé de La Bourdonnais hatte bereits seine offizielle Residenz in Port Louis, der Hauptstadt von Mauritius, eröffnet. Er und spätere Gouverneure ermutigten die Inselbewohner, in die Hauptstadt zu ziehen – Vieux Grand Port verlor gänzlich an Bedeutung. Die Mauersteine des ehemaligen Forts wurden jetzt teilweise dazu verwendet, im nahen Mahébourg Hauswände hochzuziehen. Erst 1998 und nach umfangreichen Ausgrabungs- und Renovierungsarbeiten wurde die

Nicht verpassen

HOCHSEEFISCHEN VOR DER OSTKÜSTE

Mauritius ist ein gutes Ziel für passionierte Hochseefischer. Je nach Jahreszeit können Blauer oder Schwarzer Marlin, Wahoo, Gelbflossenthunfisch, Dickkopf-Stachelmakrelen, Thunfisch, Bonito, Haie und vieles mehr gefangen werden. Die Ostküste von Mauritius eignet sich besonders für Angler. Wer eine ganz spezielle Herausforderung sucht, fährt zum Fischen mit einem gecharterten Boot zu den Soudan Banks. Fischer finden hier auf 30 Quadratkilometern und einer Meerestiefe von 25–50 Metern ihr persönliches Paradies.

Mauritius Attractions. Royal Road, Grand Baie, Tel. 0269/1000, www.mauritiusattractions.com/days-fishing-trip-soudan-bank-p-594.html

Oben: Das Frederik Hendrik Museum beherbergt eine sehenswerte kleine Ausstellung.
Unten: Das Grand Port Battle Memorial erinnert an die große Seeschlacht von 1810.

historische Stätte von Vieux Grand Port durch Prinz Maurits von Oranien-Nassau eröffnet.

Frederik Hendrik Museum

Heute steht auf dem Freilichtgelände neben den Ruinen noch ein überschaubares Museum, das 1999 eröffnete Frederik Hendrik Museum. Hier wird die Geschichte der Niederländer auf Mauritius erzählt. Dazu dienen Schaubilder, Karten aus dem 17. Jahrhundert und bei den Ausgrabungen gefundene Gegenstände wie beispielsweise Pfeifen und Münzen. Außerdem gibt es eine gut gemachte Sammlung schöner Muscheln und ein gefiedertes Dodomodell in einer Vitrine und in Originalgröße zu besichtigen.

Man kann sich im Museum auch über die Menschen informieren, die Mauritius zu dem gemacht haben, was es heute ist. Dazu gehören beispielsweise Pieter Both (1550–1615), nach dem der markante Berg bei Port Louis benannt ist, sowie Adriaan und Simon van der Stel. Adriaan war verheiratet mit Maria Lievens (1612–1651), deren Mutter eine befreite indische Sklavin war, und wurde 1640 Gouverneur von Mauritius – als Nachfolger von Simonsz Gooyer. Doch über sein politisches Amt hinaus tat er etwas, was Mauritius bis in die heutige Zeit geprägt hat. Er brachte als Erster den Javahirsch aus Indonesien auf die Insel und, was wirtschaftlich bedeutend wichtiger war und ist, das Zuckerrohr. Simon van der Stel (1639–1712) war der Sohn von Adriaan van der Stel, er wurde im Jahr 1691 der erste Gouverneur des späteren Südafrika.

Die Seeschlacht von Grand Port

Ganz in der Nähe des alten Forts, in Richtung Mahébourg, befindet sich ein alter Wachturm, genannt »Tour des Hollandais« (»Turm der Holländer«), hinter einem Zaun. Es ist ein Überbleibsel der französischen Kolonialzeit und wurde als Aussichtspunkt genutzt, um in der Bucht von Grand Port nach ankommenden Schiffen Ausschau zu halten. Die Sicherheit der Kolonie war den Franzosen ein besonderes Anliegen. Denn die Angriffe der Briten auf die Insel nahmen an Häufigkeit zu, bis es im August 1810 zur großen Schlacht in der Bucht vor Vieux Grand Port und Mahébourg kam. Ein Geschwader von Fregatten der britischen Royal Navy begann eine Schlacht gegen die französische Seeflotte, die in der mauritischen Geschichte als Seeschlacht von Grand Port bekannt ist. Ziel der Briten war es, den Hafen in Besitz zu nehmen. Die Briten erlitten jedoch schwere Verluste und wurden besiegt. Allerdings war dieser Sieg – übrigens der einzige Sieg der französischen Flotte über die britische – nur von kurzer Dauer: Schon im November 1810 gingen die Briten am Cap Malheureux (siehe S. 146) an der Westküste an Land und eroberten anschließend Port Louis und damit Mauritius.

Infos und Adressen

SEHENSWÜRDIGKEITEN

Dutch First Landing (Denkmal der niederländischen Landung auf Mauritius). Tgl. geöffnet, an der Royal Road nach La Vallée de Ferney Richtung Mahébourg, nördlich der Brücke über den Rivière Champagne. An der Straße steht ein Hinweisschild.

Frederik Hendrik Museum und **Freilichtmuseum.** Mo, Di, Do–Sa 9–16, Mi 11–16, So 9–12 Uhr, Royal Road, Vieux Grand Port, Tel. 0634/4319

ESSEN, TRINKEN UND ÜBERNACHTEN

Vieux Grand Port verfügt außer dem Museum über keine nennenswerten touristischen Angebote. Es gibt kein Restaurant und keine Übernachtungsmöglichkeiten. Das nächste Restaurant ist das Ferney Falaise Rouge auf dem Gelände von La Vallée de Ferney (siehe S. 166), die nächste Unterkunftsmöglichkeit ist das La Hacienda Hotel (siehe S. 169).

Wen es aber nach einem Getränk und einem einfachen Snack gelüstet, der probiert es hier:

Sanjay Store. Royal Road, Vieux Grand Port

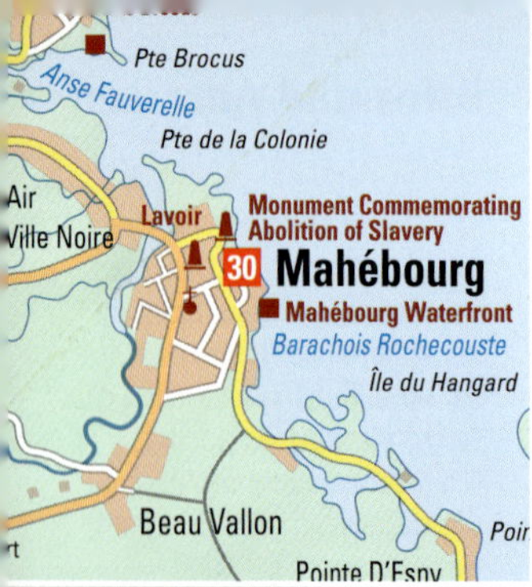

Mitte: Von der Cavendish Bridge hat man einen Ausblick auf das alte Mahébourg.
Unten: Die traumhafte Blue Bay macht bis heute ihrem Namen alle Ehre.

30 Mahébourg
Stadt und Montagsmarkt

Einen Besuch in Mahébourg sollte man sich nicht entgehen lassen. Mahébourg ist eine Stadt an der Südostküste von Mauritius: reich an Kultur und Geschichte, sehr bunt und abwechslungsreich, und die als Pointe d'Esny bekannten Küstenvororte der Stadt prunken mit wunderschönen Stränden. Ganz zu schweigen von der Blue Bay, einer Bucht, die herrlich blau ist.

Mahébourg liegt an der Küste der riesigen Bucht von Grand Port und wurde 1806 gegründet. Benannt wurde die Stadt, die heute rund 15000 Einwohner hat, nach Bertrand-François Mahé de La Bourdonnais, dem »Gründervater« von Mauritius. 1810 gab es in der Bucht vor Mahébourg den einzigen französischen Seesieg über die britische Großmacht. Dieser Sieg ist auch am Arc de Triomphe in Paris verzeichnet. Unter den Franzosen war die Stadt ein wichtiges Wirtschaftszentrum und für ihren Sklavenmarkt bekannt. Aus dieser Zeit stammt die 1856 errichtete Cavendish Bridge, über die das Zuckerrohr aus dem Hinterland zum Hafen transportiert wurde. Heute zählt die Fischerei zu den größten Einkommensquellen der Menschen hier. Ganz abgesehen vom Tourismus, denn der internationale Flughafen ist nur ein paar Kilometer entfernt. Davon profitieren vor allem die zahlreichen Hotels und Resorts, die an der Küste vor Mahébourg in Richtung Pointe d'Esny und Blue Bay zu finden sind. Die Stadt selbst verfügt über wenig touristische Infrastruktur. Bis 1964 war Mahébourg mit der Hauptstadt Port Louis durch eine Zugverbindung verbunden. Nachdem die Bahn eingestellt worden war, verfiel der frühere Bahnhof am Hafen, die Place de La Gare, und

Auf dem Obst- und Gemüsemarkt in Mahébourg ist montags am meisten los.

Nicht verpassen

katholische Kirche Notre-Dame des Anges mit ihrem butterfarbenen Turm ist ein von den Einheimischen gut besuchter Anlaufpunkt in Mahébourg. Die ursprüngliche Kirche wurde 1849 erbaut, im Laufe der Jahre jedoch mehrmals restauriert, zuletzt 1938. Hier begegnet man auch Père Laval (siehe S. 66), dem »Apostel der Schwarzen«, der in Sainte-Croix bei Port Louis in einem eigenen Schrein aufbewahrt und bis heute von Mauritierinnen und Mauritiern aller Hautfarbe und Religion verehrt wird. Die Einheimischen kommen täglich vorbei, um dem geliebten Missionar, dessen Statue direkt hinter der Tür zur Rechten steht, Opfer zu bringen oder zu beten. Dementsprechend andächtig ist die Stimmung.

Notre-Dame des Anges. Tgl. geöffnet, Rue Souffleur, Mahébourg

wurde in einen gesichtslosen, dafür aber großen Busbahnhof umgewandelt. Heute erinnern nur noch eine Gedenktafel an der Place de La Gare sowie ein recht mitgenommener Waggon hinter dem Natural History Museum an die Eisenbahnzeit auf Mauritius.

Ein Spaziergang an der Strandpromenade

Der Busbahnhof ist ein guter Ausgangspunkt, um Mahébourg und vor allem die freundlichen, aber sehr zurückhaltenden Menschen kennenzulernen. Denn gleich nebenan befindet sich die beliebte Promenade »Sir Gaetan Duval Esplanade«, die vor einigen Jahren ausgebaut und aufgehübscht wurde. Hier kann man direkt am Wasser flanieren und den Anglern zuschauen. Nahe dem Meer steht auch ein Mahnmal an die bei den heftigen Kämpfen der französischen und britischen Flotte in der Bucht vor der Stadt gefallenen Soldaten. Am frühen Morgen fahren heute die Fischerboote aufs Meer hinaus und das Inselchen Ilôt Mouchoir Rouge glänzt im Licht der aufgehenden Sonne.

Der Markt

Zurück Richtung Busbahnhof wartet eine der Hauptattraktionen von Mahébourg auf Besucher: der Markt. Montag ist der Haupttag fürs Marktgeschehen. Hier gibt es so ziemlich alles, was die Einheimischen im Laufe der kommenden Woche brauchen: Obst und Gemüse, Fisch und Fleisch, günstige Kleidung, Badeanzüge, eingelegte Früchte, Kräuter und Gewürze. Wer nach dem Marktbesuch Sehnsucht nach ein wenig Strandleben verspürt, der sollte sich Richtung Pointe d'Esny und Blue Bay begeben. Hier, so heißt es, gebe es mit die schönsten Strände von Mauritius – und das ist nicht gelogen.

Infos und Adressen

SEHENSWÜRDIGKEITEN

Blue Bay. Leider sind die Korallen in den letzten Jahren schwer in Mitleidenschaft gezogen worden und zum großen Teil tot, aber die Farbe der Bucht, dieses einmalige Blau, lädt ein zu einem Badeausflug und zu so manchem Selfie.

Markt von Mahébourg. Mo–Sa 7–17.30, So 7–12 Uhr, am Busbahnhof

Pointe d'Esny. Wunderschöner Strand mit glitzernd weißem Sand und türkisfarbenem Meer, südöstlich von Mahébourg gelegen.

ESSEN UND TRINKEN

Mahébourg ist das ideale Ziel für Gourmets auf der Suche nach echten mauritischen Snacks. Denn hier, an Imbissständen, ist der beste Ort, um köstliche »gâteaux Merveilles« zu finden und zu verkosten. Dabei handelt es sich um einen knusprigen Snack, gewürzt mit einem speziellen süß-sauren »Chatini« (einer Art Tomatenpaste, die mit Koriander gemischt ist). Probieren kann man die Köstlichkeit zu jeder Tageszeit.

ÜBERNACHTEN

Shandrani Beachcomber. Das Shandrani ist schon lange da und immer noch eine Klasse für sich: rund um die zum Hotel gehörende Halbinsel gibt es gleich drei Strände, an denen man sich niederlassen kann, einen Neun-Loch-Golfplatz, mehrere Bars und Restaurants, einen Kindergarten, ein Tauchcenter und viele Freizeitangebote. Lockere Atmosphäre und freundlicher Service runden das Angebot ab. Ab Mai 2020 wird das Haus renoviert, denn das Beachcomber-Team als Eigentümer des Shandrani will ein paar neue Ideen verwirklichen. Blue Bay, Le Chaland, Tel. 06 03/41 00, www.beachcomber-hotels.com/en/hotel/shandrani-resort-spa

INFORMATION

Mauritius Tourism Promotion Authority (MTPA). SSR International Airport, im Untergeschoss im Arrival Terminal. Normalerweise ist der Schalter zu den Ankünften der großen Urlauberflugzeuge besetzt. Tel. 06 37/36 35, www.tourism-mauritius.mu

Das Angebot der Blue Bay Bar im Shandrani Beachcomber lässt keine Wünsche offen.

31 Das National History Museum von Mahébourg
Ein Blick in die Vergangenheit

Wer mehr über die Geschichte von Mauritius erfahren will, der ist im National History Museum in Mahébourg richtig: Es liegt, umgeben von einem ausladenden Park, am südlichen Ortseingang von Mahébourg und ist untergebracht im Château de Robillard, einem eindrucksvollen französischen Kolonialhaus aus dem 18. Jahrhundert. Hier wird in einer interessanten Dauerausstellung die mauritische Geschichte lebendig.

Mitte: Das National History Museum von Mahébourg ist im restaurierten ehemaligen Château de Robillard untergebracht.
Unten: Zu sehen gibt es auch Artefakte aus rund um Mauritius gesunkenen Schiffen.

Um 1772 wurde das Château de Robillard, auch Château Gheude genannt, von der Familie Robillard erbaut. Als Wohnsitz hatten sich die wohlhabenden Franzosen ein zwölf Hektar großes, parkähnliches Gelände ausgesucht, das bis zum Fluss La Chaux reicht. Das Kolonialhaus gehört heute zu den Kulturdenkmälern von Mauritius. 1810 wurde hier Geschichte geschrieben: Nach der vier Tage dauernden Seeschlacht vor Mahébourg, die die Briten gegen die Franzosen verloren – übrigens der einzige Sieg der Franzosen über die britische Seemacht – wurden in einem Flügel des Gebäudes sowohl der britische als auch der französische Befehlshaber der Geschwader medizinisch versorgt.

Das Château de Robillard blieb auch nach dem Besitzerwechsel der Geschichte verbunden: 1947 kaufte die mauritische Regierung das Haus. Ab 1948 wurde hier ein Geschichtsmuseum aufgebaut. Grundlage der Ausstellung waren die Sammlungen des Naval Relics Museum und des Museum of Historical Souvenirs. So stammen die Kanonen, historische Flaschen, Teile eines Schiffrumpfs und

Kanonenkugeln vom Wrack des Schiffes »La Magicienne«, das 1933/1934 von Ingenieuren der mauritischen Eisenbahn geborgen wurde. Ursprünglich waren sie im Naval Relics Museum in Port Louis ausgestellt. 1942 allerdings schloss das Museum. Parallel gründete Lady Clifford, Gemahlin des damaligen Gouverneurs Sir Bede Edmund Hugh Clifford (1890–1969), 1938 ihr Museum of Historical Souvenirs im zweiten Stock des Government Houses in Port Louis. Hier sammelte sie Möbel und Keramiken, die ihr aus dem Bestand der East India Company zur Verfügung gestellt worden waren. 1939, zu Beginn des Zweiten Weltkriegs aber, musste sie das Museum schließen, und die Artefakte wurden bis zum Umzug nach Mahébourg im Keller des Government Houses zwischengelagert.

Die Ausstellung

Das History Museum öffnete am 15. September 1950 seine Tore. Zu sehen gibt es bis heute Seekarten, Schiffsausrüstungen, Waffen, Kunstwerke und viele weitere historische Stücke. Auch wird die Geschichte der Sklaverei beleuchtet, die der Mauritius Railway an einem Modell und Plänen dargestellt, und Gemälde zeigen eindrucksvoll, wie sich die Mächtigen der damaligen Zeit darstellten. Als über die Jahre weitere Artefakte, die aus rund um Mauritius gesunkenen Schiffen stammen, hinzugefügt wurden, erhielt das Museum die Bezeichnung Naval and Historical Museum, also Schifffahrts- und historisches Museum. Ein Highlight aus dieser Zeit ist die Schiffsglocke der »Saint Géran«, die vor der Ostküste im August 1744 versank (siehe S. 151). Zu den Kuriositäten der Ausstellung gehört das Bett von Bertrand-François Mahé de La Bourdonnais. Im Jahr 2000 erlangte das Haus den Status des National History Museums, um seine Bedeutung für die Geschichte von Mauritius zu unterstreichen.

Infos und Adressen

SEHENSWÜRDIGKEITEN

National History Museum. Mo, Di, Do–Sa 9–16, Mi 11–16, So und feiertags 9–12 Uhr, Royal Road, Mahébourg, Tel. 0631/9329, Eintritt frei

ESSEN UND TRINKEN

La flute enchantee Boulangerie et Patisserie. Wer vor oder nach dem Museumsbesuch dringende Lust auf ordentliches Brot, Gebäck oder ein Stück Kuchen verspürt, ist hier richtig. Vom an der Hauptstraße gelegenen National History Museum sind es nur wenige Fußminuten in Richtung Stadtmitte. Mo–Fr 6–19, Sa, So 6–12 Uhr, Royal Road, Mahébourg, Tel. 0631/9871

ÜBERNACHTEN

Nativ Lodge & Spa. Gleich neben dem Park des Château de Robillard, am Flussufer und in einem tropischen Garten, liegt diese schlichte Unterkunft in Ruhe und Abgeschiedenheit. Tombeau Lane, Mahébourg, Tel. 0631/1058, www.nativlodge-spa.com

Neben dem Museum steht ein historischer Waggon der ehemaligen Mauritius Railway.

ERSTE SIEDLER

Araber und Niederländer

Das Denkmal bei Vieux Grand Port erinnert an die erste Landung der Niederländer.

Wer heute auf Mauritius unterwegs ist, findet überall auf der Insel reichlich Spuren der französischen und der britischen Kolonialmächte – sei es in der Umgangssprache, in der Architektur oder dem Linksverkehr. Die ersten Siedler auf der Insel allerdings waren lange vor den Franzosen da, hinterließen aber anscheinend nicht viele Spuren. Dennoch lohnt es sich, sich auch mit diesem Teil der mauritischen Geschichte zu beschäftigen.

Als die eigentlichen Entdecker von Mauritius und Rodrigues gelten die arabischen Seefahrer. Bereits im 15. Jahrhundert sind auf ihren Seekarten des Indischen Ozeans Mauritius als »Dina Arobi« und Rodrigues als »Dina Moraze« eingezeichnet. Allerdings gibt es keinen Nachweis, dass sie jemals einen Fuß auf die Inseln gesetzt haben. Die nachweislich ersten Besucher waren Portugiesen im frühen 16. Jahrhundert. Der Seemann Diego Rodriguez gilt als der Entdecker der beiden Inseln. Rodrigues wurde nach ihm benannt, Mauritius nach seinem Schiff, der »Cirne«: Ilha do Cirne. Die Portugiesen nutzten Mauritius zwar als Zwischenstopp auf dem langen und zähen Seeweg zwischen Indien und dem Kap der Guten Hoffnung, ließen sich allerdings nicht nieder. Als sie 1539 jedoch Mauritius für immer verließen, blieb doch etwas zurück, was Spuren hinterlassen sollte: Ratten, Hunde und Ziegen. Vor allem die Ratten wurden schnell zu einer Bedrohung des Ökosystems der beiden Inseln. Nach dem Abzug der Portugiesen blieben Mauritius und Rodrigues gut 50 Jahre gänzlich unberührt.

Die Niederländer kommen

1598 landeten die Niederländer auf Mauritius in der Gegend des heutigen Vieux Grand Port an der Südostküste. Denn hier befindet sich ein Naturhafen, und man kommt unbeschadet mit dem Schiff nahe an die Insel heran. Sie bauten ein befestigtes Fort, dessen Überreste man heute auf dem Gelände des Frederik Hendrik Museum (siehe S. 172) besichtigen kann. Und zum ersten Mal in der Geschichte von Mauritius gab es Besiedlungsversuche an der Ostküste. Die Niederländer führten das Zuckerrohr ein und begannen, die Ebenholzwälder für den Export abzuholzen. Das allerdings führte zu Begehrlichkeiten aufseiten der damaligen Konkurrenzmächte Frankreich und Großbritannien. Die Niederländer auf Mauritius mussten erkennen, dass sie hier an der Ostküste leicht angreifbar sind und schickten eine Expedition an die Westküste. Diese erreichte zwar die Gegend des heutigen Port Louis, aber die Siedler waren mittlerweile schon schwer angeschlagen. Krankheiten rafften sie dahin, Zyklone zerstörten das wenige Hab und Gut, Streitereien schufen Unfrieden. Kurz: Man sah in der Besiedlung der Insel keine Zukunft mehr. 1658 verließen die Niederländer Mauritius wieder mit Sack und Pack. Aus dieser Zeit blieb etwas, was bis heute Bedeutung hat: der Name der Insel. Denn die niederländischen Entdecker hatten 1598 die Insel kurzerhand nach Fürst Moritz von Oranien (1567–1625) benannt, dem damaligen Statthalter der Niederlande. Aus »Maurits«, wie sein Vorname auf Niederländisch lautet, wurde »Mauritius«.

Mitte: Seit 1868 werden in der Biskuitfabrik einzigartige Maniokkekse gebacken.
Unten: Mit geübter Hand werden die Gitterformen mit der Maniok-Mehlmischung befüllt.

32 Die Biskuitfabrik von Mahébourg
Knusprige Maniokkekse

Seit mehr als 140 Jahren werden in der Fabrik der Familie Rault weltweit einzigartige Biskuits gebacken. Die leckeren Kekse liegen gerade heute voll im Trend: Sie werden ohne Farb- und Konservierungsstoffe hergestellt, enthalten keine Eier, bestehen aus rein natürlichen Zutaten und sind obendrein auch noch glutenfrei. Wie das möglich ist? Dank selbst hergestelltem Maniokmehl als Grundlage.

Der Vater von Hilarion Rault, dem Begründer der Firma, kam 1807 aus der Bretagne nach Mauritius, um sich hier niederzulassen. Auf dem Gelände der heutigen Fabrik gab es zuerst eine kleine Zuckerfabrik, doch im Laufe der industriellen Revolution war diese nicht mehr rentabel und wurde daher geschlossen. 1868 hatte Hilarion dann die Idee, Biskuits aus Maniok, auch Kassava oder Tapioka genannt, herzustellen. Die Leute mochten seine Kekse zwar, doch niemand wollte »Viehfutter« essen. Denn zu dieser Zeit wurde Maniok nur als Futter für die Zugochsen der Zuckerrohrernte angebaut. Der Erfolg blieb zunächst aus. Doch Rault ließ sich nicht entmutigen, stellte seine Biskuits 1908 auf der französisch-britischen Ausstellung in London vor und gewann prompt die Silbermedaille. Daraufhin stieg der Absatz deutlich an.

Während des Ersten Weltkriegs kam die Versorgung von Mauritius mit Grundnahrungsmittel aus Europa quasi zum Erliegen. Die Mauritier kauften die Maniok-Biskuits nun auch aus der Not heraus. Die Produktion stieg enorm, bis zu 100 Menschen arbeiteten Tag und Nacht in der Fabrik. Doch dann musste die Biscuiterie im Laufe der Jahre einige wirtschaftliche Krisen, heftige Zyklone und Kurzarbeit aufgrund von Maniokmangel überstehen. Nur der Beharrlichkeit von Thérèse, der damaligen Besitzerin, ist es zu verdanken, dass die Fabrik bis jetzt besteht. Heute ist die Versorgung mit Maniok durch Importe aus Madagaskar gesichert. Mittlerweile führt die fünfte Generation das Familienunternehmen »Biscuiterie H. Rault«, in dessen Logo nicht nur die mauritische, sondern zu Ehren des Vorfahren aus der Bretagne, auch die bretonische Fahne weht.

Besichtigung der Biskuitfabrik

Auf dem Hof vor der kleinen Fabrik steht ein indischer Mandelbaum (*Terminalia catappa*), der über 100 Jahre alt ist und angenehm kühlen Schatten spendet, während man auf den Beginn der Führung wartet. Zuerst wird kurz die Familiengeschichte und die Entstehung der Fabrik erläutert, bevor die Führerin die Besucher an den Rand des Anwesens führt, der steil in eine kleine Schlucht abfällt. Dort unten sprudelt noch immer die 18 Meter tiefe Quelle, die seit Jahrhunderten die Bewohner und die Felder hier mit Wasser versorgt. Mithilfe eines uralten mechanischen Pumpmechanismus (Hydraulischer Widder) wird das Wasser auf das Niveau des Wohnhauses und der angrenzenden Maniokfelder gehoben. An einem der Felder stehend, auf dem sich die schlanken zwei Meter hohen Gewächse sanft im Wind wiegen, erklärt die Führerin kurz etwas über Maniok selbst. Diese ursprünglich aus Südamerika stammende Pflanze wurde durch Mahé de La Bourdonnaise um 1735 nach Mauritius eingeführt. Außer der Wurzelknolle für die Biskuitherstellung werden auch die jungen Blätter als Gemüse und die Stängel als Tierfutter verwendet.

Geheimtipp

SPEEDBOOT-TOUREN DURCH DIE LAGUNE

Wer an der Südostküste möglichst viel mitnehmen und dabei möglichst wenig Zeit auf dem Wasser verbringen will, ist bei Eric richtig. Seine Speedboottouren in den Gewässern rund um Mahébourg und entlang der Ostküste gehören mit zu den besten, die die Tourenanbieter im Programm haben. An einem Tag kurvt er mit seinen Gästen auf dem Schnellboot durch die kristallklaren Gewässer der Blue Lagoon. Sie passieren gemeinsam die Île aux Aigrettes, Île aux Phares, Île de la Passe, Îlot Flamants, Île aux Cerfs und die Îlot Mangenie, und er vergisst auch den Schlenker zum Wasserfall von Grand Rivière Sud Est nicht. An Bord gibt es eine Bar für das leibliche Wohlbefinden. Während der Tour ergeben sich reichlich Möglichkeiten zu schnorcheln.

Speed Boat Seaduction. 125 Morcellement Lorette, Mahébourg, Tel. 057 85/96 55, www.speedboatseaduction-mauritius.com

Oben: Ebenso wie das Backen ist auch das Sieben des selbst hergestellten Mehls Handarbeit.
Mitte: Rund um die Biskuitfabrik wächst Maniok.
Unten: Mithilfe eines Metallschiebers werden die Kekse auf dem Ofen gekonnt gewendet.

Weiter geht der Rundgang zu einem Vorrat an getrockneten Blättern der Traveler's-Tree-Palme. Mit diesen wird der Ofen befeuert. In der Fabrik selbst sind immer noch aus den Anfangszeiten stammende Gerätschaften wie der traditionelle Ofen, die alten Backformen oder die altertümliche Waage in Benutzung. Manche Abläufe wurden angepasst, um den Beschäftigten die Arbeit zu erleichtern, manche Mechanismen hat die Familie Rault extra für die Produktion entwickelt. Wie zum Beispiel die Maschine, in der die in Säcken angelieferten Maniokknollen nach dem Wiegen gewaschen werden. Nach nur 15 Minuten in der Maschine sind die Knollen nicht mehr dunkelbraun, sondern weißlich-gelb und können weiterverarbeitet werden. Sie werden zerkleinert und dann in einer speziellen Presse trocken gepresst. Dieser Presskuchen wird fein gemahlen, das entstehende Pulver von Hand gesiebt, und fertig ist das Maniokmehl.

In der Backstube wird der Ofen jeden Morgen gut 30 Minuten vor Arbeitsbeginn angefeuert und dann ständig mit neuen getrockneten Blättern geschürt. Auf dem Ofen liegen Metallplatten, die unterschiedlich heiß sind. Ganz vorne, an der Befeuerung, ist die Temperatur am höchsten, nach hinten hin nimmt sie langsam immer weiter ab. Das Maniokmehl wird von einer der Mitarbeiterinnen von Hand nur mit Zucker und der der Sorte entsprechenden Geschmackszutat gemischt und noch einmal gesiebt. Auf der heißesten Platte des Ofens wird nun die Maniokmehl-Zucker-Aroma-Mischung in Gitterformen verteilt, die offen auf der heißen Platte liegen. Die Bäckerin streicht die Mischung oben glatt und wartet einige Minuten. Dann wendet sie die Gitterformen gekonnt in die kühler werdende Richtung und wartet wieder einige Minuten. Nach mehrmaligem Wenden sind die Biskuits etwa 20 Minuten später knusprig gebacken, getrocknet und fertig zum Verkauf.

Infos und Adressen

SEHENSWÜRDIGKEITEN

Biscuiterie H. Rault. Die hier hergestellten Maniok-Biskuits sind in sieben Geschmackssorten erhältlich: Zimt, Vanille, Kokos, Anis, Butter, Schokolade und Milch. Man kann sie direkt hier im Shop kaufen oder in etlichen Supermärkten auf Mauritius. Die rund 20-minütige geführte Besichtigungstour durch die Fabrik wird mit und ohne Verkostung angeboten. Mo–Fr 9–15 Uhr, Fabien Road, Ville Noire, Mahébourg, Tel. 0631/9559, www.biscuitmanioc.com

ESSEN UND TRINKEN

Der Stadtteil Ville Noire, in dem die Biscuiterie H. Rault liegt, hat an Restaurants und Unterkünften nicht viel zu bieten. Die Urlauber kommen normalerweise nur zu einer Besichtigung hierher. Wer aber nach dem Besuch und vielleicht nach einer appetitanregenden Verkostung von Maniokkeksen noch Gelüste auf Süßes verspürt, kann hier vorbeischauen:

Les delices de Charlotte. Charlotte backt kleine und große Köstlichkeiten, auch auf Bestellung. Gauguin Street, Ville Noire, Mahébourg, Tel. 05937/6711, http://lesdelicesdecharlotte.business.site

ÜBERNACHTEN

Garden Lake Villa. Die familiäre Unterkunft liegt in der Tat in Sichtweite des Gewässers und ist von einem kleinen Garten umgeben. Gut und günstig. 47 Rue Magasin, Ville Noire, Mahébourg, Tel. 0631/8673

La Belle Maison De Bel Air. Die überschaubare Pension mit schön ausgestatteten Apartments und einer sehr freundlichen Wirtin befindet sich ganz in der Nähe der Biscuiterie. Es gibt einen Pool und kostenlose Fahrräder für Erkundungen des Umlands. 1–3 Montcelment Ville Noire, Mahébourg, Tel. 0910/6249, www.facebook.com/labellemaisondegrandbelair

Die Biskuits sind in sieben Sorten erhältlich – man kann sie hier direkt kaufen.

DER SÜDEN UND SÜDWESTEN

Seite 186/187: Die Äffchen im Black River Gorges National Park sind ein beliebtes Fotomotiv.
Mitte: Der Wasserfall Rochester Falls liegen inmitten einer privaten Zuckerrohrplantage.
Unten: Der Weg zum Wasserfall ist ab Souillac gut ausgeschildert.

33 Rochester Falls

Breitester Wasserfall auf Mauritius

Der Wasserfall Rochester Falls gehört zu den gerne besichtigten Programmpunkten eines Mauritiusurlaubs. Schon die Anfahrt ab Souillac ist ein kleines Abenteuer, und der Besuch des Wasserfalls selbst ist eine erfrischende Abwechslung an heißen Tagen – von der Foto- und/oder Selfiegelegenheit ganz zu schweigen. Es wurden auch schon Urlauber gesehen, die sich ins kühle Wasser wagten.

Gut zweieinhalb Kilometer sind es ab dem Küstenort Souillac bis zum Wasserfall. Zweieinhalb Kilometer allerdings, die es durchaus in sich haben. Erst geht es in Souillac selbst – hier kann man gut der Beschilderung zum Wasserfall folgen – steil den Hang hinauf. Um eine der mehreren ausgeschilderten Abzweigungen zu finden, fährt man einfach die Hauptstraße von Souillac Richtung Surinam und Riambel oder umgekehrt.

Abenteuer Anreise

Oben angekommen, folgt man den Schildern durch ein neues Wohngebiet – bis hierher fährt man noch auf einer Straße –, um dann schlagartig auf einen Feldweg zu wechseln. Dieser Feldweg – oder vielmehr die Buckelpiste – führt kreuz und quer durch eine ausladende Zuckerrohrplantage. Wenn das Zuckerrohr hoch steht, sollte man unbedingt darauf achten, dass man nicht die Wegweiser aus den Augen verliert. Denn manchmal muss im rechten Winkel abgebogen werden, obwohl der Feldweg geradeaus vielversprechender erscheint.

Rochester Falls

Nach gut 15 Minuten erreicht man einen kleinen Parkplatz und wird normalerweise von einem Einheimischen begrüßt. Dieser verkauft Kokosnüsse, mit dessen Saft man sich für die folgenden 200 Meter Fußweg stärken kann. Für jene, denen Bananen lieber sind, gibt es auch diese im Angebot. Ab dem Parkplatz führt ein breiter Trampelpfad hinunter ins Tal und zum Wasserfall. Der Weg wird am Ende ein wenig glitschig, da hier regelmäßig Wasser aus den Zuckerrohrfeldern herunterfließt. Ein kleines Wäldchen wird erreicht, aus dem es bereits vielversprechend rauscht. Und dann kommt der Wasserfall in Sicht.

Der Wasserfall

Die Rochester Falls sind mit ihren bald zehn Metern Höhe zwar nicht spektakulär hoch, aber sie gelten als der breiteste Wasserfall auf Mauritius und sehen schlichtweg schön aus: Das Wasser fällt dramatisch über rechteckige und gezackte Steinblöcke in ein Becken, kühlende Gischt erfüllt die Luft, und nach links fließt rauschend der Fluss ab. Ein Ort so schön, dass, so heißt es, hier schon einige Bollywood-Produktionen Station gemacht hätten, um Tanzszenen vor dem Wasserfall zu filmen. Wer keine Tanzszenen plant, findet sicher Zeit für einige schöne Fotos oder zumindest ein Selfie mit Wasserfall. Fotografieren kann man sich übrigens vor oder über dem Wasserfall. Auf der rechten Seite des von Bäumen überschatteten Areals vor dem Wasserfall steigt ein Pfad den Hang hinauf. Diesem kann man folgen und erreicht nach ein paar Minuten das Becken über dem Wasserfall. Von hier oben springen gelegentlich einheimische Kinder in den darunterliegenden Naturpool. Urlauber allerdings sollten das lieber nicht nachmachen, sondern unten ins kühle Nass einsteigen – die Einheimischen aber lassen sich bei der Aktion gegen ein kleines Entgelt sicher gerne fotografieren.

Infos und Adressen

SEHENSWÜRDIGKEITEN

Rochester Falls. Tgl. 6–18 Uhr, Tel. 05903/4289

ESSEN, TRINKEN UND UNTERKUNFT

Le Rochester. Nach einem Besuch des Wasserfalls liegt es fast auf der Hand, wieder zurück an der Hauptstraße, dem gleichnamigen Restaurant einen Besuch abzustatten. Es ist bekannt für seine schmackhafte Fusionsküche mit kreolischen, chinesischen und indischen Einflüssen. Im Obergeschoss gibt es auch drei einfache Gästezimmer. Tgl. 12–15 und 18–21 Uhr, Tel. 0625/4180, www.restaurantlerochester.com

INFORMATION

Die Buckelpiste zu den Rochester Falls führt über die Zuckerrohrplantage Union Estate, ist also in Privatbesitz. Die Anfahrt ist sicher auch mit dem Mountainbike möglich, aber wenig komfortabel. Man kann sich, wenn man die Beschilderung immer gut im Auge hat, kaum verfahren. Es spricht also nichts dagegen, mit dem Leihwagen zu den Rochester Falls zu fahren.

Am Parkplatz kann man sich nach dem Spaziergang stärken.

Mitte: Das Cottage des Dichters ist heute ein kleines Museum zu seinem Leben und Wirken.
Unten: Edward Hart über seinem Konterfei am weinenden Stein, dem »Roche qui pleure«.

34 Das Robert Edward Hart Memorial Museum
Gedenken an den mauritischen Dichter

Das Robert Edward Hart Memorial Museum ist ein schönes Kleinod direkt an der wilden Südküste und liegt nicht weit vom Ortszentrum von Souillac entfernt. Man sollte sich den kleinen Abstecher – vielleicht auf einer Fahrt zum Aussichtspunkt Gris-Gris – gönnen, denn der Dichter Robert Edward Hart hat viele eindrucksvolle Zeilen hinterlassen, auch und vor allem zu seiner Heimat Mauritius.

Robert Edward Hart war ein mauritischer Dichter, der am 17. August 1891 in Port Louis geboren wurde und am 6. November 1954 in Souillac verstarb. Die letzten 13 Jahre seines Lebens verbrachte er hier, in einem kleinen Strandcottage, das er sich aus Steinkorallen hatte erbauen lassen. Finanziert wurde das Projekt durch Freunde des Dichters, denn seine erste Unterkunft war einem Zyklon zum Opfer gefallen. Das Strandcottage nannte er liebevoll »La Nef« (dt. Kirchenschiff). Sein Arbeitsleben hatte Hart als Kurator und Bibliothekar des Mauritius Institute in Port Louis verbracht. Aber an der wilden Küste des Südens zu leben, war zeit seines Lebens sein Wunsch.

Das literarische Erbe Harts

Sein eigentliches Vermächtnis ist sein Beitrag zur mauritischen Literatur. Er dichtete, schrieb Theaterstücke, Reden und historische Bücher. Vor allem seine Gedichte haben bis heute viele Fans, etwa »Mer Indienne« (aus »Nostalgies«, 1925):

Frei übersetzt:
»Alle Träume Asiens,
alle Düfte Afrikas,
die ganze überhitzte Poesie
kommt heute Abend zu mir – mit dieser Brise
aus dem Indischen Ozean.«

Hart gewann zeit seines Lebens für sein literarisches Wirken zahlreiche Preise und Auszeichnungen. Gleichzeitig war er ein wissbegieriger Mensch, der sich an unterschiedlichen Herausforderungen versuchte: So beschäftigte er sich intensiv mit der Bibel, dem Koran, der Bhagavad Gita (einer heiligen Schrift der Hindus) und der Kultur von Afrika, Madagaskar, Indien, Europa und natürlich Mauritius. Im Jahr 1954 verstarb Hart. 1963 kaufte die mauritische Regierung das Haus »La Nef«, um ihm zu Ehren ein Museum einzurichten. Dieses wurde am 6. November 1967 feierlich eröffnet.

Das Museum

Ein Rundgang durch das überschaubare Cottage mit seinen vier Zimmern dauert nicht lang. Leider sind die erklärenden Beschriftungen nur in Französisch abgefasst, aber mit ein bisschen Fantasie kann man sich auch ohne Französischkenntnisse in seine Welt hineindenken. Wenn der Wächter des Hauses gute Laune hat und wenig los ist, dann macht er gerne auch eine kleine Gratisführung auf Englisch. Zu sehen sind die Lobby des Hauses, die als Ess- und Gästezimmer diente, das Schlafzimmer des Dichters, die Küche und seine Studierecke. Hart verfügte sogar über eine Dusche, die im Originalzustand vorhanden ist. Neben der Besichtigung der Räume und des Hauses kann man unter anderem etliche seiner Werke anschauen, seine Violine und seine Schreibmaschine. Ein Highlight ist das Foto von Hart an der »Roche qui pleure«, dem »weinenden Stein« in Gris-Gris.

Infos und A

SEHENSWÜRDIGKEITEN

Robert Edward Hart Memorial Museum. Mo, Di, Do, Fr 9–16, Mi 11–16 und Sa 9–12 Uhr, Eintritt frei, Savanne Road, Souillac, Tel. 06 25/61 01, www.mauritius-museums.mu unter »Directory«

Telfair Garden. Ein kleiner Park mit öffentlichem Strand. Er hat in Sachen Pflege sicher schon bessere Zeiten gesehen, ist aber immer gut für eine kleine Pause oder ein Picknick im Schatten der Bäume. Tgl. 24 Std. geöffnet, Eintritt frei, Savanne Road, Souillac

ESSEN UND TRINKEN

Sunset Snack. Der kleine Imbiss liegt nur ein paar Meter entfernt hinter dem Hospital und dem Markt. Gute und günstige Mahlzeiten. Do–Di 9–20.30, Mi 9–15 Uhr, gegenüber dem Telfair Garden, Rue Dr Wiehe, Souillac, Tel. 06 25/52 90

ÜBERNACHTEN

Manor Villa. Die recht einfache Zwei-Sterne-Unterkunft befindet sich mitten im Ort und ist bekannt für das hervorragende Frühstück sowie das ausnehmend nette und aufmerksame Personal. 286 Morcellement Gris Gris, Souillac, Tel. 057 69/18 98, www.facebook.com/manorvillasouillac

Mitte: Der gierige Kaiman in seinem Teich will immer gut gefüttert sein.
Unten: Schon Schulkinder lernen im La Vanille Nature Park den pfleglichen Umgang mit der Natur.

35 La Vanille Nature Park
Riviere des Anguilles

Auf dem fünf Hektar umfassenden Gelände des La Vanille Nature Park leben in einer magisch anmutenden Umgebung mit viel Natur neben Krokodilen, Affen, Leguanen, Kois, Mungos, Hirschen und vielem mehr auch einige vom Aussterben bedrohte Tierarten. Neben den Tieren bieten drei kleine Museen verschiedene Aktivitäten und ein Streichelzoo viel Abwechslung.

Der Park wurde ursprünglich als Krokodilpark 1985 von dem australischen Zoologen Dr. Owen Griffith und seiner mauritischen Frau Marianne gegründet. Der Name erinnert an die Vanilleplantage, die sich früher hier im Tal befand. Das Ehepaar ließ das gesamte Areal roden und mit heimischen Pflanzen und Gewächsen wieder aufforsten. So sollte eine möglichst ursprüngliche Natur, wie sie früher auf Mauritius gegeben war, entstehen. Dadurch bekommt man heute einen kleinen Eindruck davon, wie es damals auf der ganzen Insel ausgesehen haben muss.

GUT ZU WISSEN

NEU: KINDERSPIELPLATZ UND PONYREITEN
Gleich hinter dem Eingang rechts ist vor Kurzem ein großer Kinderspielplatz mit vielen Geräten und reichlich Platz angelegt worden. Hier können die Kleinen ausgiebig spielen und toben. So kann auch mal ein Teil der Familie länger im Park bleiben oder noch eines der Museen anschauen, ohne dass es dem anderen zu anstrengend oder langweilig wird. Außerdem gibt es einen kleinen Stall mit Ponys, die von den Kindern auf einem kleinen Rundweg geritten werden können.

Der »weinende Felsen« im Süden von Mauritius

Es gibt geführte Touren, die alle 30 Minuten am Sammelpunkt starten. Als Einführung in den Park und zur ersten Orientierung sind die äußerst informativen Führungen nur zu empfehlen. Danach hat man noch alle Zeit der Welt – zumindest bis der Park schließt –, um selbst noch einmal alles zu erkunden und in Ruhe Fotos zu machen.

Von den Nilkrokodilen ...

Die ersten Tiere im Park, Nilkrokodile (*Crocodylus niloticus*), wurden aus Madagaskar importiert. Das eine Männchen und die vier Weibchen, mit denen alles begann, legten den Grundstock für die heute 2000 Krokodile zählende Zucht in La Vanille. Die Jungtiere werden, bis sie ein Jahr alt sind, in beheizten »Kinderstuben« untergebracht, die man seit Neuestem auch besichtigen kann. Danach dürfen sie, nach Alter getrennt, in verschiedene Teiche der umzäunten Außengehege. Dort sieht man sie dann im Schatten dösen oder faul in der Sonne liegen. Nur zwei- bis dreimal pro Woche werden sie richtig aktiv: zur Fütterungszeit. Dann gibt es kein Halten mehr und unter heftigem Gerangel versuchen sie alle, ihre fünf Kilogramm

Nicht verpassen

»LA ROCHE QUI PLEURE«

Gris Gris ist ein schöner Aussichtspunkt nahe Souillac, der auch bei den Einheimischen sehr beliebt ist. Man kann dort direkt auf einem Parkplatz parken, auch ein netter Picknickplatz steht bereit. Der Blick auf das wilde Südende von Mauritius und die tosende Brandung an der steil abfallenden Küste ist spektakulär. Kein Wunder, gibt es doch bis zur Antarktis nichts als offenes Meer. Entsprechend pfeift hier auch der Wind, der ab und an »La Roche Qui Pleure«, den »weinenden Felsen«, zum Heulen bringt. Er befindet sich am östlichen Ende der Gris-Gris-Bucht. Durch einen schönen Kiefernwald kann man von Gris Gris aus in 20 Minuten dorthin laufen.

Gris Gris. In Souillac am Busbahnhof in die Savanne Road einbiegen und vorbei am Telfair Garden und Robert Hart Museum bis zum Ende der Straße fahren.

Geheimtipp

HERVORRAGENDE KROKODILKÜCHE
Direkt im La Vanille Nature Park gibt es das Restaurant »Le Crocodile Affamé« mit einem wunderbaren Blick auf das dicht bewaldete Tal. Auf der schattigen Terrasse kann man verschiedene mauritische Gerichte, leichte Snacks oder knackige Salate genießen. Aber die Spezialität des Hauses sind Gerichte mit Krokodilfleisch. Über zehn leckere und kreative Gerichte mit dem hellen, zarten, fast wie Hühnchen schmeckenden Fleisch werden hier angeboten. Von Samosas über Burger mit Pommes bis zum Curry bietet die Krokodilkarte reichlich Auswahl. Die hier gezüchteten Krokodile werden nicht nur zum Anschauen, sondern auch zur Ledergewinnung gehalten. Das dabei anfallende Fleisch wird so sinnvoll verwertet.

The Hungry Crocodile. Tgl. 9.30–17 Uhr, Mittagessen ab 11 Uhr, letzte Bestellung: 16 Uhr

Fleisch pro Kopf zu ergattern. Dieses Spektakel kann man an einem der Teiche täglich beobachten. Immer um 11.30 Uhr werden einige erwachsene Nilkrokodile gefüttert und den ringsum der Abzäunung stehenden Besuchern noch allerlei Informationen dazugegeben. Wie alle Reptilien kauen sie nicht, sondern schlucken ihre Beute im Ganzen hinunter. Deshalb brauchen sie nach der Mahlzeit auch viel Zeit und warme Temperaturen, um zu verdauen.

Neben den Nilkrokodilen gibt es auch noch Kaimane (*Caimaninae*) und amerikanische Alligatoren (*Alligator mississippiensis*) – alle sind auf ihre Art beeindruckend, aber auch furchteinflößend. Ganz anders sind da die niedlich anzuschauenden Rodrigues-Flughunde (*Pteropus rodricensis*). Sie hängen friedlich kopfüber in den Bäumen und haben die schwarzen Flügel um den goldenen Leib gefaltet. Sie fressen Früchte und ab und zu Gemüse. Sie stellen somit auch keinerlei Gefahr dar.

Über die Aldabra-Schildkröten …

Die eigentliche Hauptattraktion im La Vanille Nature Park sind die sanften grauen Riesen im nächsten Areal. Dort lebt die weltweit größte in Gefangenschaft gehaltene Herde von Aldabra-Schildkröten (*Aldabrachelys gigantea*). Man muss nur ein paar senkrecht in den Boden eingelassene kniehohe Pfähle passieren, und schon steht man inmitten dieser wahrlich riesigen Schildkröten. Domino ist mit seinen 100 Jahren und 275 Kilogramm das älteste und größte Exemplar. Aber auch alle anderen hier lebenden Aldabras sind gewaltige Tiere. Die Riesenschildkröten können sich völlig frei auf dem großen Areal bewegen und werden nur von den Pfählen daran gehindert, dieses zu verlassen. Haben sie einen Menschen entdeckt, kommen sie gleich auf einen zu, in der

Hoffnung, mit leckeren Blättern und Zweigen gefüttert zu werden. Und das erstaunlich schnell in Anbetracht ihrer Größe und ihres Gewichts. Von wegen Schildkröten sind langsam, jedenfalls nicht, wenn es ums Fressen geht. Man muss aufpassen, dass sich einem keines dieser Schwergewichte auf den Fuß stellt. Gerne lassen sie sich an Kopf und Hals streicheln. Alle sind mit Nummern auf dem Panzer und mit Mikrochips versehen. So werden sie für die Zucht registriert und gegen Diebstahl geschützt.

La Vanille betreibt hier die weltweit größte Nachzuchtstation dieser vom Aussterben bedrohten Aldabra-Riesenschildkröten. Die putzigen Kleinen sind in der sogenannten »Nursery«, dem Kindergarten der Aufzuchtstation, untergebracht. Hier werden die Eier im Brutkasten ausgebrütet und die Babys erblicken das Licht der Welt. Um sie gegen Bakterien und Krankheiten zu schützen, sind ihre großen Gehege nicht öffentlich zugänglich und durch Glasscheiben von den Besuchern abgetrennt. Dennoch kann man sie gut beobachten und die niedlichen Schildkrötenkinder nach Alter getrennt herumkrabbeln sehen. Man kann sich kaum von ihnen trennen, aber es gibt noch so viel anderes zu entdecken.

... zum Nature Walk

Die Java-Hirsche (*Axis kuhlii*) haben ihr Reich direkt nebenan, und die quietschgrünen Leguane (*Iguanidae*) kommen auf einem Rundgang als Nächstes. Schräg gegenüber sind die in ihrer Heimat Madagaskar bedrohten drolligen Lemuren (*Lemuriformes*) untergebracht. Mit ihren schwarzweiß geringelten Schwanzen und den frechen Gesichtchen sind sie ein echter Hingucker. Gemütlich aneinandergekuschelt dösen die eher nachtaktiven Äffchen vor sich hin. Außer zur

Oben: Für saftiges Grünfutter sind die riesigen Aldabra-Schildkröten immer zu haben.
Mitte: Octar, der coole Leguan, lässt sich auch gerne streicheln.
Unten: Die eher nachtaktiven Lemuren dösen tagsüber gerne aneinandergekuschelt.

Einfach gut!

SOOKDEO BISSOONDOYAL MEMORIAL MUSEUM
Das kleine Museum befindet sich im Geburtshaus von Sookdeo Bissoondoyal (1908–1977) direkt an der Hauptstraße von Tyack. Es erinnert an sein Werk und Leben, denn er hat viel zur Unabhängigkeit von Mauritius und zur Verbesserung der Bildung, besonders der Indo-Mauritier beigetragen. Anfangs arbeitete Bissoondoyal als Lehrer, bis er 1946 politisch aktiv wurde, es bis zum Minister brachte und 1965 in London an der Verfassungskonferenz teilnahm. Diese führte 1968 zur Unabhängigkeit von Mauritius. Zu sehen sind unter anderem Fotografien, sein Schreibtisch und Bücher.

Sookdeo Bissoondoyal Memorial Museum. Mo, Di, Do, Fr 9–16, Mi 11–16, Sa 9–12 Uhr, Royal Road, Tyack, Riviere des Anguilles, Tel. 06 26/37 32, www.mauritius-museums.mu unter »Directory«

Fütterungszeit, da sind sie dann hellwach und flink zur Stelle, um die Leckerbissen zu schnappen. Am Teich mit den bunten Kois (*Cyprinus carpio*) vorbei geht es auf den »Nature Walk«. Auf diesem Rundweg durch eine üppigste endemische Pflanzenwelt fühlt man sich wie mitten im mauritischen Dschungel. Durch die dichte Vegetation fällt das Licht nur schummrig auf den Boden, und der Mix aus Licht und Schatten erzeugt eine besondere Stimmung. Hier wächst auch riesiger Bambus und der ehemals sehr verbreitete Schraubenbaum (*Pandanus utilis*), mit dessen wasserabweisenden, getrockneten Blättern früher die Dächer gedeckt wurden und die bis heute zum Flechten von Körben und Taschen verwendet werden.

Mauritische Flughunde

Weiter geht es an den Gehegen der Affen, dem Restaurant, den Süßwasserschildkröten (*Podocnemididae*) und Aalen (*Anguillidae*) vorbei zu den mauritischen Flughunden (*Pteropus niger*). Diese sind, mit bis zu einem Meter Spannweite, größer als ihre Verwandten aus Rodrigues, aber mindestens genauso niedlich. Etwas unbeholfen krabbeln sie auf dem Boden herum, um heruntergefallene Früchte zu fressen oder schwingen sich unter lautem Gekreische in die Baumkronen. Auf Mauritius gibt es zwei Arten von ihnen: die weitverbreitete, die nur Früchte frisst, aber auch eine seltenere, die sich auf Insekten spezialisiert hat.

Das Insektarium

Was diese hier auf Mauritius alles an Futter finden, kann man wunderbar im gegenüberliegenden Insektarium sehen. Dieses beherbergt eine der größten privaten Insektensammlungen der Welt. Die mehr als 26 000 Arten und etwa 30 000 Exemplare wurden von Jacques Siedlecki in 30 Jahren auf fünf Kontinenten gesammelt. Von schillernden Schmetterlingen und Käfern in allen Farben des Regenbogens bis zu unscheinbaren Spinnen und Kakerlaken ist hier alles zu sehen. Auch die Art und Weise, wie das Insektensammeln vonstatten geht, wird dargestellt und erklärt.

Das Aquarium

Im sogenannten Aquarium gibt es Krokodile und Schildkröten, die friedlich mit verschiedenen Fischen schwimmen. Auch einige Leguane sonnen sich auf den Böschungen. In der »Crocodile Nursery« werden die Baby- und Jungkrokodile aufgezogen – das Areal ist seit Kurzem auch für Besucher geöffnet. Auf Schautafeln wird der Ablauf der Zucht vom Gelege über den Inkubator bis zur menschlichen Hilfe beim Schlüpfen leicht verständlich erklärt.

In den folgenden Gehegen und Umzäunungen sieht man den grünen Madagaskar-Taggecko (*Phelsuma madagascariensis*), Kaimane aus Südamerika, fast schwarze amerikanische Alligatoren und schließlich noch die schlanken, flinken Mungos (*Herpestidae*).

Schutz gefährdeter Arten

La Vanille ist nicht nur ein schöner Tierpark, sondern auch an allen drei Schutzmaßnahmen zum Erhalt von gefährdeten Arten beteiligt: die Zucht in Reservaten mit dem Ziel einer späteren Auswilderung, Schutz und Bewahrung ihres Lebensraumes und Reduzierung der Nachfrage nach Wildfängen. Das Ganze verbunden mit mauritischer Gastfreundschaft und einem ehrlichen Bestreben zum Schutz der Natur und dem Wohlergehen der Tiere ist ein unvergessliches Erlebnis!

Oben: Der mauritische Flughund chillt nach dem Fressen gern.
Mitte: Die Ammonitenausstellung entführt die Besucher in längst vergangene Zeiten.
Unten: Das Insektarium beherbergt eine schillernd bunte Insektensammlung.

Infos und Adressen

Gut getarnt: der grüne Mauritiussittich

SEHENSWÜRDIGKEITEN

La Vanille Nature Park. Mai–Okt. tgl. 8.30–17, Nov.–April tgl. 8.30–17.30 Uhr, Riviere des Anguilles, Tel. 06 26/250, www.lavanille-naturepark.com

Fossilien-Museum. Hier werden Hunderte Versteinerungen aus Madagaskar gezeigt. Besonders die riesigen urzeitlichen Ammoniten sind sehenswert. Die Ammoniten (*Ammonoidea*) sind eine ausgestorbene Teilgruppe der Kopffüßler. Ein noch lebender verwandter Kopffüßler ist das sogenannte Perlboot oder Nautilus (*Nautilus pompilius*), das ganz ähnlich aussieht und aufgebaut ist. Auf einem schönen Wandgemälde ist dargestellt, wie lebende Ammoniten zur Zeit der Dinosaurier in ihrer natürlichen Umgebung ausgesehen hätten. Ein anderer Teil des Museums befasst sich mit Meeressäugetieren in den Meeren um Mauritius, auch beeindruckende Walknochen sind ausgestellt.

Lost Land of the Dodo Museum. Der erste Teil des Museums ist Madagaskar und seinen ausgestorbenen Arten gewidmet. Dazu gehören die Riesenlemuren (*Megaladapis*), die hier lebensgroß dargestellt sind, der Elefantenvogel (*Aepyornis*), der bis zu fünf Meter groß und 400 Kilogramm schwer wurde und riesige Eier legte, und die Riesenfossa (*Cryptoprocta spelea*), eine Raubtierart. Der zweite Teil ist Mauritius und vor allem dem Dodo (*Raphus cucullatus*) gewidmet. Hier ist alles zusammengetragen, was es über den ausgestorbenen Vogel zu wissen gibt. Schön aufbereitet ausgestellt, erfährt man alles von seiner Entdeckung über seine Lebensgeschichte bis zu seiner Ausrottung. Es gibt lebensgroße Nachbildungen und originale Knochen, die in der Vergangenheit ins Ausland verkauft, aber von Owen Griffith, quasi als kulturelles Erbe, wieder zurückgekauft wurden. Aber auch die ausgestorbenen Riesenschildkröten und ihr Ersatz durch die Aldabra-Riesenschildkröte sind ein Thema. Auch wenn es Tausende von ihnen gab, waren sie durch die übermäßige Verwendung als Nahrung oder zur Ölgewinnung und die Zerstörung ihres Lebensraumes durch Abholzung der Ebenholzbäume schnell ausgerottet. Aus 500 Schildkröten entstand ein einziges Fass Öl, das zum Braten oder als Lampenöl verwendet wurde. Gleichzeitig war durch die Mitnahme von Schildkröten für Wochen die Versorgung mit frischem Fleisch auf den langen Seereisen gesichert.

Zuckerrohrlokomotive. Auf dem Weg von den Lemuren zum Restaurant steht rechts eine alte Zuckerrohrlokomotive. Diese kleinen Maschinen wurden bis 1981 auf Mauritius dazu verwendet, das geerntete Zuckerrohr in die Zuckerfabriken zu transportieren. Dieses Exemplar wurde wohl als eines der Letzten auf der Insel eingesetzt und 1981 auf der Savannah Sugar Estate Plantage aus dem Verkehr gezogen. Damals wurde auch die letzte Zuckerlinie eingestellt, und die Geschichte der Eisenbahn auf Mauritius, die 1864 begann, endete. Die Lok wurde auf den Feldern von Savannah zurückgelassen und 1986 nach La Vanille gebracht.

ESSEN UND TRINKEN

Neben dem parkeigenen Restaurant »Le Crocodile Affamé« (siehe S. 194) gibt es gleich am Eingang des Parks einen kleinen Stand, an dem allerlei Snacks angeboten werden. Ideal, falls man sich vor dem Besuch oder zwischendurch stärken möchte. Die Snackbar ist von 8.30 bis 17 Uhr geöffnet.

ÜBERNACHTEN

L'Exil Lodges. Zehn gemütlich rustikal eingerichtete Lodges mitten in der Natur. Wer Abgeschiedenheit sucht, ist hier genau richtig. Union Ducray, Riviere des Anguilles, Tel. 054 46/49 06, www.lexillodges.com

EINKAUFEN

Im Shop »Crocod'Île« im La Vanille Nature Park gibt es auf Mauritius gefertigte Handarbeiten wie Körbe und Taschen, Postkarten vom Park und seinen Tieren, Kinderbücher, Plüsch-Dodos und andere Andenken. Etwas Besonderes sind die Produkte aus Krokodilleder. Die verwendeten Häute stammen von den Zuchttieren und tragen somit dazu bei, den weltweiten Bedarf zu decken. So werden die wild lebenden Artgenossen geschützt. Auch, wenn die gesamte Produktion nach den Vorgaben von CITES (Übereinkommen über den internationalen Handel mit gefährdeten frei lebenden Tieren und Pflanzen) abläuft, muss jeder natürlich selbst entscheiden, ob man ein Souvenir aus Krokodilleder haben möchte.

Crocod'Île. Tgl. 9.30–17 Uhr, gleich hinter der Kasse auf der linken Seite

AKTIVITÄTEN

Babyschildkröten füttern. Täglich um 10.30, 11 und 14 Uhr kann man die Babyaldabras in der Aufzuchtstation füttern.

Lemuren füttern. Für 20 Minuten können täglich um 10 Uhr maximal fünf Personen mit einem Guide in das Lemuren-Gehege hinein und dürfen sie füttern. Nebenbei lernt man noch einiges über ein Lemuren-Schutzprojekt in Madagaskar.

Octar treffen. Octar ist ein großer grüner Leguan, der täglich von 10.30–14.30 Uhr aus seinem Gehege auf eine Stange darf und so aus nächster Nähe bestaunt und sogar gestreichelt werden kann.

Streichelzoo. Der angeschlossene, als Bauernhof aufgebaute Streichelzoo mit Ziegen, Hühnern, Hasen, Eseln, Meerschweinchen, Enten und Pfauen ist besonders für Kinder interessant. Hier kommen sie direkt mit den Tieren in Kontakt. Er befindet sich gleich hinter dem Eingang rechts, wo auch der Spielplatz ist.

INFORMATION

Auch, wenn es nicht gestattet ist, direkt im Park zu picknicken, kann man seine eigene Verpflegung mitbringen. Auf dem großen Parkplatz gibt es einen kleinen Pavillon, hier kann man sich mit seinen eigenen Snacks stärken und dann wieder in den Park gehen.
Bisher befindet sich der Park auf einem gepachteten Gelände. 2021 soll der Park mit demselben Konzept auf ein eigenes, extra hierfür gekauftes Gelände in der Nähe umziehen.

Ausritt gefällig? Dann schnell zum Streichelzoo!

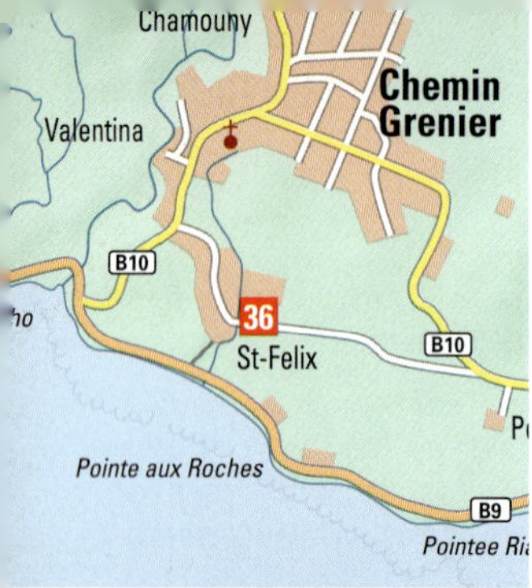

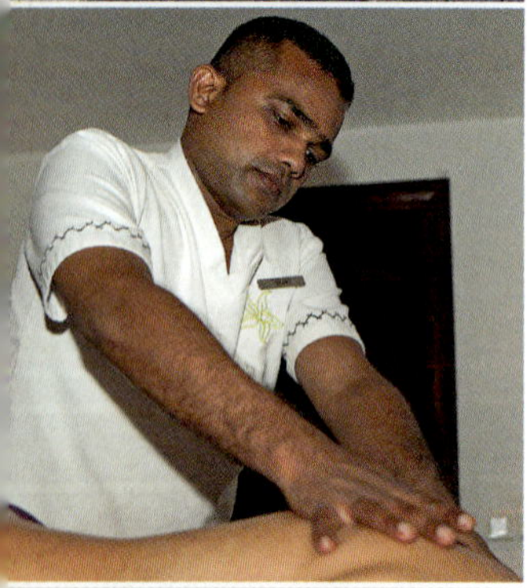

Mitte: Hinter dem Eingang zum Spa verbergen sich mehr als 7000 Quadratmeter Wellness.
Unten: Die Massagen werden – wie die gesamte Behandlung – auf den Gast abgestimmt.

36 Saint Felix

Wellness mit Spa, Ayurveda und Yoga

Herrliche Strände, Meer, Sonne, tropische Pflanzen und angenehmes Klima. Diese Schlagworte fallen sicher jedem zu Mauritius ein. Doch ein wichtiges Thema, unter dem ein Mauritiusurlaub stehen kann, fehlt noch: Wellness. In fast allen größeren Resorts gibt es Wellnessangebote. Doch im Shanti Maurice Spa geht es nicht nur um einfaches »durch körperliche Betätigung erzieltes Wohlbefinden«, sondern um mehr.

Das Shanti Maurice Spa wurde ursprünglich als ein komplett auf Ayurveda ausgerichtetes Spa mit angeschlossenem Hotel eröffnet. Genau wie das »Ananda's in the Himalayas«-Spa in Indien, vom selben Gründer und Besitzer. Ayurveda wird seit über 5000 Jahren angewandt und ist eines der ältesten gesamtheitlichen Heilverfahren der Welt. Es beruht auf der Vorstellung, dass Gesundheit und Wohlbefinden von einem fein abgestimmten Gleichgewicht zwischen Körper, Geist und Seele abhängen. Doch die ayurvedischen Regeln und Gebote waren zu strikt für die Spa-Besucher auf Mauritius, die die Insel auch sonst genießen wollten. So wurde das Konzept angepasst und »entschärft«, aus »Shanti Ananda« wurde »Shanti Maurice Spa & Resort«. Zwar werden nun auch Massagen nach anderen Lehren und Wellnessangebote wie Sauna, Hamam oder Mani- und Pediküre und vieles mehr angeboten, doch bis heute ist Ayurveda das Hauptthema geblieben. Und die meisten der Hotelgäste und Nutzer des Spa kommen wegen der hervorragenden ayurvedischen Behandlungen hierher.

Das ehemalige Herrenhaus von Saint Aubain

Ayurveda

Das Shanti Maurice Spa ist immer noch das einzige Spa auf Mauritius, in dem eine komplett ayurvedische Kur angeboten wird: von der Beratung durch einen ayurvedischen Arzt über die Behandlung des gesamten Körpers und speziell auf die Person abgestimmte ayurvedische Mahlzeiten bis hin zu Yoga und Meditation in den schönen Pavillons. »Ohne Yoga und Meditation ist Ayurveda nicht vollständig. Bei uns werden immer Körper und Geist behandelt«, erklärt Dr. Pragya Mishra. Sie ist die ayurvedische Ärztin und die Leiterin des Spa. »Die Patienten werden hier auf allen drei Ebenen des Menschen behandelt. Auf der mentalen, der körperlichen und der spirituellen Ebene. Das ist wesentlich im Ayurveda.« Dr. Mishra ist es auch, die einen zu Anfang einer ayurvedischen Heilbehandlung und auf Basis eines ärztlichen Beratungsgesprächs für bestimmte Anwendungen einteilt. Sie erstellt das Programm für Yoga und Meditation und den Speiseplan. Alles wird ganz individuell auf die Person abgestimmt. Die Angebote haben unterschiedliche Schwerpunkte. Von Entgiftung über Entspannung und Schönheit bis Gewichtsreduktion, für alles gibt es spezielle Zusammenstellungen. Je länger man Zeit hat, umso besser kann eine solche Heilbehandlung wirken. Die Pakete umfassen 14, 17 oder 21 Tage.

Einfach gut!

LE DOMAINE DE SAINT AUBAIN

Le Domaine de Saint Aubin befindet sich auf dem Gelände einer früheren Zuckerfabrik. Rund um deren alten Schornstein wurde eine kleine Schaufabrik nachgebaut. Hier kann man alle Schritte der Zuckerrohrverarbeitung sehen. Im weitläufigen Garten stehen Gewächshäuser, in denen Vanille wächst, und man erfährt einiges über die Gewinnung der duftenden Schoten. Außerdem gibt es eine Rumdestillerie, in der man Einblick in die Feinheiten der Rumherstellung erhält. Kinder sind vom Spielbereich und dem kleinen Bauernhof mit Tieren begeistert. Im schön renovierten früheren Wohnhaus des Fabrikbesitzers ist heute ein Restaurant untergebracht. Die Hirschspezialitäten sind besonders zu empfehlen. Wer will, kann in einem restaurierten kreolischen Haus übernachten.

Le Domaine de Saint Aubain. Tgl. 9–17 Uhr, Savanne Road, Saint Aubin, Tel. 0626/1513 oder 0676/3089, www.domaine-saint-aubin.com

Oben: Mit viel Hingabe und Liebe werden auch die kleinsten Details gestaltet.
Mitte: Vom Jacuzzi aus überblickt man den Pool.
Unten: Den Gästen stehen immer verschiedene Sorten frischen Wellnesstees zur Verfügung.

Nun ist es aber erklärtes Ziel des Shanti Maurice Spa, den Menschen etwas mitzugeben, was sie zu Hause auch im Alltag für ihre Gesundheit und ihr Wohlbefinden nutzen können. Denn nur hier an einer Kur teilzunehmen und dann daheim gleich weiterzumachen wie vorher, das ist wenig sinnvoll und funktioniert auch nicht. Deshalb werden einem Tipps zur Lebensführung und Ernährungsvorschläge gegeben, die man auch im Alltag leicht umsetzen kann. Nur so kann man langfristig davon profitieren und ein gesünderes und damit besseres Leben führen.

Die Spa-Anlage

Auf mehr als 7000 Quadratmetern verteilen sich die 25 Behandlungsräume, zwei Yoga-Pavillons, zwei Pools, Saunen und Hamams, damit ist das Shanti Maurice Spa wohl das größte Spa im Indischen Ozean. Es gibt neben den normalen Räumen zur Einzelbehandlung auch Zimmer, in denen Paare gleichzeitig behandelt werden können. Ein Bereich mit vier Behandlungsräumen ist ausschließlich für Ayurveda-Behandlungen reserviert und entsprechend eingerichtet. So wurden die Behandlungsliegen aus Holz extra aus Kerala in Indien importiert, und es gibt entsprechende Vorrichtungen wie zum Beispiel für Stirngüsse – Shirodhara.
Die großzügige Anlage des Spa ist herrlich mit Seerosenteichen, üppigen Blumenbeeten, einem einladenden Teepavillon und viel Grün gestaltet. Leise perlt beruhigende Musik aus versteckten Lautsprechern. Ein wirklich besonderes Spa, in dem man sich, kaum dass man es betritt, gleich entspannt und sich unglaublich wohlfühlt. Die Massageöle sind, wie alle verwendeten Produkte, rein natürlich und kommen ebenfalls aus Indien. Man kann sie kaufen und sich dann bei der Anwendung zu Hause an die wohltuenden Behandlungen im paradiesischen Shanti Maurice Spa erinnern.

Infos und Adressen

SEHENSWÜRDIGKEITEN

Heritage Nature Reserve. Das 1300 Hektar große Naturschutzgebiet unterteilt sich in L'Abbatis des Cipayes, UNESCO Biosphere sowie Frédérica Nature Reserve und kann auf geführten Touren mit dem Quad, Buggy oder Safari-Jeep erkundet werden. Coastal Road, Beau Champ, Tel. 06 23/56 15 oder 02 02/66 00, www.heritagenaturereserve.com

Shanti Maurice Resort & Spa. Saint Felix, Coastal Road, Tel. 06 03/72 00, www.shantimaurice.com/spa-wellbeing

ESSEN UND TRINKEN

Stars. Schön mit Blick auf Pool und Meer gelegen, bietet das Stars eine Küche vom Feinsten. Frischeste Zutaten und Einflüsse aus dem gesamten Indischen Ozean machen die Gerichte hier zu einem wahren Genuss. Reservierung empfohlen. Tgl. 7–10.30, 12–14.30 und 18.30–22 Uhr, Shanti Maurice Resort & Spa, Saint Felix, Coastal Road, Tel. 06 03/72 00, www.shanti maurice.com/culinary-experiences/restaurants

ÜBERNACHTEN

Shanti Maurice Resort & Spa. Das wunderschöne Fünf-Sterne-Boutiquehotel liegt direkt an einem fast unberührten Strandabschnitt im Süden von Mauritius. Alle Suiten und Villen bieten einen Ausblick auf die wunderschöne Bucht. Saint Felix, Coastal Road, Tel. 06 03/72 00, www.shantimaurice.com

AKTIVITÄTEN

Bay2Bay Tour. Lohnende Bustour, auf der man mit Stopps an elf Sehenswürdigkeiten den Süden der Insel erkunden kann. Di, Do, Sa 9.30 und 13 Uhr, Tel. 06 23/56 15, Heritage Nature Reserve, Coastal Road, Bel Ombre, www.heritagenaturereserve.com/bay-2-bay-tour

INFORMATION

Gäste, die nicht im Shanti Maurice selbst wohnen, können neben den reinen Behandlungen auch Ganz- und Halbtagespakete inklusive Mahlzeiten und Nutzung der kostenlosen Angebote des Resorts buchen.

Zwischen den Anwendungen lässt sich's im Teepavillon wunderbar entspannen.

37 Black River Gorges National Park

Wandern im Regenwald

Black River Gorges ist der größte Nationalpark in Mauritius. Er ist berühmt und auch bei den Einheimischen beliebt wegen der Wasserfälle und der tollen Aussicht an gleich mehreren Punkten. Da er im Hochland liegt, ist es hier ein wenig kühler als an der Küste. Man kann durch den Wald, an Flüssen entlang und auf Berggipfel wandern. Naturliebhaber und Vogelbeobachter kommen sicher auf ihre Kosten.

Die Black River Gorges wurden am 15. Juni 1994 vom Präsidenten der Republik Mauritius zum Nationalpark erklärt. Er befindet sich im Südwesten der Insel und umfasst eine Fläche von 6574 Hektar Wald. Dazu gehört auch der höchste Berg von Mauritius, der Piton de la Rivière Noire mit 828 Metern. Verwaltet wird der Park vom mauritischen National Park and Conservation Service (NPCS). Dem geht es darum, die einheimische Flora und Fauna zu erhalten, ein öffentliches Bewusst-

Mitte: Der Blick über den Black River Gorges National Park lässt die ehemalige Unberührtheit der Insel erahnen.
Unten: Besonders am Wochenende strömen die Einheimischen zu den beliebten Aussichtspunkten.

GUT ZU WISSEN

EMPFEHLENSWERT: WANDERUNG MIT FÜHRER
Wer das Herz des einheimischen Waldes im Nationalpark erleben will – mit zahlreichen Panoramablicken und einem erfrischenden Bad im Fluss –, der sollte sich einem Führer anvertrauen. Diese kennen die Spots, die noch beeindruckender oder schöner sind als das, was man auf einer der ausgeschilderten Wanderungen sieht. Auch kann er mit Sicherheit einiges über die Flora und Fauna erzählen und zeigen, was man sonst vielleicht nicht wahrnehmen würde.

Einstiges Bollwerk: der Martello Tower

sein in Sachen Umweltschutz zu schaffen sowie den Park für Besucher in einem guten Zustand zu halten. Denn im Gegensatz zu anderen Schutzgebieten wie beispielsweise dem Vallée des Ferney an der Ostküste oder dem nahen Ebony Forest kann der Black River Gorges National Park jederzeit und von jedermann kostenfrei besucht werden. Was die Mauritierinnen und Mauritier auch gerne tun, am liebsten am Wochenende. Dann kommen sie scharenweise aus den Städten oder von der Küste, oft in gecharterten Bussen oder mit dem eigenen Fahrzeug. Das wird auf einem der Parkplätze abgestellt, etwa bei den Alexandra Falls, anschließend ein kleiner Spaziergang gemacht zum nächsten Aussichtspunkt oder Wasserfall – ein Selfie muss auf jeden Fall drin sein –, und dann werden die Picknickkörbe ausgepackt. So sieht ein guter Sonntagnachmittag aus, wenn man gerade keine Lust auf einen Besuch am öffentlichen Strand hat. Rund um die großen und bekannten Parkplätze und Aussichtspunkte kann es dann also recht voll werden. Das ist aber kein Problem, denn ein paar Meter weiter ist man als Wanderstrau, Wandersmann oder Querfeldeinläufer wieder allein mit der Natur.

Nicht verpassen

AUSFLUG ZUM MARTELLO TOWER

Am Strand des Örtchens La Preneuse steht ein mächtiger schwarzer Turm, der Martello Tower. In den 1990er-Jahren wurde er renoviert und im Inneren ein kleines Museum angelegt. Der wehrhafte Turm wurde unter britischer Herrschaft gebaut und sollte Kanonenfeuer aushalten. Dies war auch notwendig, denn im Erdgeschoss wurden unter anderem Pulver, Munition und Waffen gelagert. Im ersten Stock wohnten 24 Soldaten, die den Turm bewachen sollten. Man kann auf das Dach steigen, auf dem in früheren Zeiten zwei Kanonen auf einer Art Drehscheibe standen. So konnten die Kanonen um 360 Grad bewegt werden. Zu sehen ist heute allerdings nur noch eine der beiden Kanonen.

Martello Tower. Preneuse Beach, Di–Sa 9.30–17, So 9.30–13 Uhr, Eintritt frei

Einfach gut!

SPEISEN MIT AUSSICHT

In Chamarel stehen viele gute Restaurants bereit. Aber keines kann mit einem Ausblick aufwarten wie das Le Chamarel Restaurant. Es gibt durchaus Leute, die nur auf einen Kaffee hierherkommen, um die Aussicht zu genießen. Der Service ist aufmerksam und freundlich, die Mahlzeiten allerdings gehören nicht unbedingt mit zum Besten, was Mauritius zu bieten hat. Dies liegt sicher daran, dass viele organisierte Touren hier mittags ihre Verpflegungspause machen und das Restaurant dann eher Massenabfertigungscharakter hat. Also kommt man am besten außerhalb der Mittagszeit oder genießt eben nur ein Getränk. Und natürlich die Aussicht!

Le Chamarel Restaurant. Tgl. 9–18 Uhr, La Crête, Main Road, Chamarel, Tel. 04 83/44 21, www.lechamarelrestaurant.com

Ein Paradies für Ornithologen

Im Park herrschen verschiedene Mikroklimata: Wenn man von der Ostseite des Parks nach Westen wandert, gelangt man erst in ein Hochland mit Regenwald, anschließend in einen trockeneren Tieflandwald. Es regnet über dem Nationalpark auch unterschiedlich stark. Jährlich fallen gut 1000 Millimeter in trockeneren Gebieten und bis zu 4000 Millimeter im Hochland. Diese Niederschläge bestimmen mit die Art der Vegetation in den verschiedenen Regionen. Sie sorgen aber auch dafür, dass es gut ist, einen Schirm im Rucksack zu haben. Die Durchschnittstemperatur im Sommer liegt zwischen 21 Grad im Hoch- und 27 Grad im Tiefland und zwischen 17 und 21 Grad im Winter. Diese Rahmenbedingungen tragen dazu bei, dass der Black River Gorges National Park als ein ganz besonderer Wald gilt. Denn er beherbergt etwa 311 einheimische und endemische Pflanzen sowie gleich neun Vogel- und Tierarten, die nur auf Mauritius vorkommen. Dazu gehören der Mauritische Flughund (*Pteropus niger*), der Mauritiusfalke (*Falco punctatis*), die Rosataube (*Nesoenas mayeri*), der Mauritiussittich (*Psittacula echo*), der Mauritiusraupenfänger (*Coracina typica*), der Mauritiusbülbül, der Mauritius-Brillenvogel (*Zosterops borbonicus*), der Mauritius Grey White Eye (*Zosterops mauritianus*) und der Mauritiusweber (*Foudia rubra*).

Wer in die Natur des Waldes eintauchen und diesen seltenen Pflanzen und Tiere näherkommen will, der macht am besten eine Wanderung. Es gibt allein 13 ausgeschilderte Wanderwege durch den Nationalpark. Diese sind insgesamt rund 60 Kilometer lang und wurden von der Parkverwaltung in drei Schwierigkeitsgrade eingeteilt: einfach, moderat und schwierig. Je nach Schwierigkeitsgrad sollte man natürlich seine Ausrüstung

Wanderkarte

Laut offizieller Karte gibt es 13 ausgeschilderte Wanderwege im Nationalpark. Man sollte unbedingt die Länge des Wanderwegs und die drei Schwierigkeitsgrade, die die Parkverwaltung den Trails zugordnet hat, beachten.

A Machabée Trail. 10 Kilometer, ca. 4 Stunden. Die als schwer eingestufte Wanderung beginnt beim Besucherzentrum von Le Pétrin und führt bis Black River – oder umgekehrt – und damit quer durch den Nationalpark. Ab Pétrin geht es los auf breiten und flachen Wegen, die aber nach dem Aussichtspunkt steil und felsig werden. Den Trail sollte man nicht unterschätzen, denn hier ist ein wenig Durchhaltevermögen gefragt.

B Black River Peak. 7 Kilometer, 3 Stund Einstieg am Black-River-Aussichtspunkt. Mitt schwere Wanderung auf den Gipfel und höchste Berg von Mauritius mit 828 Metern. Der Weg ist problemlos begehbar, der letzte Aufstieg allerdings ist recht steil, hier gibt es Seilsicherungen.

C Bel Ombre Trail. 18 Kilometer, 5 Stunden. Einstieg am Black-River-Aussichtspunkt, hier die Straßenseite wechseln. Die Wanderung ist anstrengend, wenn man die gesamte Länge abläuft. Man kann sie auch abkürzen, wenn man statt der Wanderung zurück im Dorf Bel Ombre ein Taxi zurück zum Ausgangspunkt nimmt. Zu sehen gibt es viele heimische Vögel und Flughunde.

Oben: Der bekannteste Wasserfall im Nationalpark ist der Alexandra-Wasserfall.
Unten: Achtung: Die frechen Äffchen schnappen sich gerne mal ein frisch gekauftes Eis.

anpassen. Der kleinste gemeinsame Nenner ist immer gutes Schuhwerk, dazu Regenschutz, Mückenspray und reichlich Wasser. Vogelbeobachter sollten das Fernglas nicht vergessen.

Beeindruckende Wasserfälle

Auf die Packliste kann man verzichten, wenn man nur die Aussicht genießen will. Für diesen kurzen Weg reichen normalerweise auch Sandalen oder Flip-Flops, für Getränke in Form von frisch gepressten Säften ist gesorgt. Einen fantastische Aussicht bietet die Plattform oberhalb des Alexandra-Wasserfalls. Hier blickt man in Richtung Südküste und Chemin Grenier, während linker Hand der Wasserfall rauschend auf sich aufmerksam macht. Man kann an der Brücke vor der Aussichtsplattform links einem kleinen Trampelpfad folgen. Dieser quert einen Bach, und bald eröffnen sich ebenfalls beeindruckende Aussichten über das intensive Grün des Waldes bis zu den weißen Stränden, die, unterbrochen von schwarzen Lavagesteinsfelsen, die Südküste von Mauritius so einzigartig machen.

Den besten und beliebtesten Aussichtspunkt, den »Gorges Viewpoint«, findet man, wenn man der Straße Richtung Chamarel folgt. An Imbiss- und Souvenirständen geht es an dem Parkplatz vorbei, dann ist der Aussichtspunkt mit einem kleinen Pavillon erreicht. Hier eröffnet sich einem wirklich ein grandioser Ausblick und die Kameras hören gar nicht auf zu klicken: Die Schlucht des Black River liegt schier unendlich vor einem. Das Ende an der Küste mit der Flussmündung kann man gerade noch erkennen. Die Schlucht ist dicht bewaldet, links steht groß und mächtig der Piton de la Petite Rivière Noire als größter Berg von Mauritius und rechts stürzt der eindrucksvolle Black-River-Wasserfall in die Tiefe.

Infos und Adressen

SEHENSWÜRDIGKEITEN

Black River Gorges National Park. Tgl. geöffnet. Es gibt zwei Besucherzentren, in denen man sich mit Informationen sowie Karten- und Prospektmaterial eindecken kann:

Black River Gorges Visitors Centre. Black River, Mo–Fr 7–17, Sa, So 9–17 Uhr, Tel. 02 58/00 57

Pétrin Information Centre. Le Pétrin, Tgl. 7–15.15 Uhr, Tel. 05 07/01 28

ESSEN UND TRINKEN

An den Parkplätzen bei den Aussichtspunkten Alexandra Falls und Gorges Viewpoint stehen täglich Imbisswagen mit Snacks und kleinen Leckereien. Auch Stände mit Fruchtsäften und anderen Getränken schlagen hier regelmäßig ihre Zelte auf. Restaurants gibt es im Nationalpark nicht. Also bringt man am besten ein Pausenbrot mit oder verpflegt sich im nahen Ort Chamarel.

ÜBERNACHTEN

Es gibt keine Übernachtungsmöglichkeiten im Nationalpark. Die Möglichkeit zu campen besteht offiziell, allerdings muss man dafür vorher eine Erlaubnis einholen. Diese bekommt man in den beiden Besucherzentren in Le Pétrin und Black River.

AKTIVITÄTEN

Yanature. Eine sehr gute Adresse, wenn es darum geht, den Nationalpark gemeinsam mit einem ortskundigen Führer zu erwandern. Black River, Tel. 052 51/40 50, www.trekkingmauritius.com/black-river-gorges

INFORMATION

Für das Wanderwetter im Nationalpark gilt generell, dass der mauritische Winter, also die Zeit von Juni bis September, eine gute Zeit ist. Am besten startet man früh am Vormittag, denn mögliche Wolken und damit Regen ziehen normalerweise erst später am Tag über den Himmel.

Beim Alexandra-Wasserfall hat man einen tollen Ausblick über die wilde Südküste.

NATURSCHUTZ –
zurück zum Ursprung?

So könnten die längst ausgestorbenen Dodos ausgesehen haben.

Der Mensch hat auf den Maskareneninseln Mauritius, Rodrigues und La Réunion viel Schaden angerichtet. Schon die ersten Seefahrer, die Mauritius betraten, griffen stark in das ökologische Gleichgewicht ein. Seit der dauerhaften Besiedelung durch den Menschen wurde die Pflanzen- und Tierwelt der Inseln erst recht verändert. Mehrere Arten starben aus und die Landschaften haben sich grundlegend gewandelt.

Die ersten Menschen auf Mauritius waren portugiesische Seefahrer. Zwar siedelten sie sich nicht an, hinterließen aber Ziegen als »Proviant« für folgende Besuche auf der Insel und schleppten Ratten ein. Beide beeinflussten die Natur nachhaltig. Die Ratten fraßen die Gelege und Jungvögel des Dodo (*Raphus cucullatus*), und die Ziegen machten sich über die heimischen Sträucher her und verschoben so das Gleichgewicht unter den Pflanzen empfindlich.

Dodo und Solitär

Der erste europäische Bericht, in dem der Dodo erwähnt wird, stammt von einer niederländischen Flotte auf einer Ostindienfahrt im Jahr 1598. Die flugunfähigen Vögel wurden als 70–90 Zentimeter groß und 30–40 Kilogramm schwer mit kleinen Flügeln beschrieben. Da sie ursprünglich keine Fressfeinde besaßen, brüteten sie auf dem Boden und zeigten keinerlei Scheu. Dies machte es den Ratten und später den Menschen, verwilderten Schweinen und Affen leicht, ihre Nester zu plündern und die Tiere zu töten. 1690 wurde zum letzten Mal von einem Dodo berichtet.

Auf Rodrigues ereilte den Solitär (*Pezophaps solitaria*), einen ebenfalls flugunfähigen Taubenvogel und Verwandten des Dodo, dasselbe Schicksal. François Leguat (1637–1735), ein französischer Entdecker, der zwischen 1691 und 1693 auf Rodrigues lebte, beschrieb den Solitär als etwa 90 Zentimeter großen und 20 Kilogramm schweren truthahnähnlichen Vogel mit kurzen Flügeln und bräunlichem Federkleid. Mitte des 18. Jahrhunderts war auch er ausgestorben. Genauso wie weitere Arten wie der Rodrigues-Sittich (*Psittacula exsul*) und der Rodrigues-Taggecko (*Phelsuma edwardnewtoni*), um nur einige wenige zu nennen.

Riesenschildkröten

Auf allen drei Inseln schafften es die Menschen innerhalb kürzester Zeit, alle fünf Arten von ausschließlich dort beheimateten Riesenschildkröten (*Cylindraspis*) auszurotten. Bei Ankunft der Siedler gab es von ihnen Tausende, und François Leguat schreibt in einem seiner Berichte, dass er an der Küste die ersten 300 Schritte auf den Panzern der Schildkröten machen musste, bis er endlich festen Boden unter den Füßen hatte. Doch auch diese Massen schützten die sanften und zutraulichen Tiere nicht. Sie wurden zu Tausenden abgeschlachtet, um aus ihnen Öl zu gewinnen, ihre Eier wurden als Proteinquelle genutzt. Lebend auf Schiffe geladen, wurden sie auf den oft monatelangen Reisen unterwegs als Frischfleisch verspeist. Nach knapp 100 Jahren waren sie alle endgültig verschwunden.

Rodung der Wälder

Doch nicht nur die direkte Bejagung war für das Aussterben so vieler Arten verantwortlich, sondern auch die starke Veränderung ihres Lebensraumes durch den Menschen. Fast der gesamte ursprüngliche Wald wurde auf Mauritius abgeholzt. Bedeckte er früher beinahe die ganze Insel, sind heute nicht einmal mehr zwei Prozent bewaldet. Erst wurden die begehrten Ebenholzbäume, einst die vorherrschende Art in Mauritius Wäldern, zum Export geschlagen. Dann wurden riesige Flächen komplett gerodet, um Zuckerrohrfelder anzulegen oder Ackerland zu gewinnen. Dadurch hat sich die Landschaft auf Mauritius und den beiden anderen Inseln grundlegend verändert. Rodrigues ist aufgrund seiner steilen Berge zu unwegsam und war daher nicht ganz so schlimm von der Abholzung betroffen. Hier sind immerhin noch 4,4 Prozent Wald vorhanden, teilweise sogar noch ursprünglich. Die riesigen Monokulturflächen der Zuckerrohrfelder und das Verschwinden der Wälder kosteten nicht nur den Dodo und die Schildkröten ihren Lebensraum. Auch viele Insekten wie Schmetterlinge und andere kleine Tiere sowie Vögel starben aus oder waren zumindest stark bedroht.

Die Schautafel zeigt, wie lange verschiedene Materialien zum Verrotten brauchen.

Die Lösung des Problems

Doch die Regierungen der Inseln haben schließlich erkannt, dass dringend etwas getan werden muss. Genauso wie viele Privatleute, die sich Gedanken um die Umwelt machen und mit selbst finanzierten Projekten einen Beitrag zum Naturschutz leisten. Die Umweltgesetze wurden deutlich verschärft, es wurden Naturschutzgebiete wie Round Island, die Île aux Aigrettes (siehe S. 164), Domaine de l'Etoile, der Black River Gorges National Park (siehe S. 204) oder das Grande Montagne Nature Reserve auf Rodrigues (siehe S. 262) eingerichtet und Pfand- sowie Recyclingsysteme eingeführt. Große Areale wurden abgeholzt und mit endemischen Bäumen und Sträuchern wieder aufgeforstet, um diese vor dem Aussterben zu bewahren und den heimischen Tieren wieder einen Lebensraum zu schaffen. Viele Ebenholzbäume wurden in Baumschulen gezogen und angepflanzt. Diese Bäume mit dem extrem harten Holz wachsen allerdings sehr langsam. Es wird Jahrzehnte dauern, bis daraus stattliche Bäume gewachsen sind, wie sie ehemals überall auf Mauritius zu finden waren. 2008 erstellte Mauritius sogar ein Konzept, das sich nur

Die Rosataube wurde dank einiger Aufzuchtprogramme vor dem Aussterben bewahrt.

mit der Förderung erneuerbarer Energien befasst. »Maurice Île Durable« (MID) verfolgt die langfristige Vision, Mauritius zu einer nachhaltigen Insel zu machen.

Auch nicht-staatliche Organisationen wie die Mauritian Wildlife Foundation befassen sich ausschließlich mit der Erhaltung der gefährdeten endemischen Pflanzen und Tiere von Mauritius. Seit 1970 kümmert sie sich um den Schutz und die Nachzucht endemischer Arten, etwa des stark gefährdeten Mauritius-Turmfalken (*Falco punctatus*), des Mauritiussittichs (*Psittacula eques*), der einzigen noch lebenden Papageienart der Maskarenen, und der bedrohten Rosataube (*Nesoenas mayeri*).

Auch die Meere werden geschützt: Die ebenfalls nicht staatliche Mauritius Marine Conservation Society (MMCS) hat sich das Motto »Naturschutz durch Bildung« auf die Fahne geschrieben und fördert seit über 30 Jahren das Bewusstsein für die Wertschätzung des marinen Lebens und den Schutz der Meere.

Die kleine Schwester von Mauritius

Rodrigues geht einen eigenen Weg und setzt auf nachhaltigen Ökotourismus mit vielen Naturerlebnissen. Zusätzlich wurde das Einführen und Verwenden von Plastiktüten komplett verboten. Aber auch Privatpersonen wie die Eheleute Griffith leisten mit ihren Projekten La Vanille Nature Park (siehe S. 192) und Ebony Forest Reserve (siehe S. 220) auf Mauritius sowie dem François Leguat Reserve auf Rodrigues (siehe S. 240) einen wichtigen Beitrag zur Wiederherstellung und Bewahrung der ursprünglichen Natur sowie zur Wiederansiedlung von Riesenschildkröten.

Mitte: Die Rumsorten aus Chamarel kann man in etlichen Hotels der Insel probieren.
Unten: Die Rhumerie de Chamarel liegt idyllisch in der Berglandschaft eingebettet.

38 Die Rhumerie de Chamarel
Destillerie mit Zuckerrohrplantage

Was man schon immer über Rum und seine Herstellung wissen wollte: In der Rhumerie de Chamarel gibt es Antworten auf alle Fragen und dazu so manches Geschmackserlebnis. Schon die Umgebung der Rumdestillerie mit ihren riesigen Zuckerrohr-, Ananasplantagen und anderen tropischen Früchten weist darauf hin, welche Vielfalt an exotischen Rumsorten möglich ist – und auch auf Flaschen gezogen wird.

Die Rhumerie de Chamarel liegt mitten in einem sehr fruchtbaren Tal. Hier wächst alles, was das Herz eines Rumbrenners höherschlagen lässt: erstklassiges Zuckerrohr neben bunten tropischen Früchten wie beispielsweise Ananas. Dazwischen fließen ein paar Bäche den Hang hinunter. Da eine der Topattraktionen von Mauritius, die »Terre de 7 couleurs« nicht weit entfernt ist, kommen hier zahlreiche Urlauber vorbei. Die Voraussetzungen für die Eröffnung einer eigenen Rumdestille waren also hervorragend. Das hatten auch die Verantwortlichen der Rhumerie de Chamarel frühzeitig gemerkt und ab 2006 viel Geld in ihre Destille investiert. Ende 2011 konnten sie ihren ersten Rum auf den Markt bringen. Diesem folgten weitere Sorten und Geschmacksrichtungen.

Vom Zuckerrohr zum Rum

Heute sind die Vertreter der Rhumerie de Chamarel auf ganz Mauritius unterwegs und veranstalten für neugierige Urlauber in den Resorts Rumproben. Bei einer geführten Tour kann man hier die Geheimnisse der Rumherstellung kennenlernen – natürlich inklusive Verkostung.

Schon vor der eigentlichen Herstellung des Rums tat sich die Rhumerie de Chamarel mit einer Besonderheit hervor: Sie ist eine der wenigen Brennereien auf Mauritius, die ihr Zuckerrohr selbst anbaut und ausschließlich für die Herstellung der eigenen Rums verwendet. Geerntet wird von Hand von Juli bis Dezember. Das frisch geerntete Zuckerrohr wird innerhalb von vier Stunden in die Brennerei gebracht, um seine Frische und seine Aromen zu bewahren. Anschließend wird der gepresste Zuckerrohrsaft filtriert und dann in Edelstahltanks abgefüllt. Damit wird – unter Zusatz von Hefe – die alkoholische Gärung eingeleitet. Das Ergebnis ist weißer Rum, der in einem Kupferkessel destilliert, oder doppelt destillierter Rum, der nach der Cognac-Methode hergestellt wird.

Reifung des Rums

Der destillierte Rum wird jetzt für mindestens sechs Monate in Edelstahltanks gelagert. So wird der Alkoholgehalt langsam gesenkt und der Geschmack runder und gefälliger. Ein Teil des weißen Rums wird in Fässern aus französischer oder amerikanischer Eiche in Kellern eingelagert. Vielleicht 18 Monate, drei oder gar sechs Jahre, das entscheidet der Rumbrenner je nach gewünschtem Geschmack. Was jetzt an Zutaten und deren Mischungsverhältnis das Aroma, den Geruch und schließlich den Geschmack des jeweiligen Rums ausmacht, bleibt natürlich ein Geheimnis der Rhumerie de Chamarel. Dass das Ergebnis in der Flasche aber wohlschmeckend ist, das zeigt der Erfolg: Die Rhumerie Chamarel gewann zwischen 2013 und 2015 bei den »German Rum Awards« gleich vier Medaillen.

Infos und ...

SEHENSWÜRDIGKEITEN

Rhumerie de Chamarel. Mo– 9.30–16.30 Uhr, Royal Road, Chamarel, Tel. 04 83/49 80, www.rhumeriedechamarel.com

ESSEN UND TRINKEN

L'Alchimiste. Ein Besuch der Rhumerie wäre unvollständig ohne einen Besuch des schicken Restaurants L'Alchimiste. In der Küche werden nur regionale Produkte verarbeitet, die vom eigenen Landgut stammen. Ein typisches Menü könnte exotische Köstlichkeiten wie Palmenherz-Salat oder Gerichte mit Hirsch und Wildschwein enthalten, die mit erlesenen Weinen verfeinert werden. Tgl. 9.30–17.30 Uhr, im Restaurant werden Lunch und »Afternoon Tea« serviert.

ÜBERNACHTEN

Les Chalets en Champagne. Drei vollständig eingerichtete (Küchenzeile) Chalets oder vielmehr Blockhütten mitten in der Wildnis, dafür teilweise mit atemberaubendem Ausblick. 110 Route Plaine Champagne, Chamarel, 05 98 8/74 18, www.leschaletsenchampagne.mu

Bei einer Führung kann man auch die Destillerie bestaunen.

39 Siebenfarbige Erde und der Wasserfall von Chamarel

Zwei Attraktionen in einem Geopark

Die Siebenfarbige Erde von Chamarel ist bereits seit den 1960er-Jahren eine der touristischen Hauptattraktionen auf Mauritius. Schon bei der Anfahrt kommt man an einem weiteren Highlight vorbei: den Wasserfällen von Chamarel, die die höchsten der Insel sind. Bringen Sie also genug Zeit mit, um beides zu genießen.

Die erste Station bei einem Ausflug hierher ist der Wasserfall von Chamarel. Mit einer Höhe von mehr als 80 Metern ist er der höchste Wasserfall auf Mauritius. Er besteht aus drei verschiedenen Wasserläufen des Saint Denis River, die in der Nähe der Dörfer Cachette, Chamarel und La Crete fließen. Von den beiden Aussichtsplattformen aus – zur höher gelegenen muss man ein paar Meter auf einen Hügel laufen – genießt man einen

Mitte: Vom Gelände des Ebony Forest aus kann man auf die Siebenfarbige Erde schauen. **Unten:** Der Wasserfall von Chamarel ist der höchste der Insel und sieht spektakulär aus.

GUT ZU WISSEN

BEI SONNENSCHEIN KRÄFTIGERE FARBEN

Am besten besucht man die Siebenfarbige Erde von Chamarel am frühen Vormittag. Da die organisierten Touren erst ab 11 Uhr eintreffen, hat man den Ort mit ein bisschen Glück für sich alleine – eine gute Gelegenheit für Fotos. Wenn die Sonne auf die farbige Erde scheint, wirkt diese intensiver als bei einem bedeckten oder bewölkten Himmel – von Regen ganz zu schweigen. Für ein gutes Bild sollte man also unter Umständen ein wenig Geduld mitbringen und den richtigen Zeitpunkt abwarten.

atemberaubenden Blick auf den Wasserfall. Das kaskadenförmig herabstürzende Wasser fällt aus majestätischen Höhen in einen Naturpool und erzeugt reichlich Gischt sowie ein beeindruckendes Rauschen. Je mehr Wasser der Saint Denis River führt, desto spektakulärer ist der Anblick. Immerhin stürzen hier dann bis zu 40 000 Kubikmeter Wasser pro Minute hinunter.

Zum Wasserfall selbst kann man eine insgesamt dreistündige und geführte Wanderung machen und sich am Becken zu seinen Füßen von der Gischt erfrischen lassen oder gleich hineinspringen. Man kann die beinahe unberührte Schönheit dieses Ortes genießen und sich wie mitten im tropischen Regenwald fühlen. Nebenbei gibt es hier ein paar Brocken vulkanischen Gesteins, die acht bis zehn Millionen Jahre alt sind und damit das älteste Lavagestein auf Mauritius.

Terres des Sept Couleurs

Rund zehn Fahrminuten entfernt, ist die Siebenfarbige Erde ein natürliches Phänomen und nicht etwa künstlich erschaffen. Die Farben entstehen bei der Umwandlung von basaltischer Lava in Tonmineralien. Alle wasserlöslichen Bestandteile werden unter den auf Mauritius herrschenden tropischen Witterungsbedingungen weggewaschen. Zurück bleiben nur noch das rötlich-schwarze Eisenoxid sowie weißes Aluminiumoxid. Diese beiden erzeugen durch unterschiedliche Vermischungen eine eigene Farbwelt, die von Blau über Violett bis Blaugrün reicht. Auf dem überschaubaren, 7500 Quadratmeter großen Gebiet der Siebenfarbigen Erde bei Chamarel hat das Lavagestein, das von der Form her aussieht wie Sanddünen, die Farben Rot, Braun, Violett, Grün, Blau, Lila und Gelb.

Geheimtipp

LA VALLÉE DES COULEURS

Die Siebenfarbige Erde von Chamarel wird als eine der Topattraktionen auch dementsprechend gut besucht. Wer dem Ansturm aus dem Weg gehen will, kann auch an einem anderen Ort auf Mauritius farbige Erden anschauen: im La Vallée des Couleurs Nature Park in Chamouny. Hier sind nicht nur sieben, sondern gleich 23 Farben zu bewundern. La Vallée des Couleurs befindet sich in Privatbesitz und hat sich in den letzten Jahren zu einem Freizeit- und Vergnügungspark für die ganze Familie gemausert. Neben Wanderungen kann man Quadausflüge machen oder an einer 500 Meter langen Zipline über den Wald, die Berge und die farbige Erde flitzen. Daneben gibt es ein interessantes Museum zum Thema Vulkanismus.

La Vallée des Couleurs Nature Park. Tgl. 8.30–17.30 Uhr, B 102, Chamouny, Tel. 058 69/77 77, www.lvdc.mu

Oben: Besonderheit des Wasserfalls von Chamarel: Er besteht aus mehreren Wasserläufen.
Unten: Die Siebenfarbige Erde scheint fast von einem anderen Planeten zu stammen.

Faszinierend ist auch die Tatsache, dass sich bei einer Mischung von Proben der farbigen Erden, beispielsweise in einem Glas, diese anschließend wieder nach Farben getrennt aufteilen. Auch Geologen sind fasziniert von der mehrfarbigen Mondlandschaft und vor allem von ihrem Fortbestand. Denn trotz heftiger Regengüsse und widriger klimatischer Bedingungen werden die Farben nicht ausgewaschen. Vielmehr zeigt sich der Ort jeden Tag aufs Neue in seiner Farbenpracht. Seit das Lavagestein zum ersten Mal von Regen und Wind freigelegt wurde, hat das Regenwasser schöne und spannende Muster in die Dünen gemalt. Aus der Ferne mag es so aussehen, als ob Schatten über den Dünen liegen würden. Wenn man aber genauer hinschaut, sieht man, dass die Schatten nur eine optische Täuschung sind.

In früheren Zeiten konnte man auf den farbigen Erden noch herumspazieren. Heute aber sind die vermeintlichen Dünen durch einen Holzzaun geschützt, Besucher dürfen nicht mehr direkt darauf herumlaufen. Aber entlang des Zauns gibt es mehrere Aussichtspunkte, von denen aus man die farbige Landschaft besonders schön sehen und fotografieren kann.

Auch an Kinder ist gedacht

Damit es auch den Kleinen bei einer Besichtigung nicht langweilig wird, gibt es auch einen Kinderspielplatz und ein Gehege mit Riesenschildkröten. Hier können sie den Riesenschildkröten Toto, Tizean, Rosette, Nini, Tizom und Tifam beim Fressen zuschauen oder beim Faulenzen.

Vor der Rückfahrt kann man sich mit einem Snack oder Mittagessen im Coffeeshop stärken. Und man sollte einen »Café de Chamarel« probieren, einen in Chamarel angebauten und gerösteten Kaffee.

Infos und Adressen

SEHENSWÜRDIGKEITEN

Seven Coloured Earth Chamarel. Tgl. 8.30–17 Uhr, 7 Colored Earth Road, Chamarel, Tel. 04 83/42 98, www.chamarel7colouredearth.com

ESSEN UND TRINKEN

Coffee Shop. Im überschaubaren Restaurant bei der Siebenfarbigen Erde. Hier gibt es neben dem Kaffeeangebot ein siebenfarbiges Essens- und Getränkekonzept zum Thema Erde, das darauf abzielt, den Gästen ein fröhliches Speiseerlebnis zu bieten. Tgl. 8.30–17 Uhr, 7 Colored Earth Road, Chamarel, Tel. 04 83/42 98, www.chamarel7colouredearth.com/coffee-shop

Seaforest Restaurant. Das Restaurant gehört zu den Chalets Chamarel und bietet den Gästen neben einem tollen Ausblick sowie einem Infinitypool lokale Küche und Spezialitäten wie beispielsweise Hirschfleisch. Tgl. geöffnet für Frühstück, Mittag- und Abendessen, 7 Colored Earth Road, Chamarel, Tel. 57 29/48 00

ÜBERNACHTEN

Chalets Chamarel. Elf schicke und topmoderne Chalets wurden mitten in die Natur gesetzt und begeistern mit einem tollen Panoramablick über die Westküste von Mauritius. 7 Colored Earth Road, Chamarel, Tel. 057 29/48 00, www.searesortshotels.com/chaletschamarel

INFORMATION

Zur Siebenfarbigen Erde gehört auch das Waldgebiet Lavilleon Natural Forest. Ähnlich wie im Ebony Forest Reserve (siehe S. 220) kann man hier an geführten Wanderungen teilnehmen. In diesem Wald stehen mehr als 300 Jahre alte Bäume. Dazu gibt es eine Zipline, eine Hängebrücke und andere Freizeitangebote. Tgl. 9–17 Uhr, Tel. 02 12/80 86, www.lavilleon.mu

Früher konnte man darüber laufen, heute sind die Siebenfarbigen Erden eingezäunt.

Der Flycatcher Raised Walkway führt auf erhöhten Stegen durch den jungen Wald.

40 Ebony Forest Reserve

Spaziergang im Ebenholzwald

Wer Mauritius erleben möchte, wie es vor Ankunft der Menschen aussah, kann dies im Ebony Forest Reserve tun. Auf dem 45 Hektar umfassenden Gelände wurde quasi die Uhr zurückgedreht und über mehrere Jahre ein endemischer Wald komplett wieder aufgeforstet. Der ursprüngliche mauritische Wald wurde ehemals von Ebenholzbäumen dominiert, daher stammt auch der Name des Reservats.

Für einen Besuch hier sollte man mindestens eineinhalb Stunden oder einen ganzen Nachmittag einplanen. Gleich zu Anfang, direkt nachdem man das Ticketbüro mit kleinem Shop durchquert hat, gibt es ein Besucherzentrum. Dort werden dem interessierten Reisenden mit viel Know-how, Liebe und didaktisch gut die Ursachen der drastischen Veränderungen der Natur auf Mauritius und die wichtige Arbeit der Wiederaufforstung nähergebracht. Auch das kleine Kino mit weiterführendem Filmmaterial zum Thema ist sehr zu empfehlen.

GUT ZU WISSEN

ALTERSBESTIMMUNG

Wenn man sich das begehrte Ebenholz oder das Holz anderer hier wachsender Bäume genauer anschaut, fällt gleich auf: Es gibt keine Jahresringe. Bäume, die in den Tropen wachsen, sind nicht unterschiedlichen Jahreszeiten mit starken Temperaturunterschieden ausgesetzt. Daher findet das Wachstum gleichmäßig während des ganzen Jahres statt, folglich entstehen auch keine Jahresringe. Eine ungefähre Altersbestimmung ist deshalb nur anhand des Durchmessers des Stamms möglich.

Ebony Forest Reserve

Führung durch den Naturschutzwald

Seit dem Start des Langzeitprojekts 2006 wurden im Ebony Forest Reserve über 140 000 indigene Pflanzen selbst gezogen und eingepflanzt. Sämtliche Einnahmen werden wieder in dieses Projekt gesteckt, so trägt man als Tourist mit seinem Eintrittsgeld zur Finanzierung dieses nachhaltigen Konzeptes bei. Wer noch mehr tun möchte, kauft eine der kleinen Pflanzen oder Bäume und lässt sie als »Lovetree« oder einfach so einpflanzen. Auch verschiedene lokale Sponsoren unterstützen den Ebony Forest. Mauritius hat also eindeutig erkannt, wie wichtig die Bewahrung der eigenen Natur ist.

Um den Park zu erkunden, begibt man sich entweder zum Sammelpunkt für den Jeep, der etwas oberhalb des Besucherzentrums liegt, oder wandert auf schön angelegten, aber recht steilen Wegen auf eigene Faust zum Startpunkt der Führung. Die Jeeps für maximal neun Personen fahren ab 9.30 Uhr alle 30 Minuten zur halben und zur vollen Stunde und sind wie die Führung auf dem »Flycatcher Raised Walkway« im Preis inbegriffen. Dort angekommen, wartet schon ein kundiger Führer, der einen auf der 30-minütigen Tour begleitet. Der Rundweg verläuft auf einem erhöhten Steg, sodass man fast das Gefühl hat, durch den Wald zu schweben. So ist der Eingriff in die Natur auf ein Minimum reduziert, und man sieht die Umgebung aus einer ganz neuen Perspektive. Zu den einzelnen endemischen Pflanzen erhält man vom gut informierten Guide jeweils eine kurze Erläuterung, und sämtliche Fragen werden sachkundig beantwortet. Auch entdeckt und zeigt er gut versteckte Tiere, etwa verschiedene Geckos oder den für den Pfad namensgebenden winzigen Vogel, den Flycatcher (Paradiesschnäpper). Selbst hätte man die Tiere sicherlich nicht entdeckt.

Geheimtipp

LECKERE HOLZ-OFEN-PIZZA

Die hausgemachte Holzofenpizza des Le Takamaka ist so lecker, dass sogar die Einheimischen weite Strecken über die Insel fahren, um sie gleich hier oder als Takeaway daheim zu genießen. Mit jedem Bissen hilft man Mauritius, gegen sich stark ausbreitende Arten anzukämpfen. Denn der Holzofen, in dem die Pizza gebacken wird, wird ausschließlich mit Holz von nicht einheimischen Bäumen befeuert. Dieses fiel und fällt in großen Mengen bei der Renaturierung des Ebony-Forest-Geländes an. Leckere Pizza essen und dabei auch noch der Natur Gutes tun, was will man mehr? Da der Park nur bis maximal 17.30 Uhr geöffnet ist, wird die letzte Bestellung für Pizza und andere heiße Speisen um 15.30 Uhr und für Getränke um 16.30 Uhr angenommen.

Le Takamaka. Tgl. geöffnet, direkt hinter dem Besucherzentrum des Ebony Forest Reserves, Tel. 04 60/30 30, www.ebonyforest.com

Oben: Hochzeits- und Liebespaare können hier einen Liebesbaum kaufen und einpflanzen.
Mitte: Fachkundige Guides informieren über den aufgeforsteten Wald und seine Bewohner.
Unten: Der winzige Maskarenen-Paradiesschnäpper

Ebenholzbäume laden zum Umarmen und Krafttanken ein, und zwischendurch gibt es wunderschöne Ausblicke über das dicht bewaldete Gelände. Außerdem erfährt man, dass die überall auf Mauritius zu sehenden Traveler's-Tree-Palmen nicht endemisch und hier eine wahre Plage sind. Nur acht dieser Palmen wurden im 19. Jahrhundert aus Madagaskar eingeführt und in einem privaten Garten in Moka angepflanzt. Seitdem haben sie sich explosionsartig vermehrt und auf Kosten der heimischen Pflanzen auf der ganzen Insel ausgebreitet. Unzählige von ihnen wurden auf dem Gelände des Ebony Forest Reserve schon gerodet.

Fantastische Aussichten

Nach der Führung geht es mit dem Jeep oder zu Fuß zum Aussichtspunkt Sublime Point. Der ungefähr 35-minütige Aufstieg ist zwar steil und anstrengend, führt aber durch den wunderschönen Wald und ist absolut lohnend. Auch der Ausblick vom Aussichtspunkt über die Insel ist wirklich erhaben. An dem kleinen Kiosk hier oben kann man sich einen hausgemachten kühlen Drink oder einen Snack gönnen. So gestärkt, erklimmt, wer noch Puste hat, noch mal weitere 140 Höhenmeter und wird mit einem fantastischen Rundumblick vom Gipfel des Piton Canot belohnt. Spätestens auf dieser Etappe ist unbedingt gutes Schuhwerk erforderlich. Wer will, fährt mit dem Jeep wieder den ganzen Weg ab dem Aussichtspunkt hinunter. Alternativ ist es möglich, auf verschlungenen, gut ausgeschilderten Pfaden, wie zum Beispiel dem Ridgeline Trail, Richtung Tal zu wandern. Dieser verläuft teilweise auf einem Bergrücken und bietet wunderbare Ausblicke auf den Berg Le Morne Brabant. Unten angekommen, fühlt man sich trotz der Anstrengung erholt und energiegeladen. Nicht nur der Wald profitiert von diesem Projekt, sondern auch der Mensch, der ihn besucht.

Infos und Adressen

SEHENSWÜRDIGKEITEN

Ebony Forest Reserve. Um hierher zu kommen, nimmt man die Einfahrt zur Siebenfarbigen Erde und folgt dann der Beschilderung zum Ebony Forest. Nov.–März tgl. 9–17.30, April–Okt. tgl. 9–17 Uhr, 7 Colored Earth Road, Chamarel, Tel. 04 60/30 30 oder 04 60/30 31, www.ebonyforest.com

ESSEN UND TRINKEN

Mich Resto. Obwohl es in den Bergen liegt, ist Mich Resto vor allem für seine Fischgerichte bekannt. Einige Gäste fahren zum Lunch sogar von der Küste nach Chamarel. Tgl. 11–16 Uhr, Royal Road, Chamarel, Tel. 04 83/41 58, www.facebook.com/michresto.mu

ÜBERNACHTEN

Coteau Fleurie. Die Lage des Hauses ist wunderschön, und das Obst, das zum Frühstück gereicht wird, kommt aus dem heimischen Garten. Gefrühstückt wird auf der Terrasse mit Ausblick auf die hauseigenen Kaffeebäume. Royal Road, Chamarel, Tel. 04 83/47 57, www.coteaufleurie.com

La Vieille Cheminee. »Tropische Farm und Öko-Lodges« heißt das Konzept. Hier werden Biogemüse und Bioobst angebaut, man kann wandern oder auf Pferden reiten. »Urlaub auf dem Bauernhof«, nur eben auf Mauritius. Royal Road, Chamarel, Tel. 04 83/42 49, www.lavieillecheminee.com

INFORMATION

Auf Nachfrage bietet das Team des Ebony Forest Reserve auch Touren zum Sonnenuntergang an. Nach einer Wanderung geht es zum Aussichtspunkt Sublime Point, hier wird gemeinsam und bei einem kühlen Drink der grandiose Sonnenuntergang an der Westküste von Mauritius genossen.

Im Besucherzentrum steht eine große Tafel mit den Namen der Baumspender.

Mitte: Dank optischer Täuschung kommen die Kleinen hier ganz groß raus.
Unten: Im Spiegellabyrinth ist es nicht einfach, seinen Weg zu finden.

41 Curious Corner of Chamarel

Optische Täuschungen und Illusionen

Die »seltsame Ecke« ist in der Tat etwas für neugierige und entdeckungsfreudige Menschen, die sich gerne ein wenig verwirren oder in die Irre führen lassen. Den Erfindern der Curious Corner geht es vor allem darum, strandmüden Urlaubern einige Impulse für das Hirn mit auf den Weg zurück an den Strand zu geben – in einem Haus und einem überschaubaren Garten voller »Wahnvorstellungen«.

Verpassen kann man Curious Corner kaum, denn die Attraktion liegt direkt gegenüber dem Eingang zur Siebenfarbigen Erde (siehe S. 216). Nach all der Natur, die man dort im Tal erlebt hat – seien es die bunten Erden oder der Ebony Forest (siehe S. 220) –, kann ein bisschen Illusion sicher nicht schaden. Schon beim Eintreten wird man und vor allem das Gehirn mit Rätseln konfrontiert. Dies ist ganz im Sinne der Erfinder: Ausgedacht haben sich die ganze Geschichte die Briten David Hartshorn und Paul Rose, die auf Mauritius leben, sowie ihr in England lebender Kumpel Ed Gray. Sie saßen an einem Tisch in Chamarel und labten sich an einheimischem Rum, als ihnen die Idee zur Curious Corner kam.

Mit ihrer Idee gingen sie hausieren und konnten noch ein paar Leute von ihrem Konzept überzeugen. Dieses passt auch gut in die touristische Ausrichtung von Chamarel. Denn die Verantwortlichen hatten schon lange die Idee, Chamarel zu einer Art Gesamtkunstwerk zu entwickeln. Sie wollten einen

Curious Corner of Chamarel

Ort schaffen, an dem die Urlauber auf dem Weg zur berühmten Siebenfarbigen Erde nicht nur vorbeifahren und dabei vielleicht noch schnell ein Mittagessen einnehmen. Nein, sie sollten hierbleiben, übernachten und in der frischen Luft der Berge am besten gleich ihren ganzen Urlaub verbringen.

Lustige Stationen

Gesagt, getan: Heute kann man im Curious Corner auf rund 5000 Quadratmetern 40 Attraktionen erleben, die alle mit Illusionen und optischen Täuschungen zu tun haben – ein großer Spaß für die ganze Familie, auch an regnerischen Tagen. Zu diesen Attraktionen gehört auch ein Spiegellabyrinth. Bei seinen 200 Spiegeln und zahlreichen Lichteffekten ist es nicht ganz einfach, den Weg hinaus wieder zu finden. Dann gibt es den Ames Room, in dem sich zwei Menschen auf Augenhöhe gegenüberstehen, aber auf dem Foto erscheint einer plötzlich viel größer als der andere. Oder das »Verkehrtherum-Zimmer«, in dem man plötzlich an der Decke hängt und die Schwerkraft anscheinend außer Kraft gesetzt ist. Es empfiehlt sich, die eigene Kamera mitzubringen und reichlich Selfies in diesen verwirrenden optischen Täuschungen zu machen. Zu Hause betrachtet, sehen diese gleich noch spannender aus!

Wer sich schon immer mal als Organist versuchen wollte, der geht in den Laser Music Room und löst mit jedem Tastendruck einen Laserstrahl aus – Musik zum Anschauen also. Im Garten sind noch ein paar weitere Attraktionen ausgestellt, die auf optischen Täuschungen beruhen. Keine Täuschung allerdings sind der Shop und das kleine Restaurant. Hier kann man sich stärken, damit man für den Rückweg wieder gut und sicher auf dem Boden der Tatsachen ankommt.

Infos und Ad

SEHENSWÜRDIGKEITEN

Curious Corner of Chamarel. Tgl. 9–17.30 Uhr, Baie du Cap Road, Chamarel, Tel. 0483/4200, www.curiouscornerofchamarel.com

ESSEN UND TRINKEN

Les Palmiers Chez Dev. Im Palmiers erwartet die Gäste echte mauritische Küche, zubereitet mit viel Liebe und Sorgfalt. Tgl. 11.30–19 Uhr, Royal Road, Chamarel, Tel. 0483/4364, www.facebook.com/lespalmierschezdev

Saveur Tropical. Dies ist sicher das einzige Restaurant der Region, das eine Zufriedenheitsgarantie gibt. Unbedingt ausprobieren! Tgl. 10–16 Uhr, Royal Road, Chamarel, Tel. 0483/4514, www.facebook.com/saveurtropicalchamarel

ÜBERNACHTEN

Green Cottage. Wahrhaftig ein schickes Häuschen im Grünen mit allem, was Urlauber brauchen, Aussicht inklusive. 7 Colored Earth Road, Chamarel, Tel. 0483/1502, www.green-cottagechamarel.com

INFORMATION

Bei Buchung des Curious-Corner-Tickets über die Website kann man ein paar Prozente herausholen.

42 Bois Chéri
Teefabrik und Teeroute

Die Teefabrik von Bois Chéri ist die älteste auf Mauritius: Bis heute wird hier Tee hergestellt. Bei einem Besuch kann man in die Produktion hineinschauen und sich die Produktionsschritte der Teegewinnung erklären lassen. Außerdem gibt es ein sehenswertes Museum zum Thema Teeanbau auf der Insel sowie ein Restaurant, auf dessen Terrasse man die verschiedenen Teesorten verkosten kann.

Mitte: Auf 250 Hektar wachsen üppig Teeblätter für den feinen Tee von Bois Chéri.
Unten: Die Teeproduktion kann man besichtigen – vom Pflücken bis zum Verpacken.

Am besten ist ein Besuch am frühen Vormittag: Die Pflückerinnen bringen die frisch gepflückten Teeblätter in Tornistern, die sie auf dem Rücken geschnallt haben, in die Fabrik. Gepflückt wird auf den 250 Hektar der Plantage nach der alten englischen Weisheit »Two leaves and a bud«, also »Zwei Blätter und eine Knospe«. Es dürfen auch drei Blätter sein. Anschließend folgt die Teeverarbeitung in der Fabrik von Bois Chéri. Dazu gehören Welken, Rollen, Oxidieren, Trocknen, Sortieren und Verpacken. Alle Arbeitsschritte werden, wie schon bei der Gründung 1892, hier im Haus durchgeführt. Heute stellt Bois Chéri auch aromatisierte Tees, grüne Tees und Kräutertees her.

Teemuseum und Restaurant

Gleich nebenan befindet sich ein kleines Teemuseum, das sich den Besonderheiten der Teekultur widmet und dabei auch die Geschichte von Mauritius widerspiegelt. Ausgestellt sind alte Maschinen zur Teeherstellung, Teekannen, Teeservices aus dem 19. Jahrhundert, Fotos und andere Dokumente, die Wissen über die Teeproduktion vermitteln. Wer es jetzt vor Neugierde auf den Geschmack des

Tees nicht mehr aushält, der macht eine Teeverkostung auf der schönen und luftigen Terrasse des hauseigenen Restaurants. Dieses ist umgeben von der traumhaften Teeplantage und bietet einen herrlichen Panoramablick über einen wunderschönen See in einem alten Krater sowie über die Südküste von Mauritius.

Die Teeroute

Die Teefabrik gehört der Saint-Aubin-Firmengruppe, die als eine der führenden mit den Tätigkeitsbereichen Landwirtschaft, Tourismus und Sekundärhandel in der Zuckerrohrindustrie von Mauritius auf dem Markt ist. Das Unternehmen setzt seit einigen Jahren auf ein eigenes Konzept für grünen Tourismus auf Mauritius und hat in diesem Zusammenhang die Teeroute (»The Tea Route« oder »La Route du Thé«) eingerichtet. Die Idee der Teeroute ist es, interessierten Menschen eine Reise in drei Etappen anzubieten. Diese sind die Domaine des Aubineaux in Forest Side, die Teeplantage Bois Chéri und das Kolonialhaus Le Saint Aubin in Rivière des Anguilles. Eine Reise, bei der man die Geschichte von Mauritius, von ihren Menschen, Traditionen und lokalen Aromen entdecken kann.

Unterwegs besucht man historische Kolonialhäuser und ihre Gärten, beobachtet, wie Rum und ätherische Öle destilliert werden, gewinnt Know-how in der Teekultur und entdeckt andere lokale Kuriositäten. Diese Attraktionen, die früher in Privatbesitz waren, wurden von der Saint-Aubin-Firmengruppe renoviert und schon heute aus wie aus dem Ei gepellt. Man kann also seinen Wissensschatz erweitern, in kolonialem Ambiente speisen und in einem kreolischen Haus übernachten, das für ruhige und erholsame Wochenenden in der Auberge Le Saint Aubin eingerichtet wurde.

Infos und Adressen

SEHENSWÜRDIGKEITEN

Bois Chéri. Tgl. 9–17 Uhr, Bois Chéri, Grand Bois, Tel. 0617/9109, www.saintaubin.mu

ESSEN UND TRINKEN

Restaurant Le Bois Chéri. Hier werden der Tee verkostet und Lunch-Gerichte mit regionalen Aromen gereicht, Panoramablick inklusive. Tgl. 9–17 Uhr, Le Domaine de Bois Chéri, Grand Bois, Tel. 05471/1216, www.facebook.com/leboischerirestaurant

EINKAUFEN

Nach dem Besuch der Teefabrik und einer Verkostung sollte man natürlich auch ein oder zwei Teesorten mit nach Hause nehmen. Besonders der Schwarztee mit hohem Vanilleanteil löst zu Hause getrunken gerne Sehnsucht nach Mauritius aus.

INFORMATION

Die drei Stationen der Teeroute können mit einem Ticket besucht werden. Die Eintrittskarte kann man in jeder der drei Stationen der Teeroute kaufen und die Attraktionen dann abfahren. Tel. 0076/3080, www.saintaubin.mu

Bei der Verkostung kann man alle Teesorten probieren.

Mitte: Der Park Casela World of Adventures lässt sich mit Quads auf besonders aufregende Art erkunden.
Unten: Eine ganze Liste an Attraktionen ist bereits im Eintrittspreis enthalten.

43 Casela World of Adventures

Natur pur in Cascavelle

Casela ist eine Mischung aus Zoo, Safari- und Freizeitpark auf 250 Hektar und eine der meistbesuchten Attraktionen auf Mauritius. Seit 1979 werden in dem ursprünglichen Vogelpark Besucher jeden Alters willkommen geheißen. Im Park wird deutlich, zu welchem Kontinent Mauritius eigentlich gehört, nämlich zu Afrika. Casela bietet der ganzen Familie einen Tag voller Abenteuer, Spannung und Spaß.

Wer möchte, kann sich gleich zu Anfang im kostenlosen 4-D-Kino mit einem kurzen Film einen Überblick über den Park verschaffen. Auf die Schnelle erfährt man alles über die Attraktionen und Aktivitäten, wo man sie findet und wie man am besten hinkommt. Zur Auswahl stehen zum Beispiel Safaris und eine Achterbahn, man kann Löwen beobachten, an Ziplines über das Gelände schweben oder eine Quadtour machen. Für jedes Alter gibt es geeignete Attraktionen: Auf die Klei-

GUT ZU WISSEN

REGELN BEACHTEN!
Nicht alle Attraktionen werden immer angeboten. Vor allem sonntags sind die Angebote eingeschränkt. Abklären sollte man auch die Voraussetzungen für die Teilnahme. Für Kinder gilt aus Sicherheitsgründen teilweise eine Mindestgröße und ein Mindestalter. Auch Englisch oder Französisch zu verstehen wird oft vorausgesetzt. Informieren Sie sich unbedingt vorher, welche Bestimmungen gelten, was extra gebucht werden muss und zu welchen Zeiten was angeboten wird.

Nervenkitzel: Nur der Gestreichelte ist entspannt

nen warten auch Spielplätze und ein Streichelzoo. Des Weiteren ist es möglich, verschiedene Tiere zu füttern, ganz Mutige buchen einen Spaziergang mit Löwen. Die Achterbahn saust man alleine, oder wer lieber mag zu zweit, hinunter. Das Restaurant liegt mitten im Park und bietet eine wunderschöne Aussicht. Hier findet man ein vielfältiges Angebot zu einem guten Preis-Leistungs-Verhältnis.

Ticketdschungel

Einige besondere Aktivitäten sind nicht im Eintrittspreis enthalten. Diese müssen am Eingang des Parks gebucht und extra bezahlt werden. Es stehen aber auch verschiedene Pakete zur Verfügung, die mehrere kostenpflichtige Attraktionen und teilweise auch ein Essen beinhalten und etwas günstiger als die Einzelbuchungen sind. Man erhält mehrere Tickets, die dann an den entsprechenden Stationen abgegeben werden müssen. In der Mitte der Eingangshalle befindet sich ein Schalter, an dem man sich sehr freundlich beraten lassen kann. Hat man sich entschieden, geht es zu den Kassenschaltern, durch die Schranke und

Nicht verpassen

LÖWEN STREICHELN

Wer sich traut und alle Voraussetzungen erfüllt, kann eine Begegnung mit einem Löwen buchen. Nach einer kurzen Einführung darf man mit einem Wildhüter und mit einem Stock »bewaffnet« direkt in das Gehege der jungen Löwen. Die Tiere bewegen sich völlig frei. Ein etwas mulmiges Gefühl, aber auch total aufregend und spannend. Nach Aufforderung darf man sich hinter einen liegenden Löwen knien und, dann kommt der prickelndste Teil, den König der Tiere streicheln. Ein Erlebnis, das man sicher nie wieder vergisst. All zu zaghaft sollte man nicht sein, lieber kräftig streicheln, sonst fühlen sich die Tiere nur gekitzelt. Erstaunlich entspannt und ruhig liegen sie da und lassen sich streicheln. Wird es einem Löwen zu viel, steht er einfach auf und geht. Für unerschrockene Tierfreunde ein absolutes Muss!

dann nichts wie rein ins Vergnügen. Das Angebot reicht von Nashörnerfüttern über Ziplining bis zum Kamelritt. Besonders schön und für die ganze Familie geeignet ist das Füttern der Giraffen. Den Park kann man entweder mit dem Safaribus, Quad oder Segway, mit dem Pferd oder sogar auf dem Rücken eines Kamels erkunden. Die verschiedenen Bereiche werden als »Königreiche« bezeichnet.

Königreich der Großkatzen

Im Königreich der Großkatzen dreht sich alles um die Raubtiere. Die Löwen sind teilweise die fünfte hier geborene Generation, was für die gute Unterbringung, Versorgung und Behandlung der Tiere spricht. Ein Tierarztehepaar aus Australien ist für das Wohlergehen aller Großkatzen verantwortlich. Man kann sich in einem rundum vergitterten Jeep durch das Wildgehege mit den ausgewachsenen Löwen und bengalischen Tigern fahren lassen. Das ist für alle, die nicht so mutig sind, sicher die beste Option. So kann man die Tiere aus nächster Nähe, aber dennoch sicher beobachten. Die Mutigeren buchen eine direkte Begegnung mit einer Großkatze. Zur Wahl stehen Löwe, Gepard, Serval oder Karakal (siehe S. 229).

Königreich der Berge

Im Königreich der Berge sind Aktivität und Hochspannung angesagt. Man überquert eine Schlucht auf einer schmalen Hängebrücke und genießt spektakuläre Aussichten. Alternativ saust man mit den Ziplines bis zu 400 Meter am Stück über das Gelände und durch Schluchten. Ein weiterer Nervenkitzel ist die »Canyon Swing«. Der Sprung von der 45 Meter hohen Plattform in die Schlucht erfordert Mut und ist nichts für schwache Nerven. Adrenalinrausch garantiert!

Einfach gut!

STRAND UND ORT FLIC EN FLAC

Der interessante Name des ehemaligen Fischerorts kommt vom holländischen »Fried Landt Flaak«, was so viel wie »freies und flaches Land« bedeutet. Hier gibt es einen wirklich sehr schönen, acht Kilometer langen Strand, der zu Strandwanderungen einlädt. Dieser war und ist ein Anziehungspunkt für Touristen aus aller Welt, und das Städtchen entwickelte sich entsprechend gut. Deshalb ist Flic en Flac heute ein touristisch gut erschlossener Ort mit einer großen Auswahl an Restaurants, Bars, luxuriösen Resorts und Hotelanlagen, aber auch mit Privatstränden und Sternegastronomie. Kein Ort auf Mauritius ist wohl internationaler als Flic en Flac. Zu beachten ist, dass man nicht durch den Ort hindurch wieder auf die Küstenstraße fahren kann. Am Ende muss man umdrehen und wieder dieselbe Straße zurückfahren.

Safari-Königreich

Auch das Safari-Königreich hat einiges zu bieten. Auf dem Safarigelände befindet sich ein eigenes Gehege mit Ella und Benji, den zwei weißen Nashörnern. Die gewaltigen Tiere sind trotz ihres Tonnengewichts recht verspielt und können mit der Hand gefüttert werden. Ansonsten tummeln sich hier zahlreiche Straußenvögel, Zebras, Gnus und Impalas. Alle lassen sich durch die mit Besuchern beladenen, verschiedenen Gefährte nicht aus der Ruhe bringen oder stören. So kann man die Tiere gut beobachten und fotografieren. Vor allem die neugierigen Strauße kommen sehr nah zu den Menschen. In diesem Königreich besteht auch die Möglichkeit, Giraffen zu füttern. Um in die Nähe der Köpfe von Tagada, Bella, Khakoo, Caramel und der anderen Giraffen zu kommen, muss man auf einen kleinen Turm mit Plattform klettern. Dort bekommt man einen Beutel mit extra aus Afrika importiertem Giraffenfutter. Einige wenige Pellets legt man sich auf die Hand, und schon recken sich einem die langen Hälse entgegen. Ganz vorsichtig, nur mit der langen Zunge, holen sich die riesigen Tiere dann das Futter. Die Giraffen dabei zu beobachten und zu streicheln, das weiche Maul zu spüren und direkt in ihre sanften Augen zu schauen, ist ein tolles Erlebnis. Das Safarigelände kann man außer mit dem Safarijeep auch auf einer geführten Tour mit dem Quad oder Segway erkunden. Der Guide erklärt einem die verschiedenen Tierarten und sucht die beste Route, um möglichst viele Tiere aus nächster Nähe zu sehen.

Mittleres Königreich

Das Mittlere Königreich ist besonders für die Kleinen interessant. Der Streichelzoo ist sehr schön angelegt und beherbergt unter anderem Hasen, Ziegen, Hühner, Lamas und Kitze. Sogar ein Zwergflusspferd gibt es hier. Als besondere Attrak-

Oben: Strauße lassen sich keine Gelegenheit entgehen, Besucher neugierig zu betrachten.
Mitte: Manchmal gibt einem die Landschaft des Parks das Gefühl, in Afrika zu sein.
Unten: Giraffen fressen einem im Safari-Königreich aus der Hand.

Oben: Ein Pärchen Gelbbrustaras mit leuchtendem Gefieder in der begehbaren Voliere
Unten: Die Rodelbahn Tulawaka Gold Coaster ist ein Riesenspaß für die ganze Familie.

tion können die Kinder die Kitze oder Zicklein mit der Flasche füttern. Auch die Riesenschildkröten freuen sich, wenn sie mit Obst oder frischem Grün versorgt werden. Für die etwas mutigeren Kinder bietet sich die Möglichkeit, auf Ponys zu reiten oder zu fischen. Ein ganz besonderes Erlebnis für Kinder ist ein professionell begleiteter Tag als Zoowärter, der auch hinter die Kulissen führt.

Vogelparadies

Nashornvögel, Pfauen, Flamingos und viele andere Vogelarten kann man im ältesten Teil von Casela bewundern. Über 150 verschiedene Arten Vögel gibt es im Park, der ursprünglich im Jahr 1979 als Vogelpark gegründet wurde. Neben den vielen Einzelvolieren, ist die riesige, von mehreren Arten bevölkerte Voliere besonders schön. Durch diese kann man hindurchgehen. Auf einem kleinen Pfad wird man an Teichen mit Schwänen und Fischen vorbei durch die Voliere geleitet. Die bunten Vögel, wie zum Beispiel Papageien oder Sittiche, fliegen frei um einen herum und beäugen einen neugierig. Tolle Fotos mit Nahaufnahmen der schillernden Gefieder gelingen einem hier.

Tulawaka Gold Coaster und Avalanche Mine

Der Tulawaka Gold Coaster ist eines der Highlights für Jugendliche. Nach einem steilen Anstieg mit einem tollen Ausblick über das Gelände geht es in kleinen Wagen durch eine dunkle Mine. Danach führt die Achterbahn steil und mit vielen Kurven wieder den Berg hinunter. Ein Riesenspaß! Auch die Avalanche Mine begeistert: Hier rutscht man in einem großen Ring sitzend einen steilen Abhang hinunter. Am Ende geht es über eine Schanze, man fliegt durch die Luft und landet schließlich weich in einem riesigen Luftkissen.

Infos und Adressen

SEHENSWÜRDIGKEITEN

Casela World of Adventures. Tgl. 9–17 Uhr, Royal Road, Cascavelle, Tel. 0401/6500, www.caselapark.com

ESSEN UND TRINKEN

Casela Restaurant. Es ist durchaus nicht ungewöhnlich, wenn plötzlich ein Pfau durch das Restaurant schreitet und sich die Gegebenheiten anschaut. Denn hier ist man mittendrin im Freizeitpark und speist Open Air. Serviert wird mauritische, europäische, indische und thailändische Küche, für die Kleinen gibt's auch ein Kids-Menü – die Auswahl lässt keine Wünsche offen. Tgl. 9–17 Uhr, www.caselapark.com/restaurant-6

ÜBERNACHTEN

Veranda Tamarin Hotel. »Join the tribe« ist das Motto des flotten, im Herbst 2018 (neu)eröffneten Hotels aus der Veranda-Familie. Es ist der Nachfolger des früheren Surferhotels »Hotel Tamarin«, wurde vergrößert und verschönert, aber der Surferspirit ist immer noch spürbar. sonderer Hingucker mit höchster Aufenthalts-qualität ist die Dachterrasse mit Bar, Infinitypool und Blick auf die Bucht von Tamarin. Eine hervorragende Location für einen eisgekühlten Sundowner … Tamarin Bay. Royal Road, Tamarin, Tel. 0483/3100, www.veranda-resorts.com/en/mauritius-hotel-tamarin

EINKAUFEN

Der Ort **Cascavelle** ist bekannt für sein großes Einkaufszentrum direkt an der Hauptstraße, die Cascavelle Shopping Village. Hier gibt es alle möglichen leiblichen Genüssen aus allen Himmels- und Geschmacksrichtungen sowie jede Menge Geschäfte, in denen die Rupien sicher gut angelegt sind – vom Bekleidungsladen mit Bademoden bis hin zum Baumarkt.
Mo–Do 10–19, Fr, Sa 10–21, So 10–15 Uhr, Coastal Road, Bambous, Tel. 0452/9000, www.facebook.com/cascavelle

Das Veranda Tamarin begeistert mit Rooftopbar und Infinitypool auf dem Dach.

44 Le Morne Brabant

Berg auf der gleichnamigen Halbinsel

Eine Wanderung auf den Pfaden der entlaufenen und rebellischen Sklaven den spektakulären Berg Le Morne Brabant hinauf gehört zu den besonderen Aktivitäten, die man auf Mauritius unternehmen kann. Nach einem anstrengenden Aufstieg auf den Gipfel in 556 Metern Höhe genießt man einen grandiosen Ausblick und kann sich sicher sein, besondere Wege beschritten zu haben.

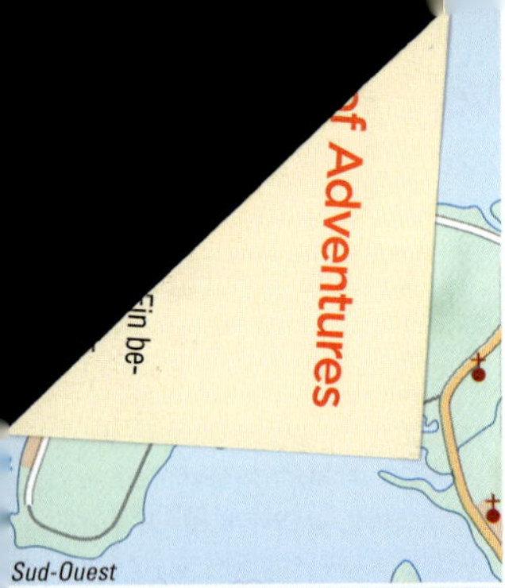

Mitte: Der Ausblick vom Morne Brabant über Lagune und Indischen Ozean ist grandios. **Unten:** Rund um die Halbinsel gibt es traumhafte Strände.

Der Le Morne Brabant ist ein majestätisch aufragender und markanter Berg im Südwesten von Mauritius. Er wurde am 6. Juli 2008 von der UNESCO zum Weltkulturerbe erklärt, um dem Erbe der Mauritian Maroons zu gedenken. Sie waren die ersten Freiheitskämpfer, die im frühen 18. Jahrhundert auf mauritischem Boden gegen die Unmenschlichkeit der Sklaverei und gegen den europäischen Kolonialismus kämpften. Diese »kastanienbraunen« (franz. »maroon«) Banden lebten in den Wäldern, Bergen, Schluchten und in der Nähe der Flüsse der Insel und griffen die Kolonialtruppen, Häuser, Siedlungen und Ländereien der Kolonisten an. Um den Le Morne Brabant rangt sich die Legende, dass zahlreiche Maroons, als man ihnen davon berichten wollte, dass die Sklaverei abgeschafft war, vom Berg sprangen. Sie begangen lieber Selbstmord als – wie sie aus Unwissenheit dachten – sich einsperren und wieder versklaven zu lassen. Gleichzeitig ist der Le Morne Brabant einer der am besten erhaltenen und wildesten Berge der Insel und Lebensraum für eine sehr große Vielfalt einheimischer Arten. Hier findet man beispielsweise die seltene *Trochetia Boutonania* –

umgangssprachlich »Boucle d'Oreille« (»Ohrring«) genannt –, die seit dem Jahr 1992 die Nationalblume von Mauritius ist.

Auf zum Gipfel

Die halbtägige Wanderung beginnt auf dem kleinen Parkplatz, wo sich der Einstieg zum Wanderweg befindet. Von der Hauptstraße B9 führt eine ausgeschilderte Piste hierher. In einer kleinen Hütte trägt man seine Startzeit in ein Buch ein und sollte bei der Rückkehr das Austragen nicht vergessen. Die ersten Zweidrittel des Pfades sind ein einfacher Wanderweg, der durch den meist schattigen Wald führt. Ausreichend Schilder sorgen dafür, sodass man den Weg nicht aus den Augen verliert. Hier, im Wald, gibt es einiges zu sehen und zu hören: So leben und nisten hier beispielsweise Tropikvögel, die lautstark auf sich aufmerksam machen. Nach dem schattigen und bewaldeten Teil der Wanderung folgt bald der steilere Aufstieg. Wenig später passiert man einen gigantischen Basaltfelsen, in dem Höhlen zu sehen sind. Hier hatten sich die Maroons auf der Flucht vor den Unterdrückern versteckt.

Auf dem letzten Drittel des Anstiegs heißt es »Klettern«. Denn der Pfad wird steil und schließlich zum Klettersteig. Man sollte für diesen Teil des Aufstiegs Schwindelfreiheit und Trittsicherheit mitbringen. Die Belohnung aber lässt nicht lange auf sich warten. Nach rund eineinhalb Stunden und drei Kilometern erreicht man das riesige Metallkreuz und damit das Ziel des Tages. Zum eigentlichen Gipfel des Le Morne Brabant geht es weiter steil aufwärts, hierfür benötigt man eine Kletterausrüstung. Aber auch von hier ist die Aussicht auf die Île aux Benitiers, den Strand von Le Morne und die spektakuläre Umgebung atemberaubend. Zurück geht es auf demselben Weg.

Infos und Adressen

SEHENSWÜRDIGKEITEN

Le Morne Brabant. Der Aufstieg ist täglich möglich, bei Regen allerdings sollte man ihn nicht wagen.

INFORMATION

Man sollte den Aufstieg sehr früh beginnen, am besten gleich zu Sonnenaufgang. Denn ab 9 Uhr wird es hier sehr heiß. Wer früh aufsteigt, ist bei drei bis vier Stunden Wanderzeit bis zum Mittag wieder unten in der Ebene und kann sich dann verpflegen. Festes Schuhwerk ist ein Muss, reichlich Wasser und Sonnencreme sowie ein Hut oder eine Kappe gegen die brennende Sonne ebenfalls. Die Wanderung bis zum Metallkreuz ist auch ohne Guide möglich. Allerdings kann dieser so einiges über die Flora und Fauna am Berg erzählen und kennt sich schlicht besser aus, was Wanderern, die nicht so trittsicher sind, deutlich mehr Sicherheit verschafft. Für gute Führungen ist bekannt:

Explorers Mauritius. Route Cotiere, Le Morne, Tel. 05258/4141, www.explorersmauritius.com

Das Luftbild zeigt die exponierte Lage des Le Morne Brabant.

45 St. Martin
Der Jüdische Friedhof

Wer auf der gut befahrenen Straße von Beau Bassin nach Bambous unterwegs ist, passiert an der Raymond Rivet Street eine wenig besuchte Gedenkstätte, den Jüdischen Friedhof von St. Martin. Er ist Zeitzeuge für ein kaum bekanntes Kapitel aus dem Zweiten Weltkrieg: Die Briten verweigerten jüdischen Flüchtlingen die Einreise nach Palästina und verschickten diese nach Mauritius.

Mitte: Erst im Jahr 1998 wurde das Geheimnis um den Jüdischen Friedhof gelüftet.
Unten: 127 Gräber auf dem Friedhof bezeugen die Wirren des Zweiten Weltkriegs.

Auf Mauritius leben sehr wenige Menschen jüdischen Ursprungs. 43 könnten es sein, man weiß es nicht ganz genau. Auf dem Friedhof zählt man nicht weniger als 127 jüdische Gräber – aber keiner der heute Lebenden ist mit den Toten verwandt. Was ist hier also passiert? Eine Antwort gibt Geneviève Pitot, die auf Mauritius geboren wurde, aber lange Zeit in England und Deutschland lebte. Ihr Leben in Deutschland sensibilisierte sie besonders für die Notlage der jüdischen Gemeinde in den Zeiten des Nationalsozialismus und weckte in ihr Kindheitserinnerungen an jüdische Gefangene im Gefängnis von Beau Bassin während des Krieges auf Mauritius. 1998 schrieb sie das Buch »The Mauritian Schekel«, in dem das Geheimnis um den Friedhof von St. Martin gelüftet wird.

Ziel: Palästina

Die Machtergreifung durch die Nationalsozialisten und ihre Folgen zwangen viele Juden aus Österreich, Deutschland, Polen und anderen Ländern, die Flucht zu ergreifen und ihre Häuser, Berufe, ihren sozialen Status und sogar einige ihrer Familienmitglieder zurückzulassen. Ihr Ziel war »Eretz Israel«, das »Vollständige Land Israel«, das Ende der 1930er-Jahre als Palästina bekannt war. Die Ausreise aus den jeweiligen Ländern war schwierig, viele schafften es nicht, das Land zu verlassen. Die, die ausreisen konnten, mussten sich vor der Einreise nach Palästina mit den Briten auseinandersetzen, die das Land verwalteten. Häufig mussten sie ihren allerletzten Cent geben, um im Hafen von Haifa an Land gehen zu können. Und dennoch waren dies die Flüchtlinge, die Glück hatten.

Verschiffung nach Mauritius

Als die Briten erkannten, wie viele jüdische Flüchtlinge vor der Tür von Palästina standen oder vielmehr mit Schiffen auf dem Weg waren, befürchteten sie einen Machtverlust. Kurzerhand wurde Schiffen das Anlegen verweigert, und sie wurden mitsamt ihrer menschlichen Fracht weitergeleitet. Ein Ziel war der Indische Ozean, das weit abgelegene damalige britische Territorium Mauritius.

So kam es, dass 1940 nicht weniger als 1600 »illegale« Flüchtlinge nach Mauritius geschickt wurden, wo man sie als Häftlinge internierte. Darunter waren Männer, Frauen, Kinder, Neugeborene sowie ältere Menschen – Maler, Ärzte, Musiker und Ingenieure. Familien wurden auseinandergerissen, die Menschen unzureichend verpflegt, viele starben. Ihr Leiden dauerte bis 1945, als die Briten den Rücktransport nach Palästina ermöglichten. Das taten sie aber nicht freiwillig, sondern auf Druck von zionistischen Organisationen aus Südafrika, den USA und Palästina. Die Lebenden erreichten Palästina, auf Mauritius blieben die Toten der fünf Leidensjahre zurück. Insgesamt 127 Tote mussten im Camp von Beau Bassin beklagt werden, 54 davon starben im ersten Jahr der Internierung. Ihre Gräber findet man bis heute auf dem Friedhof von St. Martin.

Infos und Adressen

SEHENSWÜRDIGKEITEN

Jüdischer Friedhof von St. Martin. Im Jahr 2014 wurde auf dem Gelände das »Beau Bassin Jewish Detainees Memorial Museum and Information Centre« eröffnet. Tgl. geöffnet, Raymond Rivet Street, Beau Bassin

ESSEN UND TRINKEN

Apo Pran-Ale. Hinter dem ungewöhnlichen Namen verbirgt sich ein chinesisches Restaurant, das auf eine ganz besondere Art dekoriert ist. Mal reinschauen! Di–So 11–14.30 und 17.30–21 Uhr, Vandermeersch, Beau Bassin, Tel. 059 22/01 01, www.facebook.com/apobobasin

ÜBERNACHTEN

Club Med La Plantation D'Albion. Hier ist alles inklusive, die Kinder finden im Kids Club reichlich Abwechslung. Wer mag, kann sich vom täglichen Programm des Vier-Sterne-Resorts mitreißen lassen. Avenue du Club Med, Albion, Tel. 02 06/07 00, www.clubmed.de

INFORMATION

Die Website der Mauritian Jewish Community hält unter anderem Informationen zur Geschichte der jüdischen Flüchtlinge und zu jüdischen Feiertagen bereit: www.mauritiusjewish community.com.

RODRIGUES

Seite 238/239: Die Île aux Cocos vor Rodrigues ist ein wahres Vogelparadies.
Mitte: Auch Strahlenschildkröten werden im François Leguat Reserve gezüchtet.
Unten: Die Caverne Patate begeht man mit informativen Führungen.

46 François Leguat Reserve und Caverne Patate

Schildkröten satt

Urzeitliche graue und sanfte Aldabra-Schildkröten, bizarre wilde Karstlandschaften, riesige Höhlen und Strahlenschildkröten mit wunderschön gezeichneten Panzern in einer Umgebung wie vor 300 Jahren – das ist das François Leguat Reserve auf Rodrigues. Gleich nebenan ist die berühmte Höhle Caverne Patate mit ihren Formationen und Tropfsteinen ein tolles Erlebnis. Auch Kinder kommen bei beiden Zielen auf ihre Kosten.

Ende des 17. Jahrhunderts, als François Leguat (1637–1735) auf Rodrigues lebte, sah die Insel noch ganz anders aus. Das wissen wir aus den vielen Berichten, die der französische Entdecker hinterlassen und 1708 in seinem Buch »Hn. Francisci Leguat, eines Frantzosen und seiner Gefehrten Reisen und wunderliche Begebenheiten nach zweyen unbewohnten ost-indischen Insuln« veröffentlicht hat. Darin beschreibt er ausführlich

GUT ZU WISSEN

HÖHLENFÜHRUNGEN

Da in beiden zu besichtigenden Höhlen die Luftfeuchtigkeit hoch ist und oft Regenwasser eintritt, sind der Boden und die Felsen meist sehr rutschig. Daher ist es unerlässlich für einen sicheren und entspannten Besuch, feste Schuhe mit möglichst rutschfestem Profil anzuziehen.
Wer gute Fotos machen möchte, sollte einen starken Blitz mitbringen. In den Höhlen ist es stockfinster, der normale Kamerablitz reicht bei Weitem nicht aus, um die Motive genügend zu beleuchten.

François Leguat Reserve

und detailliert wie kein anderer seiner Zeit seine Erlebnisse und naturwissenschaftlichen Entdeckungen, die er in den Jahren 1691–1693 auf Rodrigues machte. Er schildert heute ausgestorbene Arten wie den Rodrigues-Sittich, den Rodrigues-Taggecko, den Rodrigues-Riesengecko und den Solitär. Seine Berichte von mehrere Tausend Tiere umfassenden Riesenschildkrötenherden sind weithin bekannt, ebenso wie die Tatsache ihrer Ausrottung. Dabei handelte es sich um die ausschließlich auf Rodrigues heimische, sehr langhalsige und langbeinige Sattelrücken-Riesenschildkröte (*Cylindraspis vosmaeri*). Diese wurde von ihm als »giraffenähnlich« und mit einer Panzerlänge von maximal einem Meter beschrieben. Mit ihr verschwand auch die zweite endemische und kleinere Riesenschildkröte (*Cylindraspis peltastes*).

Die damals auf Rodrigues lebenden Tiere durchstreiften dichte tropische Vegetation auf der Suche nach Nahrung. Viel Wald mit heimischen tropischen Hölzern gab ihnen Schutz und Lebensraum. Doch der Wald wurde vom Menschen zum Export und als Bau- und Brennmaterial in großem Stil abgeholzt. Die Tiere wurden entweder so stark bejagt oder ihr Lebensraum so stark verkleinert oder zerstört, dass viele ausstarben.

Reiseziel für Naturfreunde

Heute ist das Aussehen von Rodrigues zwar deutlich anders als zur Zeit von François Leguat, aber immer noch schön. Es gibt nur noch wenig ursprünglichen Tropenwald – hauptsächlich in den Naturschutzgebieten –, dennoch ist es sehr grün. Viele Tiere sind ausgestorben, doch heute springen überall Ziegen, Schafe und andere Nutztiere herum. Die Insel ist ursprünglicher, ländlicher und mit ihren hohen Bergen und zerklüfteten Land-

Nicht verpassen

TINTENFISCH FANGENDE FRAUEN IN PORT SUD-EST

Nirgendwo auf der Welt gibt es so viele Frauen, die Tintenfische fangen, wie auf Rodrigues. Wohl bis zu 800 von ihnen gehen bis heute bei Niedrigwasser in der Lagune rund um Rodrigues auf Tintenfischjagd. Teilweise bis zu mehrere Hundert Meter vom Strand entfernt suchen sie im seichten Wasser watend die Lagune und das Riff nach möglichen Schlupflöchern der Kraken ab. Mit ihrer einzigen Waffe, einem langen Metallspeer, stochern sie in die Verstecke, um die Tiere aufzuscheuchen und dann zu speeren. Der hier besonders zarte und schmackhafte Tintenfisch ist so etwas wie das Nationalgericht von Rodrigues, egal, ob als Salat, Curry oder frittiert. Wird er nicht gleich frisch verwendet, spannt man ihn auf Holzgestelle und lässt ihn an Luft und Sonne trocknen. Das sieht man überall auf der Insel. So getrocknet wird er dann an Einheimische verkauft oder exportiert.

Geheimtipp

KITESURFEN LERNEN VOM DREIFACHSIEGER

Rodrigues ist Anziehungspunkt für Kitesurfer aus der ganzen Welt und gilt in der Szene als einer der besten Spots. An 220 Tagen im Jahr weht hier ein beständiger Wind, und innerhalb der schützenden Lagune, die die ganze Insel umgibt, herrschen auch für Anfänger ideale Bedingungen. Am Strand von Mourouk kann man bei mittlerweile vier Schulen Kitesurfen ausprobieren und lernen. Bei »The Nest« arbeitet Drany Clair, der seit 2016 dreifache Sieger des Kitefestivals von Rodrigues ist und bei den Indian Ocean Island Games (JIOI) im Juli 2019 die Silbermedaille gewann. Wenn er nicht gerade selbst trainiert oder gegen die Weltelite antritt, bringt er mit Begeisterung Anfängern das Kiten bei. Mit etwas Glück hat man ihn als Lehrer und lernt dann von einem der Besten.

The Nest Kitesurfing. Anse Mourouk, Tel. 083 28/180, www.thenestkitesurfing.com

schaften deutlich wilder als Mauritius. Dies hat man als Vorteil erkannt und setzt auch von offizieller Seite aus auf einen anderen Tourismus: Natur, Freizeiterlebnisse in der Natur, Umweltverträglichkeit und Einbindung der Bevölkerung – auch in den Schutz der Insel – sind hier die Ziele. Rodrigues und seine Pflanzen- und Tierwelt sollen bewahrt und wieder zurückgebracht werden.

Wiederansiedlung von Schildkröten

Dabei leistet das François Leguat Reserve einen nicht unerheblichen Beitrag. In Anse Quitor, im Südwesten der Insel gelegen, wurde 2016 auf 18 Hektar, die aus Höhlen, Kratern, Hochebenen und Tälern bestehen, das Reservat angelegt. Das gesamte Gelände wurde bis auf die endemischen Pflanzen gerodet und mit 125 000 Setzlingen seltener endemischer Baum- und Buscharten wieder aufgeforstet. Ziel war es, im »François Leguat« wenigstens ein Stückchen ursprüngliches Rodrigues zu schaffen, so wie es vor 300 Jahren ausgesehen hat. Dazu fehlten aber noch die Riesenschildkröten. Am 30. Oktober 2006 kam die erste Gruppe der aus dem La Vanille Nature Park (siehe S. 192) auf Mauritius stammenden Schildkröten mit dem Schiff an. Die ersten lebenden Schildkröten auf Rodrigues seit 1794 wurden mit Segamusik und von Politikern im Namen der ganzen Insel begrüßt. Der Zuchtstamm von 490 Aldabra- und 65 Strahlenschildkröten hatte im Januar 2008 den ersten Nachwuchs, und heute haben über 2100 Schildkröten im Reservat ihre neue, alte Heimat gefunden. Ein großer Erfolg für das Wiedereinführungs- und Aufzuchtprogramm, das auch erfolgreich im Schwesterpark La Vanille auf Mauritius betrieben wird. Das Team um Projektmanager Arnaud Meunier zählt mittlerweile 27 Köpfe und

Booby Island
Caverne Provert
Anse aux Caves
Pte. aux Cornes
Pte. Source
Pte. Vénus
Tourism Office
Anse aux Anglais
Grand Baie
Pte. au Sel
48
Port Mathurin
Pte. Monnier
Diamond Island
Pte. Coton
Riv. Anse aux Anglais
Riv. Sygangue
Mt. Persil
275
Mt. Grenade
206
Baie aux Huitres
Roche Bon Dieu
Tekoma Boutik Hotel
Baie de l'Est
Baie Malgache
Baie aux Huitres
Riv. Acacia
Citronelle
Patate Théophile
Pte. du Diable
Mont Piton
354
Mont Lubin
Mont Limon
398
Brûlé
Trou d'Argent
Pte. Tasman
Riv. Malagache
Riv. Baie aux Huitres
Grande Montagne
Pte. Nicolas
Baie du Nord
Mt Malartic
392
Pte. Pistache
Le Refuge
Jardin de Cinq Sens
Chez Jaennette
Pte. Manioc
Quatre Vents
341
Grand Montagne Nature Reserve
50
Pte. Roche Noire
Pte. la Fouche
Mt. Croupier
166
Riv. Pistache
La Ferme
Mangue
Quatre Vents
Petit Gabriel
Gombrani Lodge
Saint-Gabriel
Riv. Gravier
Riv. Cascade Graviers
Montagne Malgache
49
Anse Famille
Pte. Afine
Petit Gravier
Passe Onzaine
Marechal
Riv. Cocos
Riv. Anse Raffin
Riv. du Sel
Riv. Baleine
Riv. Cascade Victoire
Riv. Mourouk
167
Mt Chéri
Marianne Island
La Fouche
Chez Clenya
Mt Cabris
191
Rivière Cocos
Port Sud-Est
The Nest Kitesurfing
Pâté Reynieux
Pte. Mapou
Baie Topaze
Resto La Caverne
Tintenfisch fangende Frauen
Anse Raffin
Pte. Poursuite
Pte. Raffin
Pte. Palmiste
Mamy Cherie
Anse Grand Var
Petite Butte
Chez Perle
Hermitage Island
Frégate Island
Plaine Corail
46
Flughafen Plain Corail
46
Caverne Patate
François Leguat Reserve
Paille en Queue Island
Grande Passe
Destinée Island
Bengalique
Pintades Island
Gombrani Island
Cat or Pierrot Island
Anse Quittor
Crab Island
Pt. Corail
N
0
1 km

Einfach gut!

SCHILDKRÖTEN-PATE WERDEN

Da das François Leguat Reserve die Menschen in das Projekt mit einbeziehen möchte, gibt es die Möglichkeit, Schildkröten zu adoptieren. Entweder direkt vor Ort, was natürlich besonders schön ist, aber auch über die Website des Reservats, falls man nicht so lange warten möchte, bis man Rodrigues selbst besucht. Erst darf man sich entscheiden, ob es eine Radiata- oder Aldabra-Schildkröte sein soll. Dann bekommt man ein Foto »seiner« Schildkröte, eine Adoptionsurkunde und wird regelmäßig über Neuigkeiten von seinem Schützling auf dem Laufenden gehalten. Mit der Patenschaft unterstützt man das Reservat bei der Versorgung und beim Schutz der Schildkröten und anderer bedrohter Arten. Grundsätzlich gilt die Patenschaft ein Jahr, sie kann aber immer wieder verlängert werden. So eine Adoption ist auch ein nettes Geschenk oder Mitbringsel für die Lieben zu Hause.

kümmert sich um alle Belange der Tiere im Park. Nach dem Schlüpfen werden sie zum Schutz vor ihren zentnerschweren Artgenossen in separaten Gehegen gehalten. Sind sie älter und größer, dürfen sie in das weitläufige Gelände des Parks und können sich dort frei bewegen.

Seit 2007 ist der Park für Besucher geöffnet, diese können sich auf geführten Touren inmitten der Schildkröten bewegen. Mit etwa 22 000 Besuchern im Jahr gehört das François Leguat Reserve zu den Topattraktionen auf Rodrigues. Es ist ein besonderes Erlebnis, in dem talartigen Teil des Reservats zu stehen und rings um einen befinden sich diese urtümlichen riesigen Tiere. Man kann sie grasen und schnaufen hören, und neugierig kommen sie angelaufen, sobald man einige Blätter in die Hand nimmt. Genüsslich lassen sie sich das frische Grün dann schmecken. Auch Streicheleinheiten gegenüber sind sie nicht abgeneigt.

Grande Caverne und Caverne Patate

Auf dem Weg durch das Tal begegnen einem auch die kleineren Strahlenschildkröten mit ihrem schönen Panzer, die hier ebenfalls ein neues Zuhause gefunden haben. Über eine Treppe hinauf geht es auf das umgebende Plateau mit einem tollen Blick über die gesamte Anlage. Anschließend steigt man wieder eine Treppe hinunter, und schon steht man am Eingang der 500 Meter langen Höhle Grande Caverne, die man mit Führung besichtigen kann. Auf angelegten Stegen laufend, sieht man uralte Tropfsteine und bizarre Formationen, die auf effektvolle Weise beleuchtet werden.

Eine weitere dieser Höhlen ist die nicht weit entfernt gelegene Caverne Patate. Sie ist mit ihren

1040 Metern Länge die längste Höhle und daher eine der Haupttouristenattraktionen auf Rodrigues. An der kleinen Hütte am Sammelpunkt werden die Tickets verkauft, und der Guide verteilt Schutzhelme sowie starke Taschenlampen an die Besucher. Nun geht es ungefähr 400 Meter auf einem holperigen Pfad zu Fuß über die Plaine Corail genannte Hochebene bis zum Einstieg in die Höhle. Über eine Holztreppe gelangt man zum eigentlichen Eingang. Ab und an kann man in den Bäumen, die den Abstieg umgeben, einige spektakulär aussehende Weißschwanz-Tropikvögel fliegen sehen. Der Führer versammelt die Gruppe, alle schalten ihre Taschenlampen an, und los geht das Abenteuer. Schon nach wenigen Metern wird es düster und die feuchte Luft kühler. Man hört Wasser tropfen, und der Boden wird glitschig und nass. Dass die Höhle groß ist, kann man nicht nur sehen, wenn man seine Taschenlampe nach oben richtet, sondern auch daran hören, dass die Schritte hallen. Immer tiefer geht es in die Höhle hinein. Der Guide informiert kundig über die Entstehung der Höhle – früher floss hier ein Fluss – und die verschiedenen Gesteinsarten. Mal verengt sich die Höhle fast zu einem Tunnel, mal wird sie riesengroß und weit wie eine Halle. Irgendwann lässt der Guide die Gruppe anhalten und die Taschenlampen ausschalten: Nichts ist mehr zu sehen, alles ist pechschwarz, aber die Geräusche der anderen Personen erscheinen plötzlich lauter – eine tolle, wenn auch etwas mulmige Erfahrung. Immer wieder beleuchtet der Führer einige der Felsformationen und macht so oder durch deren Schatten Formen und Figuren sichtbar. Mit etwas Fantasie erscheint zum Beispiel plötzlich ein Dodo, der Buckingham Palace oder Winston Churchill. Ein Spaß auch für kleine Besucher! Nach ungefähr 50 Minuten hat die Gruppe das Ende der Höhle erreicht, und über eine weitere Holztreppe kommt man am Sammelpunkt wieder an die Oberfläche.

Oben: Dank einer Taschenlampe zeigen sich in der Caverne Grande bizarre Formationen.
Unten: Im Museum steht ein Modell einer ausgestorbenen Sattelrücken-Riesenschildkröte.

Infos und Adressen

»Krokodilmaul« in der Caverne Patate

SEHENSWÜRDIGKEITEN

François Leguat Giant Tortoise and Cave Reserve. Tgl. 9–17 Uhr, geführte Touren durch die Höhle: 9.30, 10.30, 13.30 und 14.30 Uhr, Anse Quitor, Plaine Corail, Tel. 08328/141, www.francoisleguatreserve.com

Caverne Patate. Tgl. 9–17 Uhr, Führungen um 9, 11, 13 und 15 Uhr, Dauer: 45–60 Minuten, man sollte mindestens 15 Minuten vorher da sein, Helme und Taschenlampen werden gestellt, unbedingt feste Schuhe mit rutschfestem Profil anziehen. Petite Butte, Corail Petite Butte, Tel. 0832/1062

Museum François Leguat Reserve. Das kleine Museum ist ideal, wenn man mehr über Rodrigues erfahren möchte. Es ist drei Themen gewidmet: einmal der faszinierenden Geschichte von Rodrigues von seiner Entdeckung bis heute. Zweitens der ursprünglichen Tier- und Pflanzenwelt, wovon mehrere Arten ausgestorben sind. Und drittens der Geologie der Insel, die teilweise aus Kalkstein besteht und damit die Entstehung der vielen Höhlen und ihrer markanten Klippen und Gesteinsformationen erklärt. Ausgestellt sind neben Panzern verschiedener Schildkrötenarten auch Knochen des ausgestorbenen Solitärs, die in Höhlen auf dem Gelände gefunden wurden. Außerdem ist eine lebensgroße Nachbildung einer der zwei ausgestorbenen Riesenschildkröten-Arten von Rodrigues zu sehen.

Auf detaillierten Gemälden werden einige der längst ausgestorbenen Reptilien und Vögel wieder zum Leben erweckt, die vor Ankunft des Menschen die Maskareneninseln bevölkerten – umgeben von der ehemals üppigen Natur.

Im März 2014 kam eine neue Abteilung zum Museum dazu, die sich mit der Geschichte der Post auf Rodrigues beschäftigt.

Außerdem gibt es das **Alfred-North-Coombes-Zentrum**: Zu Ehren seiner Veröffentlichungen über die Geschichte von Rodrigues wurde es nach dem mauritischen Historiker und Autor Alfred North-Coombes (1907–1998) benannt. Die vielen, von ihm verfassten Artikel und gesammelte, teilweise sehr seltene Dokumente sind ein wahres Archiv über die Geschichte der Maskarenen und werden hier ausgestellt.

ESSEN UND TRINKEN

Restaurant im Reservat. In dem zum Reservat gehörenden Restaurant kann man sich vor oder nach der Tour stärken. Zur Auswahl stehen traditionelle Gerichte der Insel, internationale Küche und kleine Snacks sowie verschiedene heiße und kalte Getränke. Für Kinder werden auch spezielle Menüs angeboten. Auf der schönen Außenterrasse kann man wunderbar entspannen, und man hat einen sensationellen Blick über die türkisblaue Lagune. Am besten vor dem Start der Tour schon die Bestellung für die ausgewählten Gerichte aufgeben, dann geht es, wenn man hungrig zurückkommt, umso schneller. Das Restaurant ist zwischen 11–16 Uhr auch für Nicht-Reservat-Besucher geöffnet.

Resto La Caverne. Kleines, ruhiges Restaurant im oberen Stock eines kleinen Lebensmittelladens. Die Tintenfischgerichte sind hier besonders zu empfehlen. Liegt gegenüber der Abzweigung zur Caverne Patate. Petite Butte, Tel. 05852/5252

ÜBERNACHTEN

Chez Clenya. Saubere und ruhig gelegene Zimmer nicht weit vom Flughafen entfernt. WLAN ist ebenso wie das kontinentale Frühstück im Zimmerpreis enthalten. Gleich in der Nähe ist auch eine Bushaltestelle. Grand La Fouche Corail, La Ferme, Tel. 0587/52414, www.chezclenya.weebly.com

Chez Perle. Einfache und ruhige Zimmer. Das Essen im Restaurant ist hervorragend, der Oktopussalat und die Kartoffelkroketten sind besonders zu empfehlen. Corail Petit Butte, Tel. 0831/7429

Mamy Cherie. Geräumige, geschmackvoll und originell im kreolischen Stil eingerichtete und sehr saubere Zimmer. Alle sind mit Klimaanlage und Moskitonetz ausgestattet. Die Gastgeber sind unglaublich freundlich und herzlich. Besonders zu erwähnen ist die exzellente italo-rodriguische Fusionsküche, die von der Hausherrin mit meist lokalen Produkten gekocht wird. Alice Rodrigues, La Ferme, Tel. 05749/0565

EINKAUFEN

Im kleinen **Shop** des Reservats direkt hinter dem Eingang links werden Bücher, Kuriositäten, hochwertige Geschenke, ausgewählte Souvenirs, aber vor allem typisches lokales Kunsthandwerk verkauft. Damit unterstützt das Reservat Handwerker und Kleinunternehmer auf Rodrigues und erschließt ihnen durch die Reservatbesucher einen größeren Kundenkreis.

Besonders nett: Während der Tour kann man ein Foto von sich und seiner Lieblingsschildkröte aufnehmen lassen. Dieses kann dann im Shop als schönes Andenken auf einen Becher gedruckt werden.

INFORMATION

Rodrigues Tourism Office. Mo–Fr 8–16 Uhr, Solidarity Street, Port Mathurin, Tel. 0832/0866, www.tourism-rodrigues.mu

Alizeé Reisen. Anerkannt guter Anbieter für individuelle und maßgeschneiderte Reisen nach Rodrigues. Karl-Bautz-Straße 14, 79312 Emmendingen, Tel. 07641/9548890, www.alizee-reisen.de

Flughafen Rodrigues. Bisher ist der Plaine Corail Airport ein kleiner gemütlicher Flughafen mit einer Landebahn, die gerade für die drei bis vier Propellermaschinen täglich ausreicht. Aber nach einer Entscheidung des Regionalparlaments von Rodrigues im Mai 2018 soll eine neue, deutlich größere Landebahn gebaut werden. Auf dieser 2,1 Kilometer langen und 45 Meter breiten Landebahn könnten dann auch größere Flugzeuge vom Typ A320/A321 landen. Damit sollen mehr Touristen auf die Insel gebracht werden als es bisher mit den kleinen Propellermaschinen möglich ist. Das Projekt ist sowohl bei Einheimischen als auch bei Naturschützern nicht unumstritten.

Im Museum des François Leguat Reserve

SCHILDKRÖTEN – Aufzucht der sanften Riesen

Die Aufzucht der Aldabra-Schildkröten findet in sogenannten Kinderstuben statt.

Einst gab es auf den Maskareneninseln – Mauritius, Rodrigues und La Réunion – fünf Arten von Riesenschildkröten der Gattung Cylindraspis. Heute sind sie allesamt ausgestorben. Dafür verantwortlich ist der Mensch. Seit den 1980er-Jahren werden nun Aldabra-Riesenschildkröten (*Aldabrachelys gigantea*), eine verwandte Art, erfolgreich auf Mauritius gezüchtet und quasi als Ersatz für die ausgelöschten Arten angesiedelt.

1691, zu Zeiten von François Leguat, gab es auf den Inseln Riesenschildkröten im Überfluss, Tausende alleine auf Rodrigues. Neben der Réunion-Riesenschildkröte lebten auf den Maskarenen die Mauritius-Sattelrücken- und Mauritius-Riesenschildkröte sowie die Rodrigues-Sattelrücken- und Rodrigues-Riesenschildkröte. Doch durch Überjagung – die Schildkröten wurden gegessen oder zu Öl verarbeitet – und Dezimierung der Eier und Jungtiere durch eingeführte Schweine und eingeschleppte Ratten, waren sie schon ungefähr 100 Jahre später ausgestorben.

Aldabra-Riesenschildkröte

Die einzige, noch lebende und verwandte Art ist die Aldabra-Riesenschildkröte. Schon im Jahr 1870 empfahl der Naturforscher Charles Darwin (1809–1882), einige Exemplare vom winzigen Aldabra-Atoll auf den Seychellen nach Mauritius zu bringen. Da sie ausschließlich auf Aldabra vorkommen, sollten sie so vor einem Aussterben durch eine eventuelle Naturkatastrophe geschützt werden. Dieser Empfehlung folgte man in den 1880er-Jahren, und einige Tiere wurden im Botanischen Garten von Pamplemousses (siehe S. 122) angesiedelt. Alle heute auf Mauritius lebenden Riesenschildkröten sind wohl Nachfahren dieser ersten Exemplare.

Gut 100 Jahre später gründete der Biologe Owen Griffith gemeinsam mit seiner Frau Marianne den La Vanille Nature Park (siehe S. 192), und beide engagierten sich stark für die Nachzucht der Aldabra-Riesenschildkröten. Die Aufzuchtstation im 1985 eröffneten La Vanille Nature Park wurde unter ihrer Leitung zur weltweit größten Zuchtstätte. Auch die kleinere, auf Madagaskar stark gefährdete Strahlenschildkröte (*Astrochelys radiata*) wird hier sehr erfolgreich vermehrt. Damit beide Arten noch ein weiteres Rückzugsgebiet haben, gründete das Ehepaar Griffith 2006 auf der Nachbarinsel Rodrigues ein neues Reservat mit angeschlossener Zuchtstation: das François Leguat Reserve (siehe S. 240). Das Gelände dort wurde, wie anfangs auch in La Vanille, erst gerodet und dann mit endemischen Pflanzen renaturiert, um genügend Nahrung und eine möglichst ursprüngliche Umgebung für die Schildkröten zu schaffen. Schließlich wurden 65 Strahlen- und 490 Aldabra-Schildkröten aus dem Bestand von La Vanille per Schiff nach Rodrigues umgesiedelt. So wie in der Vergangenheit die letzte Schildkröte Rodrigues auf einem Schiff verließ – vermutlich als Proviant –, kamen 2006 die ersten Schildkröten wieder mit dem Schiff an, diesmal als behütete Passagiere.

Bei der Aldabra-Riesenschildkröte kann man das Geschlecht frühestens mit 20 Jahren erkennen. Die Männchen sind größer und haben einen längeren Schwanz. Auch ist ihr Bauchpanzer nach innen gewölbt und ihr Rückenpanzer flacher als bei den Weibchen. Die Hauptpaarungszeit ist von Oktober bis April, die Eiablage dann im Juni bis September. Über zwölf Stunden lang gräbt das Weibchen eine Nisthöhle ungefähr 25 Zentimeter tief in den Boden und legt dann fünf bis 25 tennisballgroße Eier ab. Das Ganze macht sie bis zu dreimal pro Saison. In den Aufzuchtstationen werden die Eier frühestens nach einem Tag ausgegraben und eingesammelt, um die Mutter nicht zu stressen. Das ist notwendig, um die Gelege vor Räubern wie Ratten, Mungos oder Vögeln zu schützen. Außerdem wäre es möglich, dass sich die geschlüpften Tierchen nicht aus dem Nest graben können, weil es nicht rechtzeitig regnet und der trockene Boden zu hart ist. Sie würden dann sterben. Da die Aldabras, wie alle Reptilien, keine Brutpflege betreiben, stellt das Einsammeln für die Elterntiere kein Problem dar. Die Eier werden im Inkubator bebrütet. Je nach Temperatur kann man bestimmen, ob sich mehr männliche (um die 36 Grad) oder mehr weibliche (um die 30 Grad) Tiere entwickeln. Nach ungefähr zwei Monaten und 20 Tagen brechen die Jungtiere das Ei auf, bleiben aber noch bis zu sechs Tage in der Eihülle.

Markierung mit Legedatum zum Schutz des Strahlenschildkrötennestes darunter

Dort nehmen sie den restlichen Dotter auf, und der Bauchpanzer schließt sich. Mit einer Größe von sechs bis sieben Zentimetern Panzerlänge verlassen sie dann die Eihülle und krabbeln in ihr langes Leben. Sie wachsen erstaunlich schnell, besonders zwischen dem zweiten und dritten Lebensjahr macht ihre Entwicklung einen Sprung. Dies kann man im »Kindergarten« der Aufzuchtstation von La Vanille besonders gut sehen. Hinter Glas sind dort die Gehege mit den umherkrabbelnden nach Alter getrennten ein- bis vierjährigen Aldabras zu sehen, und der Größenunterschied zwischen den Zwei- und Dreijährigen ist wirklich riesig.

In der Natur schlüpfen die Babys in einem Geschlechtsverhältnis 1:1 nach ungefähr drei Monaten. Sie bleiben aber noch bis zu einem Monat in der Nisthöhle, bis sie sich meist nach einem Regen gemeinsam an die Oberfläche graben.

Strahlenschildkröte

Die zweite gefährdete Art, die im La Vanille Nature Park und im François Leguat Reserve gezüchtet und vermehrt wird, ist die Strahlenschildkröte (*Astrochelys radiata*), auch Radiata genannt. Sie gilt mit ihren leuchtend gelben Strahlen auf dem Panzer als die schönste Schildkröte der Welt. Diese gehen von der Mitte jedes Panzerstellers aus und bilden so ein sehr schönes, charakteristisches Muster, das nebenbei auch eine gute Tarnung in ihrer natürlichen Umgebung ist. Ursprünglich gab es sie nur im Süden und Südwesten von Madagaskar. Während der Herrschaft der Franzosen wurden sie bis in die 1930er-Jahre in großen Mengen nach Mauritius und La Réunion eingeführt, hauptsächlich als Nahrung. Seitdem werden sie auf beiden Inseln als Haustiere gehalten und gezüchtet. Doch aufgrund der Zerstörung ihres Lebensraums, der Bejagung als Delikatesse und zu hoher Fangzahlen nimmt der Bestand in freier Wildbahn rapide ab. Ihr Gelege umfasst zwei bis zwölf Eier, und es dauert je nach Temperatur fünf bis neun Monate, bis die Jungtiere schlüpfen.

Pantherschildkröte

In La Vanille wird außerdem die bedrohte afrikanische Pantherschildkröte (*Stigmochelys pardalis*) mit ihrem fast gelben Panzer gezüchtet.

Die Zuchtprogramme in La Vanille und im François Leguat Reserve bewahren die Tiere vor dem Aussterben und helfen dabei, sie wieder in ihrer ursprünglichen Heimat anzusiedeln. Doch auch die Schildkröten selbst helfen der Natur. Durch das Weiden und Grasfressen auf den renaturierten Gebieten nehmen sie

Noch »Mini-Aldabra-Riesenschildkröte«

die Samen der endemischen Pflanzen auf und verteilen sie durch ihren Kot über weite Strecken. Genauso wie ihre ausgestorbenen Vorgänger übernehmen sie somit eine wichtige ökologische Rolle.

Steckbrief Aldabra-Riesenschildkrote

Gewicht: bis 250 kg
Panzerlänge: 120 cm
Nahrung: Gräser, Pflanzen, kleine Schnecken und Würmer
Alter: 150–160 Jahre

Steckbrief Strahlenschildkröte

Gewicht: bis 10 kg
Panzerlänge: 40 cm
Nahrung: Gräser und Pflanzen
Alter: bis zu 200 Jahre und mehr

Steckbrief Pantherschildkröte

Gewicht: 30–50 kg
Panzerlänge: 50–70 cm
Nahrung: Gräser und Pflanzen
Alter: bis zu 200 Jahre

47 Île aux Cocos
Vogel-Insel vor Rodrigues

Ein Ausflug auf die Île aux Cocos ist eines der Highlights eines Besuchs von Rodrigues. Das liegt sicher daran, dass hier keine Menschen leben (dürfen) und die nebenbei wunderschön ursprüngliche Insel schlicht den Vögeln gehört. Denn hier befindet sich eine Zuflucht für mehrere endemische Vogelarten, die so der wahrscheinlichen Ausrottung entgehen konnten.

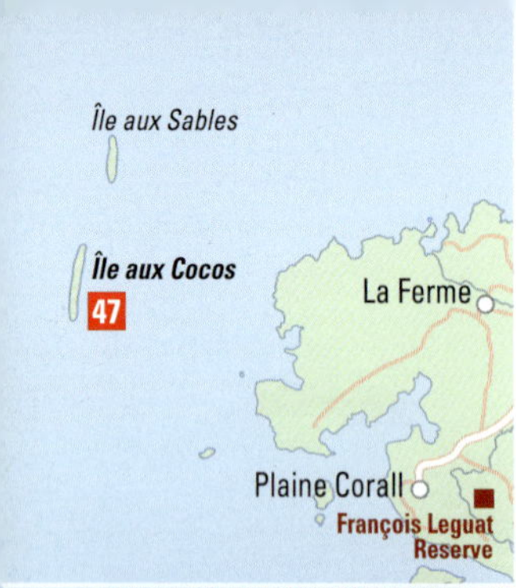

Mitte: Die Île aux Cocos mit ihren weißen Stränden sieht aus wie die ideale Trauminsel.
Unten: Auch der elegante Weißschwanz-Tropikvogel ist auf der Île aux Cocos beheimatet.

Im Jahr 1982 wurde die Insel oder vielmehr das Inselchen – sie ist lediglich eineinhalb Kilometer lang und bis zu 250 Meter breit – zum Naturschutzgebiet erklärt. Früher verspeisten die Einheimischen gerne die Eier der hier nistenden Vögel. Doch ab 1982 durfte niemand mehr die Eier oder die Vögel berühren. Heute ist die Île aux Cocos, die rund vier Kilometer vor der Westküste von Rodrigues liegt, ein beliebtes Ausflugsziel für Urlauber und Einheimische gleichermaßen. Sie suchen sich einfach ein schönes Stück Strand für ein Picknick am Nachmittag und genießen die himmlische Ruhe und vielleicht ein bisschen Robinson-Crusoe-Gefühl.

Tausende Vögel

Dafür, dass es einem nicht langweilig wird, sorgt die Vogelwelt: Gut 4500 Vögel sollen hier leben, keiner weiß es genau. Sicher aber ist, dass dazu der einheimische und fast ausgestorbene Yellow Rodrigues Fody (*Foudia flavicans*) gehört, genauso wie der seltene Rodrigues-Rohrsänger (*Acrocephalus rodericanus*). Hier lebt der Brown Noddy (*Anous stolidus*), auch Mandarin genannt, neben dem Fregattvogel und die Rußseeschwalbe (*Onychoprion fuscatus*) neben der Feenseeschwalbe (*Gygis alba*) – ein Paradies für Profi- und Hobby-Ornithologen. Auf einem Pfad kann man die Insel durchqueren und die Vogelwelt kennenlernen. Wahrscheinlich hört man dann auch den wie »yéyé« klingenden grellen Ruf der Rußseeschwalbe. Kein Wunder, dass die Rodriguais sie »Yeyes« nennen. Die Vögel haben einen weißen Rumpf, die Flügel und ein Häubchen auf dem Kopf sind schwarz. Allerdings sind sie normalerweise nur im Sommer hier anzutreffen, denn sie gehören zu den Zugvögeln. Ihre Nester bauen sie in den Sand der Insel und legen hier ihre Eier ab – diese waren früher eine Spezialität der Küche auf Rodrigues. Zu diesen Zeiten nannten die Einheimischen die Eier auf Kreolisch »Coco«. Daher stammt vielleicht auch der Name der Insel. Eine andere Erklärung ist, dass es wohl im 16. Jahrhundert hier auch Kokospalmen gegeben hat, so sagt man.

Was die Île aux Cocos ausmacht, das kann ein Schriftsteller natürlich noch schöner in Worte fassen als jede Beschreibung es vermag. Der französische Literaturnobelpreisträger von 2008, Jean-Marie Le Clézio, seines Zeichens mauritischer Abstammung, hat das in seinem Buch »Der Goldsucher« bei der Beschreibung eines Ausflugs zweier Liebender sehr schön hinbekommen: »Vor dem Bug erscheint eine Insel: die Insel der Tölpel. Noch ehe wir die Vögel sehen, hören wir ihre Stimmen. Es ist ein stetes Dröhnen, das den Himmel und das Meer erfüllt. Die Vögel haben uns gesehen, sie überfliegen die Piroge. Seeschwalben, Albatrosse, schwarze Fregattvögel und die riesigen Tölpel, die uns kreischend umrunden. Noch nie habe ich so viele Vögel gesehen. Sie sind zu Tausenden auf den vom Guano weißen Felsen, sie tanzen, fliegen auf und ruhen aus, und ihr Flügelschlag rauscht wie das Meer.«

Infos und Adressen

INFORMATION

Auf der Île aux Cocos kann man nicht übernachten. Ein Tagesausflug auf die Insel dauert rund sieben Stunden, von denen drei bis vier auf der Île aux Cocos verbracht werden. Mit Guides wird das Innere der Insel erkundet, dabei erfährt man viel über die dortigen Vögel. Den Rest der Zeit verbringt man mit der An- und Abfahrt sowie vielleicht einem kleinen Schnorchelabenteuer. Als Mittagessen wird meist ein Fisch-Barbecue angeboten, ebenso wie eine Auswahl an Getränken. Während der Ebbe oder im Winter kann das Boot häufig nicht direkt am Strand anlanden, dann muss man einen kleinen Spaziergang in Kauf nehmen. Die meisten Unterkünfte auf Rodrigues haben den Ausflug zur Île aux Cocos im Programm oder vermitteln weiter. Eine anerkannte Adresse ist:

JP Excursions, Barclays Street, Port Mathurin, Tel. 08 32/11 62, www.jpexcursion-rodrigues.com/excursion-ile-aux-cocos-rodrigues

Auf der Insel darf man nicht übernachten (Vogelschutzgebiet).

48 Port Mathurin
Die Hauptstadt und ihr Markt

Mitte: Vom Point Venus aus kann man das ganze Städtchen Port Mathurin überblicken.
Unten: Besonders am Samstag ist auf dem Markt einiges los, denn die ganze Insel kommt.

Port Mathurin liegt an der Nordküste von Rodrigues und ist ein nettes Örtchen, das sowohl als Hauptstadt als auch als Haupthafen der Insel dient. Dabei ist es mit seinen rund 8000 Einwohnern eher überschaubar und immer gut für einen Spaziergang. Zu den Sehenswürdigkeiten zählen unter anderem der lebhafte Markt und die Kolonialhäuser, die sich oft hinter Hecken verstecken.

Der Ort wurde 1735 von französischen Siedlern auf der Insel gegründet. Diese hatten 1691 zum ersten Mal die Insel betreten und hier schließlich einen guten Hafen gefunden. Der Name Port Mathurin stammt wohl von einem frühen Siedler, entweder von Mathurin Bréhinier oder Mathurin Morlaix. Wer die Stadt am Wochenende oder abends besucht, wird feststellen, dass sie im wahrsten Sinne des Wortes verschlafen ist. Ein wenig Stadtgefühl kommt eigentlich nur von Montag bis Freitag auf, und da wiederum nur zwischen 8 und 16 Uhr. Denn am frühen Vormittag kommen

GUT ZU WISSEN

NUR DREI TANKSTELLEN AUF RODRIGUES
Wer auf Rodrigues ein Fahrzeug ausgeliehen hat, sollte wissen, dass es nur drei Tankstellen auf der ganzen Insel gibt: eine in Port Mathurin, eine in Mont Lubin und eine in La Fouche, auf der Straße zum Flughafen. Auch, wenn die Entfernungen auf der Insel kurz wirken, kommen bei einer Tour die Berge hinauf und hinunter doch etliche Kilometer zusammen. Also am besten immer dann tanken, wenn gerade eine Tankstelle in der Nähe ist.

Ein typisch kreolisches Mittagessen

die Angestellten und Arbeiter in die Stadt, verbringen hier ihre Arbeitszeit und verschwinden am Nachmittag wieder in ihre Heimatdörfer. Somit dreht sich das Leben in Port Mathurin um seine Geschäfte und Verwaltungsdienstleistungen. Drehscheibe ist der gewaltige Busbahnhof, von dem den ganzen Tag über öffentliche Busse in alle Richtungen abfahren, um die Dörfer der Insel mit der Hauptstadt zu verbinden.

Die Stadt

In Port Mathurin gibt es keine großen Einkaufszentren wie auf Mauritius oder Rushhours wie in Port Louis. Wenn man Glück hat, vielleicht ist Mittwoch, kann man von der Uferpromenade aus das Schiff sehen, das rund einmal pro Woche von Mauritius hierherfährt und im Hafen von Port Mathurin anlegt. Die Rodriguais warten förmlich auf dieses Ereignis, denn so gut wie jeder hat etwas bestellt, das nur über Mauritius lieferbar ist. Sei es Farbe für den geplanten Anbau des Hauses, ein Scheibenwischer fürs Auto oder der neue Herd für die Küche.

Einfach gut!

LECKER LOKAL SPEISEN

Le Tropical – Chez Jaennette ist eine Klasse für sich. In dem überschaubaren Restaurant mit zwei Terrassen kommen zum Mittagessen kreolische Köstlichkeiten auf den Tisch. Die Mahlzeiten sind exzellent, man spürt die liebevolle Hand der Besitzer, und die Atmosphäre ist herzlich und offen. Auf der Lunchkarte stehen Oktopussalat, Reis sowie Fisch und noch so einiges, was die kreolische Küche auf Rodrigues hergibt. Vor oder nach der Mahlzeit sollte man einen kleinen Spaziergang samt erklärenden Worten im Jardin des Cinq Sens nicht verpassen. Wer dann nicht mehr weg will, der nimmt sich eines der acht Zimmer des Hauses.

Le Tropical – Chez Jaennette. Tgl. zum Lunch geöffnet, Reservierung empfohlen, Montagne Bois Noir, Rodrigues, Tel. 08 31/58 60, www.gite-letropical.com

Nicht verpassen

TOUR ZUR TROU D'ARGENT

Der Strand von Trou d'Argent gilt als der wahrscheinlich schönste Strandabschnitt auf Rodrigues. Dieser einsame, von niedrigen Klippen umschlossene und verwunschene Ort ist nur zu Fuß erreichbar. Die lokale Legende erzählt, dass einst ein Pirat seinen Schatz hier versteckt hatte. Dieses Motiv nahm der französisch-mauritische Literaturnobelpreisträger von 2008, Jean-Marie Gustave Le Clézio, 1985 in seinem wunderbaren Buch »Der Goldsucher« auf. Wer die Trou d'Argent gefunden hat, wird verstehen, warum um den Ort Legenden und Geschichten geschmiedet wurden.

Trou d'Argent. Der Strand ist nur zu Fuß ab Gravier und St. François erreichbar. Hierher verkehren Busse und es gibt Parkplätze. Ab St. François läuft man gut 45 Minuten und passiert dabei andere szenische Strandabschnitte wie beispielsweise die Anse Philibert.

Die Stadt und ihre Menschen leben in einem eher langsamen Tempo. Man trifft sich, plaudert und kauft ein. Da die Insel Rodrigues lediglich 40 000 Einwohner hat, kennt eigentlich jeder jeden oder zumindest einen Verwandten des Gesprächspartners. In den Läden der Stadt werden Süßwaren neben Schreibwaren angeboten, und Kleidung neben Kunsthandwerk. Schön fürs Auge sind die alten Kolonialhäuser aus dem 19. Jahrhundert, die meist komplett aus Holz gebaut und durch Hecken sichtbar sind oder einen freundlichen Lattenzaun als Begrenzung zur Straße aufweisen. Daneben gibt es ein paar Verwaltungsgebäude, Baumärkte, Tabakläden, Konditoreien und kleine Restaurants. Ein wenig Hektik verspürt man lediglich auf dem Markt, und das besonders am Samstag.

Der Markt

Schon in der Morgendämmerung kommen Bewohner aus allen Ecken der Insel zusammen, um hier ihre Produkte zu verkaufen. Meist sind es Frauen, die hinter voll beladenen Tischen auf die ersten Kunden des Tages warten. Auf den Tischen stehen zahlreiche Gläser und Gefäße, darin befinden sich spannende Sachen: beispielsweise in scharfe Chilisauce eingelegte Tintenfische, süßsaure Limetten, Eukalyptushonig, eingelegter Tamarindenpfeffer und andere Köstlichkeiten. Da muss man einfach probieren, wozu man von den freundlichen Damen auch gerne eingeladen wird. Zum Probierprogramm gehören auch gesalzener oder eingelegter Fisch sowie getrockneter Tintenfisch, was am frühen Morgen natürlich nicht jedermanns Sache ist. Da ist die mit Früchten gefüllte Tourte de Rodrigues eine deutlich angenehmere Sache. Deftiger sind die Rotis, die mit dem leckeren Curry aus der kreolischen Küche von Rodrigues gefüllt werden. Die hier angebotenen

Stadtrundgang durch Port Mathurin

Ein Stadtrundgang in Port Mathurin ist eine überschaubare Angelegenheit, denn die Wege sind denkbar kurz. Die meiste Zeit sollte man für den Markt einplanen.

Anfahrt: Es empfiehlt sich, mit dem Bus oder einem Taxi/Fahrer herzukommen, denn die Straßen und Gassen der Stadt sind recht eng, und es stehen nur wenige Parkplätze zur Verfügung.

Ⓐ **Busbahnhof.** Dreh- und Angelpunkt für den gesamten öffentlichen Nahverkehr auf der Insel.

Ⓑ **Markt.** Besonders besuchenswert am Samstagvormittag. Dann kommen die Menschen von der ganzen Insel hier zusammen.

Ⓒ **Care-Co.** Es lohnt sich, bei der Kooperative Care-Co einen Blick in die Auslage zu werfen. Hier findet man Souvenirs und Kunsthandwerk, das von Menschen mit Behinderungen hergestellt wurde.

Ⓓ **Touristinfo.** Das Büro der Touristeninformation ist in einem wunderschön renovierten Holzgebäude aus der französischen Kolonialzeit untergebracht.

Ⓔ **Uferpromenade.** Von der Uferpromenade aus hat man einen schönen Ausblick auf den Ozean – vielleicht kommt gerade ein Schiff vorbei.

Ⓕ **Kafe Rose.** Auf dem Weg zum Kafe Rose sollte man es nicht versäumen, sich die netten Kolonialhäuser der Stadt anzuschauen. Im Kafe Rose freut sich die aus Deutschland ausgewanderte Besitzerin Carine Rose-Ferst über jeden Besucher aus der alten Heimat.

Ⓖ **Point Venus.** Einen längeren Spaziergang oder besser eine kurze Fahrt mit dem Fahrzeug ist der Aussichtspunkt Point Venus entfernt. Hier genießt man einen tollen Panoramablick über die Stadt und das Meer.

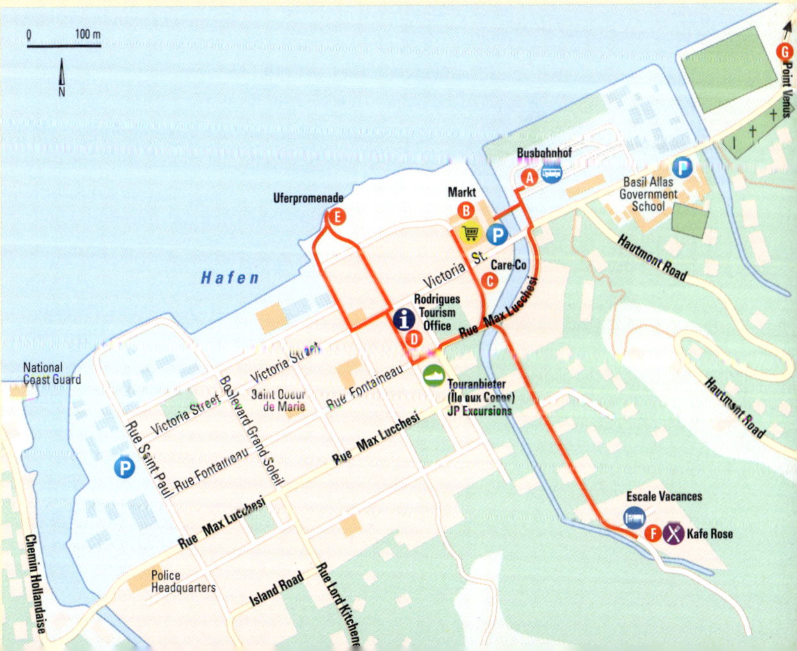

Oben: In den Gassen der Hauptstadt lohnt sich der eine oder andere Blick über den Zaun.
Mitte: In Port Mathurin können die Rodriguais alle Dinge des täglichen Lebens kaufen.
Unten: Die deutsche Auswanderin Carine im Kafe Rose

Produkte stammen von der Insel und sind normalerweise haus- und handgemacht. Dazu gehören auch Stoffe, Flechtwerk wie Strohhüte oder Körbe und bestickte Handtücher.

Der Markt oder »Bazaar« im Gebäude neben dem Busbahnhof gilt als die Hauptattraktion von Port Mathurin. Er ist täglich außer sonn- und feiertags geöffnet und ein Markt wie aus dem Bilderbuch: ein farbenfrohes Nebeneinander von lokalem Kunsthandwerk wie beispielsweise Korbwaren, Hüten, Tüchern und Textilien, Stickerei, Kokosnusshandwerk, Schmuck, Souvenirartikeln, Holzschnitzereien oder Geflochtenem aus Stroh. Dazwischen findet man bunte Malereien von lokalen Künstlern. Wer bis jetzt noch kein Foto gemacht hat, für den wird es höchste Zeit.

Der Aussichtspunkt Point Venus

Wer sich einen Überblick über das Städtchen verschaffen will, sucht am besten den Point Venus auf, einen knappen Kilometer vom Stadtzentrum entfernt. Hier befindet sich ein Aussichtspunkt mit reichlich Geschichte: Rodrigues wurde von der französischen Akademie der Wissenschaften als einer der Orte ausgewählt, an denen die Messungen zum Durchzug des Planeten Venus durchgeführt werden sollte. Das sollte den Astronomen dabei helfen, die Entfernungen der Planeten untereinander zu bestimmen. Also verbrachte Pater Alexandre Pingré, ein angesehener Mathematiker und Astronom, ab Mai 1761 vier Monate auf der Insel. Er beobachtete die Planeten von einem Punkt aus, der später Point Venus heißen sollte. Der Name blieb – auch, wenn die Arbeit von Pingré durch die Machtübernahme der Briten unterbrochen wurde. Am schönsten ist der Ausblick am späten Nachmittag, wenn sich die Stadt langsam leert und die Dämmerung demnächst hereinbricht.

Infos und Adressen

SEHENSWÜRDIGKEITEN

Markt von Port Mathurin. Mo–Sa 6–16 Uhr, Tel. 05843/2720.

ESSEN UND TRINKEN

Kafe Rose. Mit dem Kafe Rose hat sich die Deutsche Carine Rose-Ferst, die vor vielen Jahren auf Rodrigues »gestrandet« ist, Ende 2016 einen Lebenstraum erfüllt. Im ersten und einzigen Café auf Rodrigues gibt es Hausgemachtes: köstliche Kuchen, leckeres Gebäck, Säfte, italienischen Kaffee, einen Mittagstisch und so manches mehr. Das Kafe Rose hat sich schnell zu einem Treffpunkt für Urlauber nicht nur aus Deutschland entwickelt, denn Carine kann einige Geschichten über ihre neue Heimat erzählen. Mo–Fr 8–16.30, Sa 8.30–14 Uhr, Fond La Digue, gleich neben dem Escale Vacances Hotel, Tel. 05875/0534, http://kafe-rose.business.site

ÜBERNACHTEN

Escale Vacances. Sympathisches Hotel mit 23 klimatisierten Zimmern, Restaurant und Swimmingpool in Fußentfernung zum Zentrum von Port Mathurin, in dem ein großes Unterhaltungsprogramm geboten wird. Fond La Digue, Port Mathurin, Tel. 08312/555, www.escale-vacances.com

Tekoma Boutik Hotel. Das Boutiquehotel liegt direkt am Ozean und bietet einen atemberaubenden Meerblick. Die komfortablen Bungalows sind locker und verstreut an den Hang gebaut und bieten reichlich Luxus. Es gibt einen Pool, eine Tauchschule, eine Bar, ein Spa und ausgezeichnetes Essen im hauseigenen Restaurant. Vom Hotel aus erreicht man schnell zahlreiche Outdoor-Aktivitäten. Dazu gehört auch die Wanderung zum herrlichen Strand von Trou d'Argent. Anse Ally, Rodrigues, Tel. 0483/4970, www.tekoma-hotel.com

INFORMATION

Rodrigues Tourism Office. Mo–Fr 8–16 Uhr, Solidarity Street, Port Mathurin, Tel. 0832/0866, www.tourism-rodrigues.mu

Die Frauen der Insel verkaufen auf dem Markt selbst hergestellte Köstlichkeiten.

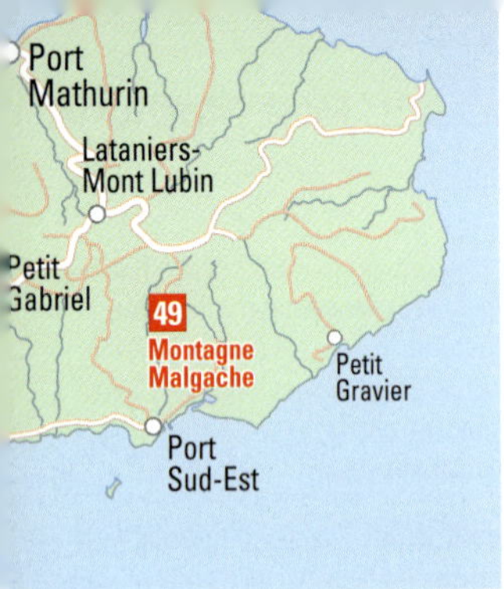

Mitte: Ziplining in den Bergen: nichts für schwache Nerven, aber ein Riesenspaß!
Unten: Um die wackelige Hängebrücke zu queren, sollte man besser schwindelfrei sein.

49 Montagne Malgache
Zipline und Suspended Bridge

Das Versprechen von »Tyrodrig« ist eindeutig: »Fliege wie ein Vogel durch die Berge.« Damit man das erleben kann, muss man sich lediglich einem recht dünnen Stahlseil anvertrauen, dass auf mehreren Hundert Metern Länge über eine sehr tiefe Schlucht gespannt ist und voller Schwung hinübersausen. Nicht genug? Dann sollte man sich an die Überquerung einer ungemein schmal wirkenden und schwingenden Hängebrücke machen – Adrenalin pur.

»Ziplines« oder »tyroliennes« heißen die Stahlseile, an denen man hängt, »Ziplining« die dazugehörige Sportart. So gut wie alle Ziplines der Welt, auf Deutsch »Seilrutschen«, haben den Anspruch, atemberaubende Landschaften zu queren, die man von oben quasi im Vogelflug betrachten kann – und das bei rasender Geschwindigkeit. Die Ziplines von Tyrodrig im Süden der Insel in der Montagne Malgache machen hier keinen Unterschied. Es gibt gleich sieben Ziplines, pro Tour werden drei hintereinander zurückgelegt. Die längste ist 400 Meter lang, die kürzeste immerhin 100 Meter. Unter ihnen geht es mehr als 100 Meter in die Tiefe, dafür aber sind die Ausblicke überwältigend: Wasserfälle, grüne Schluchten und der Indische Ozean im Hintergrund. Man flitzt in einem Gurtgeschirr, nur mit einem sogenannten Trolley am Stahlseil hängend, aber zusätzlich durch einen Karabiner gesichert, von Felsvorsprung zu Felsvorsprung. Dort angekommen, hängt einen der Guide aus der Zipline aus, man geht über einen schmalen Pfad zur nächsten Absprungstelle, und schon ist man wieder in der Luft. Begleitet wird die überschaubare Ziplinergruppe von zwei Guides, von denen einer dafür sorgt, dass man immer richtig gesichert ist und den Absprung auch gut hinbekommt – mit oder ohne Anlauf. Am anderen Ende der Zipline wartet der andere Guide auf das Eintreffen des Flitzenden und bringt sie oder ihn wieder mit beiden Füßen auf den Boden. Hängt ein besonders nett anzuschauendes Mädchen an der Zipline, wird diese von den Guides gerne mal kurz in heftige Schwingungen versetzt – Belohnung ist lustvolles Kreischen des Mädchens. Die Jungs von Tyrodrig sind stolz darauf, dass sie wirklich jede und jeden heil ans Ziel bringen. So ist es nicht überraschend, dass der jüngste Teilnehmer nur zwei Jahre jung war, während sich der älteste mit 87 Jahren noch an die Zipline gewagt hat.

Über die Hängebrücke

Tyrodrig hat auch eine andere Attraktion in petto, die nicht von schlechten Eltern ist: die Suspended Bridge, eine Hängebrücke. Das klingt vielleicht erst einmal nicht so spannend. Das ändert sich, wenn man davorsteht und sieht, wie schmal der zu be schreitende Steg über die tiefe Schlucht mit Fluss und Wasserfall ist. Auch hier wird man vorschriftsmäßig gesichert und folgt dem Guide über die schwankende und schwingende Brücke. Schwindelfreiheit ist hier eine wirklich feine Sache, und man ist doch recht froh, wenn man die andere Seite der Schlucht unbeschadet erreicht und wieder festen Boden unter den Füßen hat. Für besonders Mutige gibt es in der Mitte der Brücke die Möglichkeit, eine Art Bungeesprung zu machen. Allerdings fällt man nicht glatt in die Tiefe wie beim Bungee, sondern schwingt wie ein Pendel über der Schlucht hin und her. Wer sich an diesen abenteuerlichen Sprung wagt, bewegt sich wahrscheinlich weit außerhalb der eigenen Komfortzone – für einen gewaltigen Adrenalinausstoß aber ist gesorgt.

Infos und Adressen

SEHENSWÜRDIGKEITEN

Tyrodrig. Tgl. 9–17 Uhr, Montagne Malgache, Tel. 054 99/69 70

ESSEN, TRINKEN UND ÜBERNACHTEN

Gombrani Lodge. Bungalows und Suiten mit grandiosem Ausblick über den Südosten von Rodrigues. Man sollte es nicht verpassen, sich von der Familie kreolisch bekochen zu lassen. Eau Vanée, Tel. 058 52/38 07, www.gombrani-lodge.com

INFORMATION

Das offizielle Einstiegsalter für das Ziplining sind vier Jahre, allerdings entscheiden die Guides vor Ort, wer ans Seil darf und wer nicht. Stabile Schuhe sind eine gute Wahl, denn die Pfade von einem Startpunkt zum anderen können glitschig sein. Auch sollte man nicht die besten Kleider anziehen, da sich Schmiere an der Ausrüstung, den Gurten und den Haken befindet. Fotografieren und Selfies sind möglich, auch während des Ziplining. Man muss nur dafür sorgen, dass die Kamera solide am Körper mit einer Schlaufe oder Ähnlichem befestigt ist.

Einige Schilder weisen den Weg zum Ziplining-Abenteuer.

Mitte: Im Grand Montagne Nature Reserve gibt es einige Aussichtspunkte, von denen man Rodrigues überblicken kann. **Unten:** Im Informationszentrum kann man sich über die Artenvielfalt schlaumachen.

50 Grand Montagne Nature Reserve

Ein Mekka für Naturfreunde

Das Grand Montagne Nature Reserve befindet sich inmitten der Berglandschaft von Rodrigues auf 300–350 Metern Höhe und bietet eine große Artenvielfalt mit vielen einzigartigen Pflanzen und Tieren, die es nur auf der Insel gibt. Hier kann man wunderbar wandern, Ausblicke über Rodrigues genießen und im Informationszentrum das Skelett eines heute ausgestorbenen Solitärs anschauen.

Seit Mitte der 1980er-Jahre wird das Naturschutzgebiet Grande Montagne von der Mauritian Wildlife Foundation (MWF) verwaltet und in Zusammenarbeit mit den Forstbehörden der Regionalversammlung seit 1996 wieder in einen ursprünglichen Zustand versetzt. Diese Renaturierungsmaßnahmen sollen zum Schutz seltener einheimischer Pflanzen beitragen. Sie sollen den drei letzten überlebenden und hier heimischen Tierarten einen Lebensraum bieten: dem Rodrigues-Rohrsänger (*Acrocephalus rodericanus*), dem Rodrigues-Fody (*Foudia flavicans*) und dem Rodrigues-Flughund (*Pteropus rodricensis*).

Endemische Flora

Auch die Pflanzenwelt soll so gut wie möglich wiederhergestellt werden. Die MWF arbeitet aktiv an der Restaurierung des Naturschutzgebiets mit, indem endemische Setzlinge eingepflanzt werden, die in der hauseigenen Baumschule in Solitudes gezogen wurden. Da das Gebiet der Grande Montagne mit 300–350 Metern Höhe recht hoch liegt und relativ feucht ist, gibt es hier sehr fruchtbaren

Boden. Über die Jahre war es möglich, etliche seltene Pflanzen wieder anzusiedeln. Dazu gehören beispielsweise der Kaffee Marron (*Ramosmania rodriguesii*), der Lilyflowered Hibiscus (*Hibiscus Liliiflorus*), Stinkwood (*Ocotea bullata*) und die Kirschmyrte (*Eugenia rodriguesensis*).

Seit Juni 2008 hat die MWF weitere neun Hektar innerhalb des Schutzgebiets renaturiert und invasive Pflanzenarten, die mit ihrer Ausbreitung Lebensräume, Arten oder Ökosysteme beeinträchtigen und daher der biologischen Vielfalt schaden können, entfernt. Anschließend wurden mehr als 73 000 endemische Pflanzen wieder eingesetzt. Darüber hinaus hat diese Arbeit zur Armutsbekämpfung beigetragen, indem Arbeiter aus umliegenden Dörfern gegen Lohn für diese Arbeit angeworben wurden. Damit das Projekt und seine Wichtigkeit für Rodrigues auch wirklich von so vielen Bevölkerungsteilen wie möglich verstanden werden, waren lokale Gruppen wie Pfadfinder, Jugendclubs und Schulklassen an den Renaturierungsarbeiten beteiligt.

Exzellente Guides

Bei einer geführten Wanderung durch den Park erfährt man viel über die heimische Tier- und Pflanzenwelt und kann möglicherweise eine der Tierarten entdecken, die hier wieder einen unbedrohten Lebensraum gefunden haben. Wer den Blick geschärft hat, entdeckt sicher mit ein wenig Hilfestellung des Guides die eine oder andere endemische Pflanze. Die Wanderungen beginnen im Informationszentrum, in dem Schaubilder und Fotos zeigen, welche Attraktionen einen im Naturschutzgebiet erwarten. Auch gibt es hier einen Schaukasten mit den Knochen einer Riesenschildkröte und des Taubenvogels Solitär – beide sind lange ausgestorben.

Infos und Adressen

SEHENSWÜRDIGKEITEN

Grande Montagne Nature Reserve. Mo–Sa 9.30–13.15 Uhr, Führungen Mo–Fr 9.30 und 13.15, Sa 9.30 Uhr, Grande Montagne, Tel. 08 31/48 62, www.mauritian-wildlife.org

Jardin des Cinq Sens. Hier sollte man alle Sinne einsetzen, um all die Geheimnisse dieses wunderbaren Blumen-, Kräuter-, Gewürz- und Obstgartens zu entdecken. Der Garten gehört zum Le Tropical – Chez Jaennette (siehe S. 255). Touren tgl. um 9, 10, 11, 13, 14 und 15 Uhr, Montagne Bois Noir, Tel. 08 31/58 60

ESSEN, TRINKEN UND ÜBERNACHTEN

Le Refuge. Familiäre Unterkunft bei Mariana und Johnson Meunier. Es gibt sechs Zimmer in zwei Häusern, einige bieten Ausblick aufs Meer. Gekocht wird von Mariana in der offenen Küche, die kreolischen Gerichte werden im Wohnzimmer des Hauses verspeist. Baie du Nord, Tel. 09 71/00 01, www.lerefuge.mu

Eines der wenigen erhaltenen Skelette des Solitärs

REISEINFOS

Links: Mit Tanz und bunten Kostümen strahlt der Sega reine Lebensfreude aus.

In rund eineinhalb Stunden fliegt man mit Air Mauritius von Mauritius nach Rodrigues.

Anreise

Der einzige internationale Flughafen von Mauritius und Rodrigues ist der Sir Seewoosagur Ramgoolam Airport (MRU) im Südosten von Mauritius.
Direktflüge ab Mitteleuropa bieten nur wenige Airlines. Häufig muss man eine Zwischenlandung in den Arabischen Emiraten oder in Südafrika in Kauf nehmen. Der Plaine Corail Airport auf Rodrigues (RRG) wird nur von Mauritius oder von La Réunion aus bedient.

Diplomatische Vertretungen

Honorarkonsulat der Bundesrepublik Deutschland
Royal Road, Goodlands,
Tel./Fax 02 83/75 00

Honorarkonsulat der Schweiz
24 Avenue des Hirondelles,
Quatre Bornes, Tel./Fax 04 27/55 07

Honorarkonsulat Österreichs
MSC House, Old Quay 'D' Road,
Port Louis, Tel. 02 02/68 68

Einreisebestimmungen

Wer aus Deutschland, Österreich oder der Schweiz nach Mauritius einreist, benötigt bei der Anreise kein Visum. Bei einem Aufenthalt bis zu drei Monaten muss lediglich ein Reisepass vorgelegt werden, der noch mindestens sechs Monate gültig ist. Wer länger bleiben will, sollte sich im jeweiligen Heimatland in der jeweiligen Botschaft oder dem Konsulat ein Visum besorgen. Bei Flugreisen zwischen Mauritius und Rodrigues muss ein gültiger Reisepass oder ein Personalausweis mitgeführt werden.

Mauritische Vertretungen in Deutschland:
Botschaft der Republik Mauritius
Kurfürstenstraße 84, 10787 Berlin, Tel. 030/263 93 60, www1.govmu.org/portal/sites/mfamission/berlin/index.htm

Honorarkonsulat der Republik Mauritius für Nordrhein-Westfalen, Niedersachsen, Bremen, Hamburg, Schleswig-Holstein
Kaiserstraße 50, 40479 Düsseldorf, Tel. 02 11/136 29 62

Honorarkonsulat der Republik Mauritius für Bayern und Hessen
Landwehrstraße 10, 80336 München, Tel. 089/55 55 15

Honorarkonsulat der Republik Mauritius für Baden-Württemberg, Rheinland-Pfalz und Saarland
Hirschstraße 22, 70173 Stuttgart, Tel. 07 11/607 15 58

Mauritische Botschaft in Österreich Honorarkonsulat der Republik Mauritius, Weinzingergasse 8/8, 1190 Wien, Tel. 06 64/100 63 88

Mauritische Botschaft in der Schweiz zuständig für die Schweiz:
Botschaft der Republik Mauritius
(Ambassade de Maurice), 127 Rue Tocqueville, 75017 Paris, Tel. 01/42 27 30 19

Einkaufen

Mauritius ist bekannt als Einkaufsparadies für Textilien. Einige weltweit

Auf den Märkten von Mauritius und Rodrigues hat man immer Zeit für einen Plausch.

Auf Mauritius dient der Gipfel des Pieter Both fast überall zur Orientierung.

bekannte Marken lassen hier fertigen. Somit lohnt es sich durchaus, in den Factory Outlets ein wenig zu stöbern oder die Wochenmärkte wie beispielsweise in Goodlands zu besuchen. Wer mit einem leeren Koffer kommt, kann diesen locker mit Kleidung füllen. Handeln ist übrigens auf den Märkten möglich. Auch Rum, Tee und Gewürze sind lohnende Kaufobjekte. Letztere gibt es auch auf Rodrigues reichlich, ebenso wie Honig und verschiedene Produkte daraus.

Fremdenverkehrsämter

Informationen für Deutschland
Mauritius Tourism Promotion Authority, c/o Aviareps Tourism GmbH, Josephspitalstraße 15, 80331 München, Tel. 089/552 53 34 25, www.tourism-mauritius.mu und www.tourism-rodrigues.mu

Informationen für Österreich und die Schweiz:
Mauritius Tourism Promotion Authority Switzerland, c/o Airline & Tourism Center GmbH, Badenerstrasse 15, 8004 Zürich, Tel. 044/72 86 99 56

Fremdenverkehrsämter auf Mauritius und Rodrigues
Mauritius Tourism Promotion Authority (MTPA), Victoria House, Louis Street, Port Louis, Tel. 02 03/19 00
SSR International Airport, Tel. 06 37/36 35

Rodrigues Tourism Office, Solidarity Street, Port Mathurin, Tel. 08 32/08 66

Impfungen

Urlauber, die aus Drittstaaten kommen, werden in der Regel zu Gesundheitsrisiken und Symptomen ansteckender (Tropen-)Krankheiten befragt.

Internet und Telefon

Die Abdeckung in Sachen mobilem Telefonnetz sowie WLAN (WiFi) ist auf Mauritius und Rodrigues groß. So gut wie jedes Hotel und jede Pension sowie zahlreiche Restaurants bieten kostenlosen Internetzugang. Wer gänzlich unabhängig von WLAN mit dem Smartphone oder dem Tablet online gehen will, wendet sich an die beiden großen Provider Emtel und my.t. Hier kann man sich für wenig Geld Prepaid-SIM-Karten oder einen Surfstick für den Laptop zulegen.

Kleiderordnung

Die Kleiderordnung auf Mauritius und Rodrigues kann als eher locker und leicht bezeichnet werden. Außer bei Moschee- oder Tempelbesuchen: Hier sollte man »ordentlich« bekleidet sein und die Regeln beachten, also beispielsweise die Schuhe ausziehen. In gehobeneren Unterkünften ist es für Männer kein Fehler, eine lange Hose und geschlossene Schuhe mitzubringen. »Oben ohne« an den Stränden ist ein No-Go.

Klima und Reisezeit

Auf Mauritius und Rodrigues herrscht vorwiegend tropisches Klima mit gut 80 Prozent Luftfeuchtigkeit das ganze Jahr über. Im Sommer liegen die Höchsttemperaturen zwischen 28 und 30 Grad.

Die Caudan Waterfront entwickelt sich zum modernen Zentrum von Port Louis.

Pilgerstätte der Hindus: das Grand Bassin

Die religiösen Feiertage auf Mauritius und Rodrigues sind – im Gegensatz zu den staatlich verordneten Feiertagen – nicht nur freie Tage. Vielmehr wird im wahrsten Sinne des Wortes gefeiert: Chinesen, Hindus, Moslems und Christen – alle haben ihren eigenen Festtagskalender und irgendwo ist immer etwas geboten.

JANUAR–MÄRZ

Chinesisches Neujahrsfest. Die chinesische Minderheit feiert den Jahreswechsel nach dem eigenen Kalender. Feuerwerke und Räucherstäbchen werden abgebrannt, es wird musiziert und getanzt. Tempel werden fein herausgeschmückt und besucht, Opfergaben feierlich übergeben und Verwandte besucht. Nächste Termine: 25. Jan. 2020, 12. Februar 2021.

Thaipoosam Cavadee. Höhepunkt im Jahreszyklus der Hindus auf Mauritius. Begangen wird das Fest hauptsächlich von den Hindus, die oder deren Vorfahren aus dem indischen Tamil Nadu stammen. Gefeiert wird in den bunt geschmückten Tempeln der Hindugott Muruga, der Ewig Jugendliche. Er steht als Sinnbild für persönlichen Mut, den Einsatz für das Gute und Großartige und gilt als Herrscher der Devas, der Engelswesen. Die Gläubigen fasten im Vorfeld des Feiertags, tun Buße und opfern. Am Tag von Thaipoosam Cavadee gibt es Pilgermärsche und -fahrten zu nahen Gewässern, bei denen geweihte und dekorativ gearbeitete Holz- oder Bambuskonstruktionen getragen werden, »Kavadi« genannt. Nächste Termine: 8. Februar 2020, 28. Januar 2021.

Maha-Shivaratree. Ein ungemein wichtiger Feiertag für die Hindus: Begangen wird die Heirat zwischen den Gottheiten Shiva und Parvati. Auf dem größten Pilgerzug von Mauritius zum Grand Bassin mit seinem geweihten Wasser nehmen rund 500 000 Hindus teil, und damit so gut wie die gesamte Hindubevölkerung von Mauritius. Alle kommen in Weiß und tragen Verkörperungen verschiedener Hindugottheiten, gebastelt aus Bambus und Pappe, auf ihren Schultern. Am Ufer des heiligen Sees – 1972 wurde hier heiliges Wasser des Ganges hineingeschüttet – wird gebetet und Opfer werden gereicht. Vom Wasser des Grand Bassin (Ganga Talao) nimmt man ein Fläschchen mit, um damit die Shivastatue am heimischen Altar zu übergießen. Nächste Termine: 21. Februar 2020, 11. März 2021.

APRIL–JUNI

Karwoche. Die katholischen Christen feiern mit Prozessionen und Messen. Auf Rodrigues mit rund 95 Prozent Katholiken sind die Feierlichkeiten besonders farbenprächtig. Nächste Termine: 5.–11. April 2020, 28. März–4. April 2021.

Brot Festival. Man mag es nicht glauben, aber Brot ist ein großes Thema auf Mauritius. Deshalb wird seit 1992 das Fest zu Ehren von St. Honoré, dem Schutzpatron der Bäcker, begangen. Es gibt kunstvolle Brotlaibe, Gebäck aller Art, kreative Workshops, und man kann die Köstlichkeiten auch probieren. Jährlich um den 16. Mai herum in Port Louis an der Caudan Waterfront.

Eid El Fitr. Feierlicher Abschluss des muslimischen Fastenmonats Ramadan mit Predigten, Zeremonien und Umzügen. Der Schwerpunkt der Feierlichkeiten befindet sich in Port Louis. Nächste Termine: 24. Mai 2020, 12. Mai 2021.

Fronleichnam. Große Prozessionen in den Straßen von Port Louis und auf Rodrigues. Nächste Termine: 11. Juni 2020, 3. Juni 2021.

Rodrigues International Kitesurf Festival. Das Festival findet seit 2013 jährlich im Juni an der Südostküste der Insel statt. Fünf Tage lang misst sich die internationale Kite-Elite an der Anse Mourouk im sportlichen Wettbewerb, feiert Partys und grillt am Strand.

SEPTEMBER–DEZEMBER

Feier für Père Laval. Am 9. September feiern – religionsübergreifend – viele Menschen auf Mauritius ihren »Pfarrer der Armen«, den Franzosen Père Laval (1803–1864). Zehntausende Mauritier gehen in ihrem Heimatort los und pilgern nach Sainte Croix zum Grabmal von Père Laval, der 1979 seliggesprochen wurde. Wer die Strecke nicht an einem Tag schafft, der geht früher los und übernachtet unterwegs. Am Grabmal selbst wird gebetet und um Wohlergehen gefleht.

Divali. An diesem wichtigen Festtag feiern die Hindus den ewigen Sieg der Helligkeit über die Dunkelheit. Es wird geputzt, Kerzen angezündet, Feuerwerke abgebrannt – es wird hell auf Mauritius. Nächste Termine: 27. Oktober 2019, 14. November 2020.

Allerseelen. Am 2. November ziehen die Christen auf Mauritius und Rodrigues feierlich geschmückt zu den Friedhöfen, um ihrer Verstorbenen zu gedenken. Dabei werden auch die Gräber festlich herausgeputzt.

FEIERTAGE

Dank seiner kulturellen Vielfalt gibt es auf Mauritius nicht nur staatlich verordnete Feiertage, sondern auch religiöse, die teilweise beweglich sind:

1. und 2. Januar: Neujahr

Januar/Februar: Chinesisches Frühlingsfest

1. Februar: Abschaffung der Sklaverei

März/April: Ougadi

12. März: Unabhängigkeitstag/Tag der Republik

1. Mai: Tag der Arbeit

15. August: Mariä Himmelfahrt

August/September: Ganesh Chaturthi

2. November: Ankunft der ersten indischen Gastarbeiter auf Mauritius

25. Dezember: Weihnachten

Auf Rodrigues ist der sonntägliche Kirchgang eine Selbstverständlichkeit.

Mit einem Katamaran kann man wunderbar die Inselwelt von Mauritius erkunden.

Zu beachten ist, dass die Jahreszeiten genau umgekehrt zu denen in Mitteleuropa sind. Während des deutschen Sommers im Juli/August ist es auf Mauritius Winter, in dem die Temperaturen nachts durchaus unter 22 Grad fallen können. Beide Inseln können gut und gerne das ganze Jahr über besucht werden. Voll kann es zu Weihnachten, Neujahr und Ostern werden sowie in der Hauptferienzeit auf La Réunion.

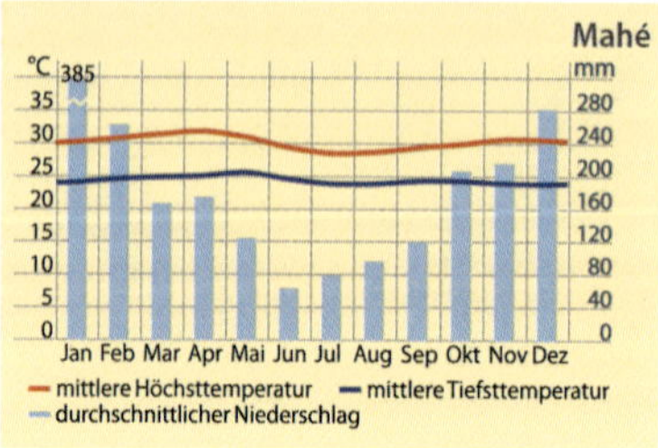

Generell gute Reisezeiten sind die Zeiträume April bis Juni sowie September bis Dezember.

Medizinische Versorgung

Auf Mauritius findet man reichlich Ärzte, auf Rodrigues ist die Dichte nicht so hoch. Neben Arztpraxen gibt es staatliche Krankenhäuser und Privatkliniken.

Mauritius
Dr. Jeetoo Hospital, Volcy Pougnet Street, Port Louis, Tel. 0203/1001
City Clinic, Sir Edgar Laurent Street. 102–106, Port Louis, Tel. 0206/1600

Sir Seewoosagur Ramgoolam National Hospital, Pamplemousses, Tel. 0209/3500

Clinique Ferriere, Curepipe,
Tel. 06 76/33 32

Rodrigues
Queen Elizabeth Hospital, Creve Cœur,
Tel. 08 31/16 28

Notrufnummern

Feuerwehr: 115
Polizei: 999
Krankenwagen: 114

Öffnungszeiten

Ämter: Mo–Fr 9–16 Uhr
Banken: Mo–Do 9.15–15.15,
Fr 9.15–15.30, Sa 9.15–11.15 Uhr
(nur ausgewählte Zweigstellen)
Post: Mo–Fr 8.15–16, Sa 8.15–11.45 Uhr
Märkte öffnen meist um 6 Uhr,
Shops ab 8 oder 9 Uhr.

Rauchen und Alkohol

Rauchen ist untersagt in den Fahrzeugen des öffentlichen Nahverkehrs, in allen Ämtern und öffentlichen Gebäuden sowie so gut wie allen überdachten Restaurants, Hotels und Cafés. Erlaubt ist das Rauchen in dafür gekennzeichneten Zonen sowie in nicht-überdachten Bereichen der Restaurants und Cafés. Alkohol bekommt man in den kleinen Shops und großen Supermärkten. Auch in so gut wie allen Restaurants und Hotels auf

Hindutempel wie der in Triolet sind die buntesten Sakralbauten auf Mauritius.

Mauritische Kunst kann man auch als Souvenir mit nach Hause nehmen.

Mauritius und Rodrigues wird Alkohol ausgeschenkt. Es gibt mehrere einheimische Bier- und Rumsorten, importierte Weine und Cocktails.

Sicherheit

Mauritius und Rodrigues gelten als sichere Reiseziele. Trotzdem sollten die weltweit geltenden Vorsichtsmaßnahmen eingehalten werden: Ärmere Wohngebiete und wenig frequentierte Strandabschnitte sollten gemieden und bei einem Überfall auf Gegenwehr verzichtet werden. In den Hotels und Ferienwohnungen empfiehlt es sich, Wertsachen stets für Dritte unzugänglich aufzubewahren und am besten im Safe einzuschließen. Taschendiebe gibt es vor allem auf den Märkten in Port Louis, Grand Baie und Flic en Flac. Von November bis Mai können auf Mauritius und vor allem auf Rodrigues Zyklone auftreten. Man sollte unbedingt die diesbezüglichen Hinweise beachten.

Sprache

Englisch und Französisch werden normalerweise gleichermaßen gesprochen, daher sind englische und/oder französische Sprachkenntnisse hilfreich. Der französischsprachige Anteil der Bevölkerung ist auf Rodrigues größer als auf Mauritius. Kreolisch wird auf beiden Inseln gesprochen.

Transport

Beide Inseln können hervorragend mit dem öffentlichen Nahverkehr erkundet werden. Die Busse fahren fast überallhin, nur am Wochenende fahren sie eingeschränkt. Mit dem Mauritius Metro Express gibt es ab Herbst/Winter 2019 auf Mauritius eine Straßenbahnverbindung, die nach Fertigstellung auf 26 Kilometern Länge Port Louis mit Curepipe verbindet.

Bushaltestelle auf Rodrigues

Taxis

Die Zahl der Taxis ist auf Mauritius unüberschaubar, auf Rodrigues geringer. Schon am Hotel kann man sich ein Taxi für die geplante Tour besorgen. Die Fahrpreise stehen entweder fest oder werden ausgehandelt. Man kann die Fahrer samt ihren Fahrzeugen auch gleich für den ganzen Tag buchen und so Besichtigungstouren machen.

Die verschiedenen Kulturen auf Mauritius sorgen für buntes Treiben in den Gassen.

Die Menschen auf Mauritius und Rodrigues haben immer ein Lächeln parat.

Leihwagen mieten
Auf Mauritius (Linksverkehr!) gibt es zahlreiche Autoverleih-Unternehmen, bei denen man bereits aus der Heimat ein Fahrzeug buchen kann. Auf Rodrigues ist die Anzahl der Anbieter deutlich überschaubarer. Grundvoraussetzung für die Miete ist meist ein Mindestalter von 23 Jahren, möglichst eine Kreditkarte sowie der heimische Führerschein. Die Straßenqualität allerdings ist nicht durchgehend gut und die mauritischen Männer haben den Ruf, sehr aggressiv und rücksichtslos Auto zu fahren.

Moped mieten
Wer nur kurze Entfernungen zurücklegen will, kann sich einen Roller, ein Motorrad oder ein Moped mieten. Auch hier braucht man den passenden Führerschein aus der Heimat. Es besteht Helmpflicht.

Trinkgeld

Trinkgeld zu geben ist keine Pflicht auf Mauritius und Rodrigues. Die teureren Restaurants und Hotels schlagen meist 10–15 Prozent »Service« bei der Endrechnung auf. Natürlich aber freuen sich die Bedienung im Café, der Kofferträger im Hotel sowie der freundliche Barkeeper immer über ein Trinkgeld. Es ist auch möglich, einen Trinkgeld-Gesamtbetrag für das Hotelpersonal auf die Abschlussrechnung aufzuschlagen – in der Hoffnung, dass dieser Betrag dann gerecht verteilt wird.

Trinkwasser

Offiziell erfüllt das Leitungswasser auf Mauritius seit 2012 die Standards der World Health Organization für Trinkwasser. Sicherer aber ist es, das Wasser abzukochen oder sich an versiegelte Wasserflaschen zu halten.

Uhrzeit

Der Zeitunterschied zur mitteleuropäischen Zeit beträgt auf Mauritius und Rodrigues während der Winterzeit + 3 Stunden und während der Sommerzeit + 2 Stunden.

Währung

Die mauritische Währung heißt Rupie (MUR), die aus 100 Cents (cs) besteht. Der Umrechnungskurs liegt bei 1 Euro = 40 MUR. Heimisches Bargeld kann man auf den Banken oder bei Geldwechslern in den touristischen Orten umtauschen. Geldautomaten (ATM) gibt es in so gut wie allen größeren Orten der beiden Inseln. Hier kann man mit der eigenen Kreditkarte Bares ziehen. Die Kosten sollte man vorher bei der heimischen Bank erfragen. EC- und Maestrokarten allerdings funktionieren nicht immer.

Wellness

Mauritius ist weltweit bekannt als Wellnessziel. So gut wie jedes Resort mit klingendem Namen kann ein Spa vorweisen. Da der indische Einfluss auf Mauritius groß ist, gibt es auch etliche Spas, die auf Ayurveda spezialisiert sind.

Mauritius ist längst eine Wellness-Destination mit vielen wunderschönen Spas.

MAURITIUS
für Kinder und Familien

Die sanften Riesenschildkröten lassen auch Kinderherzen höherschlagen.

Mauritius ist anerkanntermaßen ein kinderfreundliches Urlaubsziel. Neben kilometerlangen Stränden mit eigenen Schwimmerzonen gibt es zahlreiche Möglichkeiten für einen aktiven Urlaub mit der ganzen Familie. Auch die Hotels haben sich meist auf die kleineren Besucher eingestellt: Es gibt Kids Clubs, Spielplätze, eigene Pools und oft einen Betreuungsservice. Rodrigues ist eher für abenteuerlustige Urlauber gemacht.

Wie bei vielen Zielen in den Tropen ist die lange Anreise natürlich ein Thema bei der Planung. Auch wenn der Zeitunterschied nach Mauritius nur zwei oder drei Stunden beträgt – die Auswirkungen des Jetlags halten sich dementsprechend in überschaubaren Grenzen – liegt die Flugdauer doch bei elf bis 16 Stunden. Manchmal lohnt es sich, bei einer notwendigen Zwischenlandung aus der Not eine Tugend zu machen und zu übernachten und/oder ein Besichtigungsprogramm vielleicht in Dubai einzuplanen. Dies hilft den kleinen Gästen sicher dabei, sich den bisher ungewohnten Umständen in Sachen Hitze und Feuchtigkeit anzunähern. Einmal angekommen, steht dem Vergnügen für Groß und Klein dann nichts im Wege. Dafür sorgen sicherlich auch die Mauritierinnen und Mauritier.

Kinderfreundliches Volk

Mauritierinnen und Mauritier sind sehr kinderfreundlich. Egal, ob Hindu oder Christ, weißer oder schwarzer Abstammung: Kinder jeglicher Couleur werden verehrt und im wahrsten Sinne des Wortes auf Händen getragen. Man sollte sich nicht wundern, wenn man bei einem sonntäglichen Spaziergang im Botanischen Garten von Pamplemousses mit der blonden Familie von einem Paar mit indischer Herkunft angesprochen wird. Oft geht es darum, ein Foto oder Selfie mit blondem Kleinkind auf den eigenen Armen zu ergattern, das im Zweifelsfall umgehend in den sozialen Medien gepostet wird. Auch die mauritischen Kinder kennen kaum Berührungsängste, mit ihren Altersgenossen aus Europa in Kontakt zu kommen. Wo die Sprache (noch) keine Rolle spielt, wird schlichtweg gemeinsam gespielt.

Auf Kinder eingerichtete Hotels

Klar, es gibt ein paar wenige Hotels auf Mauritius, die mit dem Versprechen »Adults Only« oder »Honeymoon« werben. Ein Großteil der Unterkünfte aber

Am Wochenende machen mauritische Großfamilien gerne ein gemeinsames Picknick.

zeigt sich normalerweise den kleineren Gästen gegenüber durchaus aufgeschlossen. Es mag sein, dass es dann auf dem ausladenden Gelände des Resorts auch einen »Adult Pool« gibt, dafür steht an einer anderen Ecke wahrscheinlich ein »Kids Pool« mit eigener Rutsche zur Verfügung. So kommt man sich nicht ins Gehege.

Da die Resorts auf Mauritius die Familie früh für sich entdeckt haben, sind die Angebote teilweise auch dementsprechend geprägt. So kann man die gebuchte Villa gleich mit einem Kinderbett ausstatten lassen, samt Fläschchen, Babyfon, einem ersten Windelpaket und Babynahrung. Keine Sorge: Windeln und Babynahrung gibt es auch in den Supermärkten, falls die Unterkunft diesen Service nicht bietet. Ein Baby- oder Gitterbett aber ist eigentlich immer vorhanden – egal, in welcher Preislage sich die Unterkunft bewegt. Dasselbe gilt für Kinderhochstühle, die für die Mahlzeiten bereitgestellt werden.

U-Boot von Blue Safari Submarine

Erlebnisse für Kinder

Hotelstrand, Pool, Spielplatz und vielleicht der hoteleigene Kindergarten sind natürlich die Orte, wo Kinder schnell Anschluss finden und viel erleben können. Das gilt auch für die Schnorchel- und Planschmöglichkeiten in den flachen und nur sanft abfallenden Gewässern am Hotelstrand. Diese werden meist von Life Guards gut bewacht. Doch auch außerhalb der Hotelmauern gibt es so einiges zu entdecken, bei einem Halbtages- oder Tagestrip, über und unter Wasser. Denn so gut wie alle Sehenswürdigkeiten sind auch für Kinder geeignet.

Aapravasi Ghat
Das Museum in Port Louis beschäftigt sich zwar mit einem ernsten Aspekt der mauritischen Geschichte – früher befand sich hier ein Lager für (unfreiwillige) Einwanderer aus Indien –, aber in der »Kids Corner« wird diese Geschichte in einen kinderfreundlichen Zusammenhang gepackt und damit verständlich (siehe S. 54).

Blue Safari Submarine
Dieser Anbieter in Trou aux Biches erkundet mit zwei U-Booten die Unterwasserwelt vor der Nordwestküste. Ein Wrack gehört genauso mit zum Entdeckungsprogramm wie bunte Fischschwärme. Ein spannendes Abenteuer für alle Generationen (siehe S. 110)!

L'Aventure de Sucre
Im Zuckermuseum in Pamplemousses wird die Geschichte des Zuckerrohrs

Bei den Attraktionen der Inseln gibt es meistens auch schöne schattige Spielplätze

und damit des früheren Reichtums von Mauritius interaktiv dargestellt – ein spannendes Erlebnis für Groß und Klein (siehe S. 130).

Curious Corner of Chamarel
In Chamarel kann man mit den Kindern mal so richtig Quatsch machen, sich von den Täuschungseffekten einfangen lassen und reichlich lustige Fotos mit nach Hause bringen. Sicher eine tolle Erinnerung für den nächsten kalten und dunklen Winterabend in der Heimat (siehe S. 224).

Casela World of Adventures
Der Freizeitpark bietet Kindern von acht bis 14 Jahren die Möglichkeit, einen Tag als Tierpfleger zu erleben und im wahrsten Sinne des Wortes hinter die Kulissen eines Natur- und Tierparks zu schauen. Sie begleiten die erwachsenen Kollegen und lernen aus erster Hand, was es heißt, sich um ein Tier zu kümmern. Natürlich können sie auch »einfachere« Dinge machen, etwa auf einem Kamel reiten oder beobachten, wie sich aus einem Ei ein Küken entwickelt (siehe S. 228).

Ziplines
Auf Mauritius und auf Rodrigues gibt es einige Ziplines, an denen man rasend schnell tiefe Schluchten und unzugängliche Waldgebiete überqueren kann. Eine Altersbeschränkung gibt es nicht. Die Mitarbeiter von Tyrodrig, dem Zipline-Anbieter auf Rodrigues, sind stolz darauf, dass ihr bisher jüngster Teilnehmer nur zwei Jahre jung und der älteste 87 Jahre alt war (siehe S. 260).

Kleiner Sprachführer

Das auf Mauritius gesprochene Morisyen ist eine auf dem Französischen basierende Kreolsprache und eng mit dem Kreol der Seychellen (Seselwa) und Réunion verwandt. Circa 80 Prozent der Mauritier sprechen Morisyen als Muttersprache, der Rest beherrscht und verwendet es als Zweit- oder Umgangssprache. Für Urlauber gilt: Mit ein paar wenigen Sätzen Kreol erhält man von den Einheimischen schnell ein Lächeln, sie werden noch freundlicher, und es entsteht sofort eine angenehme Atmosphäre.

Im Morisyen werden alle Buchstaben ausgesprochen, unabhängig von ihrer Position im Wort oder im Satz.

HIER EINIGE BEISPIELE:

DEUTSCH	MORISYEN
Wie geht es dir/Ihnen?	Ki manier?
Mir geht es gut und dir/Ihnen?	Mo bien e ou?
Ist alles in Ordnung?	Tou korek?
Was kostet das?	Ki so pri?
Ich verstehe nicht.	Mwa pa kompran.
Auf Wiedersehen.	Sallaam.
Guten Tag/Abend.	Bonzour/Bonswar.
Entschuldigung.	Sori.
Vielen Dank.	Mersi (bokou).
Entschuldigen Sie bitte.	Sioupĺé.
Ich heiße ...	Mo apel ...
Ja/Nein.	Wi/Non.
Es ist zu teuer.	Li tro ser.
Ich schaue nur.	Mo pé zisse guetté.
Ich möchte nach ... gehen.	Mo pé anvi al ...
Wo ist/Wie komme ich zu/nach ...?	Ki koté/Koman al ...?

DEUTSCH	ENGLISCH	FRANZÖSISCH
ALLGEMEIN		
Guten Morgen.	Good morning.	Bonjour.
Guten Tag.	Good day.	Bonne journée.
Guten Nachmittag.	Good afternoon.	Bon après midi.
Guten Abend.	Good evening.	Bonsoir.
Auf Wiedersehen.	Goodbye.	Au revoir.
Bis bald/tschüss.	See you soon.	À bientôt.
Danke.	Thank you.	Merci.
Entschuldigung (im Sinne von »Gestatten Sie?«).	Excuse me.	Excuse moi.
Sehr gut.	Very good.	Très bien.
Ja.	Yes.	Oui.
Nein, danke.	No, thank you.	Non, merci.
ohne	without	sans
Wie viel ...?	How much ...?	Combien ...?
UNTERWEGS		
Wo ist ...?	Where is ...?	Où est ...?
geradeaus	straight	tout droit
(nach) links	(turn) left	à gauche
(nach) rechts	(turn) right	à droite
Straße	street	rue

Auto	car	voiture
Moped	scooter	mobylette
Zug	train	train
Stau	traffic jam	embouteillage
Bahnhof	trainstation	gare
Flughafen	airport	aéroport
Flugzeug	plane	avion
Bus	bus	bus
Taxi	taxi	taxi

ESSEN UND TRINKEN

Das schmeckt gut.	This tastes good.	C'est bon.
scharf (gewürzt)	hot/spicy	chaud/épicé
nicht scharf	not hot/spicy	pas chaud
Die Rechnung, bitte.	The bill please.	La facture s'il vous plaît.
gebraten	fried	frit
gekocht	cooked	cuit
süß	sweet	doux
sauer	sour	aigre
Restaurant	restaurant	restaurant
heiß	hot	chaud
kalt	cold	froid
essen	eat	manger
trinken	drink	boire
Reis	rice	riz
Ei	egg	œuf
Spiegelei	fried egg sunny side up	œuf sur le plat
Omelette	omelet	omelette
gekochtes Ei	boiled egg	œuf à la coque
Obst	fruits	fruits
Gemüse	vegetables	légume
Fleisch	meat	viande
Huhn	chicken	poulet
Schwein	pork	porc
Rind	beef	bœuf
Fisch	fish	poisson
Garnele	shrimp	crevette
Krabbe	crab	crabe

Übernachten

Hotel	hotel	hôtel
Zimmer	room	chambre
Schlüssel	key	clé
Moskitonetz	mosquito net	moustiquaire
Badezimmer	bathroom	salle de bain
Frühstück	breakfast	petit déjeuner

Kleiner Sprachführer

BEIM ARZT

Arzt	doctor	médecin
krank	sick	malade
Krankenhaus	hospital	hôpital
Medizin	medicine	médecine
wehtun	hurt	mal/avoir mal
Zahnarzt	dentist	dentiste
Hilfe	help	aide
Medikament	drug	drogue

ZEITANGABEN

morgens	in the morning	le matin
mittags	at lunchtime	à l'heure du déjeuner
abends	in the evening	le soir
morgen	tomorrow	demain
heute	today	aujourd'hui
gestern	yesterday	hier
Montag	Monday	lundi
Dienstag	Tuesday	mardi
Mittwoch	Wednesday	mercredi
Donnerstag	Thursday	jeudi
Freitag	Friday	vendredi
Samstag	Saturday	samedi
Sonntag	Sunday	dimanche
Stunde	hour	heure
Minute	minute	minute

ZAHLEN

0	zero	zéro
1	one	un/une
2	two	deux
3	three	trois
4	four	quatre
5	five	cinq
6	six	six
7	seven	sept
8	eight	huit
9	nine	neuf
10	ten	dix
11	eleven	onze
12	twelve	douze
13	thirteen	treize
14	fourteen	quatorze
15	fifteen	quinze
16	sixteen	seize
17	seventeen	dix-sept
18	eighteen	dix-huit
19	nineteen	dix-neuf
20	twenty	vingt
30	thirty	trente
31	thirty-one	trente-et-un(e)
100	one hundred	cent
200	two hundred	deux cents
1000	one thousend	mille
2000	two thousend	deux mille
3000	three thousend	trois mille
10 000	ten thousend	dix mille
100 000	one hundred thousend	cent mille
1 000 000	one million	un million

Register

Impressum

Verantwortlich: Claudia Hohdorf
Gesamtredaktion und Bildauswahl: Anne Köhler
Korrektorat: Anke Höhne
Layout: Elke Mader
Umschlaggestaltung: Nina Andritzky
Repro: LUDWIG: media
Kartografie: Kartographie Huber, Heike Block
Herstellung: Bettina Schippel
Printed in Slovenia by Florjancic

★★★★★

Sind Sie mit diesem Titel zufrieden?
Dann würden wir uns über Ihre Weiterempfehlung freuen. Erzählen Sie es im Freundeskreis, berichten Sie Ihrem Buchhändler, oder bewerten Sie bei Onlinekauf. Und wenn Sie Kritik, Korrekturen oder Aktualisierungen haben, freuen wir uns über Ihre Nachricht an Bruckmann Verlag, Postfach 40 02 09, D-80702 München oder per E-Mail an lektorat@verlagshaus.de.

Unser komplettes Programm finden Sie unter

Alle Angaben dieses Werkes wurden von den Autoren sorgfältig recherchiert und auf den neuesten Stand gebracht sowie vom Verlag geprüft. Für die Richtigkeit der Angaben kann jedoch keine Haftung übernommen werden.

Alle Bilder des Innenteils und des Umschlags stammen von Stefan Blank, außer:
Base Diving Centre: 116u., 120u. (Marie Emilie Cango); Bubble Lodge: 159; Sandy Daswani: 99; Island Hebrew Congregation (Mauritius): 236u. (Rabbi Moshe Silberhaft); Mauritius Images: 37u. (Henryk Kotowski/Alamy), 58 (Albert 001/Alamy), 108 (Foodanddrinkphotos), 148m. (Sergi Reboredo/Alamy), 172u. (Peter Schickert/imageBROKER), 182m. (Travelib mauritius/Alamy); Mauritius Tourism Promotion Authority (MTPA): 12, 74m., 218o., 228m., 235, 272 (Bamba Sourang); 224m., 224u.; Ulrike Niederer: 1, 28o., 78m., 176, 193; Rodrigues Tourism Office: 154m., 238/239, 252m., 252u., 253; Shutterstock.com: 2/3 (Daniel Malinowski), 4 (Becker Stefan), 52u., 144o., 276 (byvalet), 64u. , 234m. (Sapsiwai), 77 (Kestreloculus), 98m., 106, 175, 275u. (Phuong D. Nguyen), 101 (biovin nicolas), 143m. (Marc Henauer), 144m. (GagliardiPhotography), 145 (KKulikov), 166m. (F_N), 156/157 (Oleg Znamenskiy), 180 (Kletr), 208o. (foto-select), 210 (AuntSpray), 267 (Cao Luning), 278 (Tomsickova Tatyana); Takamaka Boutique Winery: 84m., 86u., 87; Wikimedia Commons: 25

Umschlagvorderseite:
Oben: Riesenseerose im Botanischen Garten von Pampelmousses (Shutterstock/chbaum)
Mitte links: Korallenriff vor Mauritius (Shutterstock/blue-sea.cz)
Mitte rechts: Fröhliche junge Frau
Unten: Strand von Le Morne, im Hintergrund der Berg Le Morne Brabant (picture alliance/picture alliance)
Umschlagrückseite:
Oben: Grand River Wasserfall (Shutterstock/Oleg Znamenskiy)
Mitte: Aldabra-Riesenschildkröte
Unten: Kokosnussverkäufer am Blue-Bay-Strand (Shutterstock/byvalet)
Klappe vorne: Auf dem Central Market von Port Louis

Die Deutsche Nationalbibliothek verzeichnet diese Publikation in der Deutschen Nationalbibliografie; detaillierte bibliografische Daten sind im Internet über http://dnb.d-nb.de abrufbar.

ISBN 978-3-7343-1466-7